Le Cœur et l'Esprit

LEAH WEISS

Le Cœur et l'Esprit

Vivre le travail autrement

Traduit de l'anglais (États-Unis) par
STÉPHANIE CHAUT

HarperCollins

Titre original :
HOW WE WORK

Ce livre est publié avec l'aimable autorisation de HarperCollins Publishers, LLC, New York, U.S.A.

HARPERCOLLINS FRANCE
83-85, boulevard Vincent-Auriol, 75646 PARIS CEDEX 13
Tél. : 01 42 16 63 63

www.harpercollins.fr

ISBN 979-1-0339-0300-0

Ce livre est dédié à tous ceux qui ont eu le blues du dimanche soir.
Un nouveau lundi se lève enfin.

L'amour et la compassion sont des nécessités, pas un luxe.
Sans eux, l'humanité ne peut pas survivre.

LE DALAÏ-LAMA

SOMMAIRE

Introduction...13

Partie I. **Donner un sens au travail, c'est possible**............33

1. Soigner l'environnement professionnel toxique...............35
2. Au cœur de la tourmente professionnelle........................57
3. Toucher au But (avec un B majuscule).............................91

Partie II. **Apporter tout ce que nous sommes au bureau**...131

4. Cultiver la compassion...133
5. Prendre soin de nous..163
6. La sagesse des émotions...193

Partie III. **Échec et réflexion : les marques du succès**.....227

7. Échouer mieux – Comment la réflexion nous aide à apprendre et à grandir...229
8. Comment le courage nous rend plus résilients.............263
9. Pour des entreprises conscientes...................................289

Notes...299

Remerciements..313

INTRODUCTION

Un cordonnier passait de longues et fastidieuses journées à réparer des chaussures. Il avait l'impression de travailler des heures interminables pour ne gagner que modestement sa vie, et devenait avec les années de plus en plus contrarié par la monotonie écrasante de son activité et par la peine qu'il se donnait pour joindre les deux bouts. Son métier lui semblait sans avenir, mais il manquait de ressources et de relations pour pouvoir trouver sa voie dans un travail plus épanouissant ou plus lucratif. Finalement, il rencontra un enseignant qui lui offrit des suggestions simples mais profondes visant à développer une nouvelle qualité de présence à sa tâche. Estimant qu'il n'avait rien à perdre, il pratiqua ces nouvelles techniques au quotidien, portant une tout autre attention à ses actes. Et, avec le temps, le vécu de son travail en fut complètement transformé. Son métier n'avait pas changé, mais lui, si.

D'après la parabole, cet homme a vécu il y a un peu plus d'un millier d'années. Mais on raconte aujourd'hui encore son histoire, et sa situation difficile parle à beaucoup d'entre nous. Parce que nous y consacrons tellement de temps, mais aussi du fait de sa nature, le travail est ce qui nous donne le plus d'occasions d'être découragés, déçus, submergés, jaloux, gênés, anxieux, irrités, indignés, ennuyés, et d'avoir peur de dire ce que nous ressentons vraiment. Que nous le voulions ou non, que nous en soyons conscients ou pas, nous sommes traversés par des sentiments lorsque nous travaillons ; et notre ressenti vis-à-vis de notre activité professionnelle revêt une grande importance dans notre vie comme dans celle de nos proches. Cela impacte également la qualité du travail effectué, ce qui joue inévitablement sur les performances des structures pour lesquelles nous travaillons.

Voilà la mauvaise nouvelle dont nous sommes déjà trop conscients, à un niveau ou à un autre : le travail, ça fait mal.

Une récente étude de Gallup, la société possédant la plus grande base de données sur le monde du travail, atteste que les vieilles méthodes (rapports d'évaluation annuels, classements de performances...) ne permettent plus d'obtenir les résultats escomptés. La population active des États-Unis englobe plus de 100 millions d'employés à plein temps. Un tiers de ces employés sont définis par Gallup comme étant « engagés dans leur travail ». Ils aiment leur emploi et contribuent, chaque jour, à améliorer les performances de leur entreprise et de leur pays. À l'inverse, on constate que 16 % des employés sont « activement désengagés » – en d'autres termes, qu'ils sont malheureux au travail et détruisent ce que bâtissent les plus engagés. On considère les 51 % restants comme « non engagés » – ils font simplement acte de présence. Selon moi, ces chiffres témoignent d'une philosophie américaine du travail devenue tout bonnement obsolète. Cela nous amène à nous demander si le déclin de la productivité du pays ne met pas en évidence la nécessité d'un bouleversement majeur du monde du travail. Une des recommandations principales du rapport de Gallup aux entreprises est en effet de « basculer d'une culture du "salaire" à une culture du "sens" ».

Le *State of Enterprise Work Report*[1] de 2016 montre que 76 % des personnes interrogées déclarent travailler avant tout pour payer leurs factures. Et pourtant 92 % considèrent qu'il est important d'avoir un travail gratifiant.

Ce dont beaucoup de gens ne se rendent pas compte, c'est que ces deux objectifs (un salaire et un sentiment d'accomplissement) ne sont pas nécessairement incompatibles. Pourtant, beaucoup d'entre nous ne sont « pas engagés », ou, pire, sont vraiment en souffrance. Or, paradoxalement, être pleinement conscient de son vécu au travail, même s'il s'agit de son insatisfaction, de son désengagement et de son ambivalence, est le premier pas vers le changement. Et prêter attention à ses sentiments est la définition même de la pleine conscience.

Les traditions contemplatives comme le bouddhisme reconnaissent depuis longtemps la valeur de la pleine conscience. Plus récemment, des scientifiques ont trouvé des procédés permettant d'observer et de quantifier ses bienfaits. Depuis plus d'une décennie maintenant, j'enseigne la pleine conscience comme méthode de développement personnel et professionnel, dernièrement à la Stanford Graduate School of Business, où je donne un cours intitulé « Diriger avec pleine conscience et compassion ». Ce titre peut évoquer ce qu'un de mes élèves a suggéré en demandant : « Est-ce que ça va être un ramassis de conneries hippies ? » Pourtant, la pleine conscience est un outil essentiel pour de futurs leaders, et fait partie des qualités personnelles qui relèvent du « savoir-être », un terme créé en 1972 pour dépeindre les capacités sociales et interpersonnelles qui sont le fondement de notre aptitude à travailler efficace-

1. Rapport sur l'état du travail en entreprise aux États-Unis. (Toutes les notes sont de la traductrice.)

ment avec les autres. Les chargés de recrutement affirment que, parmi ces qualités, les plus fondamentales incluent la capacité à communiquer, l'adaptabilité, la créativité et la maîtrise de soi.

En 2015, le *Wall Street Journal* a réalisé un sondage auprès d'environ 900 cadres. 92 % d'entre eux ont déclaré que le savoir-être était au moins aussi important que le savoir-faire[I]. Mais voilà le hic : 89 % des cadres interrogés ont affirmé avoir du mal à trouver des employés dotés de savoir-être. De même, dans une enquête réalisée par LinkedIn auprès de 291 responsables d'embauche, 59 % d'entre eux ont dit avoir des difficultés à trouver des postulants ayant des qualités personnelles exceptionnelles, et 58 % ont affirmé que cela limitait la productivité de leur entreprise[II].

Les stratégies fondées sur l'expérience et éprouvées depuis un millénaire que j'enseigne à mes élèves et que je vais partager avec vous encouragent à appréhender le travail comme une opportunité de pratiquer la pleine conscience, de se montrer compatissant et de donner du sens à ce que l'on fait. Je présente ces stratégies non pas comme de simples mécanismes d'adaptation ou comme des moyens de réduire le stress et de tenir le coup au bureau un jour de plus, mais comme des outils qui vous permettront d'être plus épanoui à la fois au travail et dans votre vie personnelle.

Tout comme le sifflet en os de ptérodactyle qui signalait la fin de la journée de travail de Fred Pierrafeu, les anciennes frontières entre vie professionnelle et vie personnelle (entre la carrière et la famille, entre les affaires et le plaisir, et même entre le profane et le sacré, comme nous allons le voir) ne sont plus aujourd'hui ni réalistes ni adaptées à la façon dont nous travaillons ou dont nous souhaiterions travailler. Nous voulons tous un travail gratifiant, grâce auquel nous nous sentons utiles. Que vous soyez salarié d'entreprise, travailleur indépendant, enseignant, professionnel de santé ou gestionnaire de fonds spéculatif, vous vous sentez sans doute concerné par votre activité au-delà de vos heures de bureau. Si les horaires variables sont les avantages sociaux les plus recherchés et peuvent aider à accroître notre implication, ils entraînent aussi la porosité des limites entre notre activité professionnelle et notre vie privée.

Face à cette réalité, que pouvons-nous faire ?

En tibétain, un seul et même terme désigne le cœur et l'esprit. La pratique de la pleine conscience, ou *lojong*, est souvent traduite par « entraînement de l'esprit », mais je lui préfère l'expression « entraînement du cœur-esprit », qui nous aide à garder le cœur à l'esprit. Le système *lojong* fut popularisé au XIIe siècle par le maître de méditation Chekawa Yeshe Dorje, qui reconnaissait qu'une pratique intégrée (c'est-à-dire permettant à un élève de pratiquer où qu'il soit) convient aux personnes en activité. Avec cette approche, il est possible de s'entraîner n'importe où : sur les champs de bataille, dans les maisons closes, les écoles, les commerces, les monastères, et même les bars. (Cela ne veut pas dire qu'il faut *rester* au bar, mais c'est un point de départ.) Ainsi, vous pouvez commencer là où vous êtes en ce moment. La pleine conscience a toute sa place dans le train sur le trajet du travail, au bureau, ou derrière la caisse. En fait, les recherches en neurosciences modernes ainsi qu'en sciences comportementales suggèrent que l'entraînement à la pleine conscience peut se pratiquer dans n'importe quel cadre.

Ce livre a pour thème notre façon de travailler. Quand nous prêtons attention à nos pensées et à nos sentiments vis-à-vis de notre activité, ils peuvent devenir notre plus grande ressource pour trouver du courage, de la créativité, du sens et de la résilience.

En général, l'expression « pleine conscience » fait penser à la méditation, ou plus précisément à cette version de la méditation qui consiste à rester assis tranquillement sans rien faire – ce qui n'est manifestement pas un comportement approprié sur notre lieu de travail, à moins d'être en pause. Mais cette vision communément admise de la pleine conscience est trop étriquée – et c'est bien dommage. En fait, le mot tibétain *gom*, que l'on traduit habituellement par « méditation », signifie littéralement « familiarisation ». Oubliez l'encens et la position du lotus, oubliez les notions de « laisser filer ses pensées » ou de « se concentrer sur sa respiration » ; la méditation consiste, d'une façon plus générale, et plus constructive pour la plupart des gens, à apprendre à connaître notre esprit et notre cœur. Quand elle est pratiquée correctement, elle nous permet de nous familiariser avec les pensées vers lesquelles « se dirige » spontanément notre esprit et, avec le temps, de l'amener plus facilement (et avec douceur) là où nous voulons qu'il aille. Nous découvrons alors ce que notre cœur veut vraiment, et nous améliorons notre capacité à l'écouter. Selon cette définition, nous pouvons pratiquer la méditation n'importe où, n'importe quand, dès maintenant. Le travail devient une occasion de nous entraîner à avoir des intentions plus conscientes et plus compatissantes, et à nous tenir pour responsables de ces intentions, avec autant de bienveillance que possible. Quand nous opérons ces choix suffisamment souvent, ces nouveaux comportements nous deviennent familiers. En un mot, ils se transforment en habitudes. Ainsi, nous pouvons considérer non seulement que la méditation est compatible avec le travail, mais aussi que le travail est en lui-même une méditation, où chaque instant de la journée devient une occasion d'entraîner notre cœur et notre esprit à développer de bonnes habitudes.

J'aime bien la phrase « le travail est une méditation », car elle révèle ce changement de paradigme : elle n'a aucun sens si on n'y applique que la définition étroite de la méditation, qui consiste à s'asseoir sans rien faire. En général, j'utilise l'expression « entraînement à la pleine conscience » plus volontiers que le terme « méditation ». J'ai pu voir, en enseignant à des milliers de personnes de tous horizons et dans de nombreux contextes différents, que le terme « méditation » a un trop grand passif, et que tout ce poids lui donne l'apparence d'une corvée. (Un jour, je me suis aperçue avoir fait une coquille : au lieu d'écrire « pleine conscience », j'avais écrit « peine conscience ». Peut-être était-ce mon subconscient qui me conseillait de me détendre. Quoi qu'il en soit, l'erreur paraissait pertinente : la méditation et la pleine conscience sont souvent accusées à tort de n'être que deux éléments venant s'ajouter à la longue liste de choses que nous devons faire mais que nous ne faisons pas.)

Ainsi, si le terme « méditation » a fini par n'avoir qu'une seule acception pour la plupart des gens (à savoir la méditation assise), l'entraînement à la pleine conscience reste une expression assez malléable, et suffisamment large pour englober toutes les formes d'approche qui consistent à travailler avec l'esprit, les tripes et le cœur, allant des pratiques assises formelles et des retraites aux exercices mentaux. Toutes ces méthodes nous permettent de trouver ces moments et ces lieux interstitiels où nous pouvons reprendre notre souffle – ce que la tradition tibétaine appelle « la méditation naturelle ». La méditation naturelle ne consiste pas à fermer les yeux et à faire des efforts. Elle suppose plutôt d'accéder à un état mental qui nous est familier et toujours accessible (un état dont nous nous écartons souvent tant nous sommes en surchauffe mentale), de fixer notre intention, et de prendre simplement quelques instants pour changer de perspective – des actes que nous pouvons accomplir à n'importe quel moment de la journée.

Soyons clairs : je n'ai rien contre la méditation assise. Je l'enseigne et la pratique – plus aussi souvent ni aussi longtemps que lorsque j'étais plus jeune, où je passais cent jours par an en retraite silencieuse, mais j'ai adopté une pratique qui fonctionne bien pour moi à présent. Ceci dit, l'assise en méditation n'a pas besoin d'un nouveau porte-parole ; contrairement à d'autres chemins vers la pleine conscience, moins connus et souvent mal compris.

Dans l'entraînement à la pleine conscience, il n'y a aucune séparation entre l'important et le trivial. Nous pouvons pratiquer avec tout ce qui est. La pression et l'agitation constantes ne sont pas un obstacle à notre mission dans le monde ; elles représentent une chance de l'accomplir. Avec la pleine conscience, nous considérons nos défis comme des opportunités et nos adversaires comme des enseignants. Nous nous entraînons à voir ce qu'il y a de meilleur en l'autre ainsi qu'en nous-mêmes – non pas avec naïveté, mais délibérément et de façon stratégique. Avec un tel regard, nous sommes libérés de ce que j'appelle « l'état d'esprit du manque » : ce sentiment constant et tenace de ne jamais avoir assez de temps ou de moyens, et de ne jamais être à la hauteur de la vie qu'il nous est donné de vivre. Cette nouvelle perspective ne transforme en rien le monde qui nous entoure ; et pourtant tout nous semble différent.

Le seul point clé à retenir de l'entraînement traditionnel à la pleine conscience est qu'il nous enseigne à voir nos pensées et nos sensations non pas comme quelque chose qui nous définit, mais comme quelque chose qui nous traverse, qui passe. L'enjeu est majeur, car cela a des implications concrètes considérables dans notre vie quotidienne. Reconnaître que vous avez peur du changement mais vous rappeler votre but et votre intention peut vous donner le courage d'accepter un nouvel emploi ou de déménager dans un endroit inattendu. Constater votre désir ardent de vous défouler sur un collègue, mais vous souvenir d'avoir de la compassion pour cette personne, pour ce qu'elle est et son histoire personnelle, peut vous apporter plus d'alliés et moins de regrets. S'entraîner à la pleine conscience signifie apprendre à agir différemment. Dans la tradition bouddhiste comme dans la psychologie moderne, l'action mentale *est* une action, aussi fondamentale que l'action physique.

Quand, à l'âge de quinze ans, j'ai attrapé le virus de la méditation bouddhiste, j'étais motivée par des questions existentielles. Je voulais comprendre pourquoi il y avait autant d'inégalités, et ce qui pouvait être accompli pour corriger les disparités raciales, financières et entre les sexes. J'étais frustrée de voir que mon entourage ne semblait pas s'intéresser à ces questions, alors que pour moi, c'était tout ce qui comptait. Au lycée, j'ai suivi un cours intitulé « la littérature de l'éveil », donné par un méditant de longue date. C'est à ce cours que j'ai entendu parler du bouddhisme tibétain pour la première fois – et que j'ai eu l'impression de retrouver un ami perdu de vue depuis bien longtemps : les idées exposées avaient beaucoup plus de sens que tout ce que j'avais pu entendre jusque-là, et je m'identifiais profondément à elles. Cela dit, je ne les pratiquais pas encore avec assiduité. Quand j'ai fini par poser sérieusement mes fesses sur le coussin, vers l'âge de vingt ans, la méditation est devenue un outil pour faire face aux souffrances que je traversais – mon père avait un cancer qui finit par lui ôter la vie, et une amie d'enfance qui m'était proche décéda peu de temps après. Pendant dix ans, j'ai passé mon temps à participer tour à tour à des retraites de cent jours ou de six mois de méditation, tout en faisant des études pour obtenir un diplôme de travailleur social, un autre en conseil pastoral, et enfin un doctorat en éducation et théologie. Pour la rédaction de ma thèse, je suis allée à la rencontre de l'interprète du dalaï-lama Thupten Jinpa, et l'ai interviewé sur mon sujet : comment adapter les pratiques tibétaines de compassion pour répondre aux besoins des personnes souffrant d'un traumatisme. Au cours de notre conversation, il m'a demandé ce qui avait suscité mon intérêt pour ce thème ; je lui ai alors expliqué que je cherchais, en partenariat avec des professionnels de santé, à traiter les troubles liés au burn-out. Il m'a invitée à participer à une retraite d'un week-end, à Stanford, qui regrouperait une équipe d'intellectuels et d'enseignants soigneusement sélectionnés, et, avant de réaliser ce qui m'arrivait, je me suis retrouvée à devenir la première responsable pédagogique du CCARE, le Centre de recherche et d'enseignement sur la compassion et l'altruisme.

C'est à cette période-là que j'ai contacté Pat Christen, P-DG de HopeLab, pour qu'elle m'éclaire sur la meilleure façon de mettre en place le programme de formation des enseignants du Centre de recherche sur la compassion. HopeLab, une association à but non lucratif centrée sur la recherche et le développement de jeux vidéo pour un changement comportemental, est née de l'intuition du philanthrope Pam Omidyar selon laquelle les jeux vidéo peuvent être utiles aux enfants atteints d'un cancer. Plus tard, HopeLab s'est penchée plus largement sur la capacité de résilience – et les recherches ont montré que ce qui permettait d'augmenter cette capacité était le travail tel que je le vivais, dans la compassion et la pleine conscience. Très vite, je suis tombée amoureuse de la culture, du cahier des charges et de l'équipe de HopeLab, et, après avoir eu deux bébés de plus, j'ai travaillé quelques années chez eux à plein temps, en collaboration avec le Centre de recherche sur la compassion, mais en me focalisant principalement sur la recherche, l'écriture et le développement de mon propre programme pour la Stanford Graduate School of Business et sur mon travail auprès de vétérans.

Pour la plupart des personnes pratiquant la pleine conscience, celle-ci n'est pas un but en soi. C'est un chemin vers autre chose. Les recherches à HopeLab ont montré qu'être entouré et avoir un objectif de vie bien défini permettait d'augmenter la capacité de résilience. En apprenant cela, j'ai eu un éclair de perspicacité : donner du sens est notre but ultime, et les pratiques que j'ai apprises (la pleine conscience, la compassion envers soi-même et envers autrui) nous aident à donner vie à ce sens.

Au cours des cinq années qui ont balisé l'écriture de ce livre, ma vie a évolué en parallèle. D'abord femme active et mère d'une petite fille de un an, je suis devenue mère de trois enfants de cinq ans et moins, tout en travaillant autant, si ce n'est plus qu'avant. Nous vivons dans la baie de San Francisco, un des lieux les plus chers au monde, et ni mon mari ni moi-même n'avons choisi un parcours professionnel lucratif. Il n'y a pas beaucoup d'espace à la maison, et le chaos règne la majorité du temps (de jour comme de nuit). En tant que femme active et mère de famille, je me rends compte que je passe une grande partie de mon temps à jongler avec les assiettes que j'ai lancées en l'air afin d'éviter qu'elles ne s'abattent sur ma tête. Et je sais, en discutant avec les parents que je croise à travers la péninsule, au ramassage scolaire comme dans les parcs, que nous sommes tous dans le même bateau. Alors, à chaque nouveau semestre scolaire, j'essaye de développer des approches de plus en plus rationnelles de la pleine conscience. Au lieu de me flageller pour ne pas avoir médité pendant deux heures chaque matin, j'essaye d'adopter le point de vue soutenu par HopeLab : il est inutile de mettre au point un projet théoriquement optimal si personne ne peut l'utiliser dans la vraie vie. Ce qu'il faut, c'est trouver une version minimaliste de ce projet, plus accessible. C'est cette version-là qui aura un véritable impact.

Cette révélation est devenue le *koan* (ou paradoxe) qui a imprégné mes réflexions sur mes actes, sur mon enseignement et sur ce livre. Ma question directrice est alors devenue la suivante : quel est le plus petit acte qu'une personne peut accomplir pour changer la situation douloureuse qu'elle est en train de vivre ? Pour le savoir, la meilleure stratégie ne consistait pas à passer tout mon temps à spéculer et à en discuter ; il valait mieux développer une idée, créer un prototype, le tester dans la vraie vie avec de vraies personnes, et réfléchir aux leçons apprises.

Soudain, tout m'apparaissait sous un angle différent. Je me suis aperçue que je disposais en réalité de beaucoup de temps pour pratiquer, parce que je n'avais besoin de sacrifier ni mon travail, ni le temps passé avec mes enfants, ni ma vie privée : chaque instant, quel qu'il soit, est une occasion de pratiquer. Comme le dit l'adage dans la tradition mahayana : « Prenez toute votre vie avec vous sur le chemin. » Libérée des frontières du coussin, la méditation pourrait inclure notre quotidien dans sa globalité.

En Occident, nous ne comprenons pas ce qu'est réellement la méditation. La méditation ne consiste pas à s'asseoir tranquillement, les yeux fermés. Ceux d'entre nous qui ont une pratique méditative ont tendance à oublier trop facilement que le but n'est pas de devenir un meilleur méditant, tandis que ceux qui n'en ont pas se demandent à juste titre *à quoi elle sert*. Les traditions mêmes qui nous ont apporté la méditation illustrent cette confusion par la métaphore suivante : la méditation assise est un bateau sur lequel nous pouvons embarquer pour atteindre notre destination. Ce navire n'est qu'un des nombreux véhicules qui peuvent nous y amener. Celui qui s'attache trop à la méditation comme une fin en soi – qui veut absolument « être un méditant » et exhorte les autres à méditer – est comme un imbécile qui porterait un bateau sur la terre ferme au lieu de se contenter de marcher. Depuis les années 1970, avec l'arrivée aux États-Unis de maîtres bouddhistes exilés de régions comme le Tibet, et la transmission des enseignements orientaux par des Occidentaux qui s'étaient formés en Asie, nous ne sommes pas en manque de livres ni de professeurs de méditation – au point que beaucoup de gens croient n'avoir que deux choix : marcher en portant un bateau au-dessus de leur tête ou ne pas atteindre leur destination. Ce livre se penche en quelque sorte sur la marche, et est là pour nous rappeler notre but : non pas fuir ce monde, mais offrir au monde le meilleur de nous-mêmes.

Pour résumer, nous ne pouvons pas attendre d'avoir du temps libre pour pratiquer la pleine conscience. Étant mère de trois jeunes enfants, je peux témoigner de la quasi-impossibilité d'ajouter une activité à mon emploi du temps. La liste des choses qui me feraient du bien et que je ne fais pas est déjà beaucoup trop longue. Et je sais que je ne suis pas seule dans ce cas. Même avec la structure et le soutien d'un cours, la plupart de mes élèves, quels qu'ils soient et d'où qu'ils viennent, n'arrivent pas à adopter une pratique de méditation assise sur le long terme. Et même chez Google, où la formation en développement personnel la plus populaire est un programme de méditation sur huit semaines intitulé *Search Inside Yourself*[1], le département

1. « Cherchez en vous-même. »

des ressources humaines m'a demandé de venir transmettre des pratiques informelles pour développer l'attention et la compassion qui pourraient être intégrées au travail ; car la plupart des salariés de Google ne suivent pas ce cours, ou le suivent mais ne trouvent pas le temps de pratiquer la méditation telle qu'elle y est enseignée. Pour reprendre les termes d'un des employés de cette multinationale lors de notre première réunion : « Ras le bol des cours magistraux ! » Comme moi, il adore apprendre, mais parfois ça ne suffit pas. Car, l'important, c'est notre attitude *en dehors* des cours, qui influe sur notre vécu du travail et notre contribution à l'entreprise.

Les personnes en activité ont besoin d'une approche intégrée de la pleine conscience, qu'il s'agisse des directeurs d'entreprise ou de leurs employés. Tout le monde a du travail à abattre. Et, sans être P-DG, chacun d'entre nous occupe une place importante, au sein de sa famille ou de sa communauté. Nous avons besoin d'une pratique qui ne consiste pas tant à faire quelque chose de nouveau qu'à porter un regard neuf sur nos actes.

J'aime comparer la pratique méditative au fartage des skis. Au ski, comme dans de nombreux sports, les athlètes appliquent de la cire sur leur équipement pour diminuer la résistance et accroître leurs performances. Vous pouvez faire du ski de fond et vous heurter à chaque obstacle, ou farter vos skis et rendre le même parcours agréable. La pleine conscience, à l'instar de cette cire, devient alors un outil, que nous utilisons pour optimiser nos performances. Nous avons besoin de l'appliquer quand nous conduisons, quand nous prenons un café, quand nous nous adressons à un collègue – bref, à chacun de nos actes. C'est très rapide, il suffit d'à peine quelques secondes – ce que Marc Brackett, du Yale Center for Emotional Intelligence, appelle un « micro-moment » – pour changer de perspective. Cette approche de la pleine conscience et de la méditation (ainsi que de l'interprétation des textes et enseignements du bouddhisme) est différente mais tout aussi valide, plus complète et, pour la grande majorité de la population active, plus réaliste que les adaptations traditionnelles communément rencontrées en Occident.

Au premier cours, voilà ce que j'annonce à mes élèves : « Nous allons apprendre à modifier notre façon de penser *au* travail et de penser *le* travail ; cela va nous permettre de faire émerger de nouveaux horizons, par lesquels nous trouverons la liberté. » Au terme du cursus, mes élèves affirment pour la plupart que le cours a profondément changé leur compréhension du leadership – en entreprise, peut-être ; en société, probablement ; et dans leur vie privée, à coup sûr. Je sais de façon objective (grâce à des mesures effectuées avant et après la pratique de la pleine conscience) que ce programme a une influence positive sur leur sentiment de solitude, sur leur pleine conscience et sur leur épanouissement. Pour reprendre leurs termes, il les aide à « dormir la nuit », à se « trouver », et à se préparer à « la vraie vie ».

Prototype, expérimentation et révision éclairée. Ce système occidental contemporain d'innovation connu sous le nom de « *design thinking* », qui est de rigueur dans toute la Silicon Valley, a un homologue surprenant : un système tibétain multimillénaire, *dampa sum*. Littéralement, et de façon assez poétique, « *dampa sum* » signifie : « bien au début, bien au milieu et bien à la fin ». Cet enseignement tripartite de la pleine conscience s'applique à tout ce que nous faisons ou voulons faire. Et ce n'est pas un hasard, d'après moi, si le *design thinking* comme le *dampa sum* dessinent la structure fondamentale d'une autre grande méthode d'apprentissage : la méthode scientifique, avec ses hypothèses,

ses expérimentations et ses conclusions. En tant qu'étudiante, pratiquante et enseignante du bouddhisme tibétain, j'ai été frappée par ces similitudes quand je suis arrivée à HopeLab, et j'explore depuis ce diagramme de Venn. C'est dans ce chevauchement entre bouddhisme tibétain, science et *design thinking* que j'ai développé mon programme pour l'école de commerce, ainsi que la structure de ce livre.

« Bien au début » demande de poser une intention claire sur la manière d'entreprendre une action, en fonction du résultat souhaité. « Bien au milieu » implique de passer à l'action. Et cette action est façonnée par la clarté d'esprit obtenue en fixant préalablement des intentions. Enfin, « bien à la fin » signifie se pencher sur la façon dont tout s'est déroulé (ou se déroule encore). En bref : le but (bien au début), la mise en pratique (bien au milieu) et la réflexion (bien à la fin). Cela vaut pour tout – une journée, une présentation, une conversation, un moment – et c'est une boucle de rétroaction perpétuelle : la réflexion façonne à nouveau notre but.

Quand vous commencez à appliquer *dampa sum* à chacun de vos actes, vous voyez ses effets absolument partout. Par exemple, si vous décidez de ranger votre bureau, vous commencez par réfléchir à ce que vous vous apprêtez à faire, aux changements que vous voulez voir. Vous reliez intentionnellement cet acte à un but supérieur – comme celui d'avoir une vie professionnelle riche et productive. Mais il ne suffit pas de réfléchir : vous devez retrousser vos manches et vous y mettre. C'est la partie concrète. Et finalement vous obtenez, en plus d'un espace de travail accueillant, une chance de retrouver ce document que vous croyiez perdu à tout jamais. Vous pourrez alors vous demander (c'est là qu'intervient la réflexion) si l'action entreprise vous a aidé à progresser vers votre but supérieur : avoir une vie professionnelle riche et productive. Et, à partir de là, vous pourrez vous fixer un nouvel objectif : maintenir votre bureau rangé, ou simplement observer les difficultés qui apparaissent quand vous ne le rangez pas. En fin de compte, se pencher sur le résultat d'une action permet notamment de déterminer si elle valait la peine, ou de choisir d'agir différemment la prochaine fois. Et, quelle que soit la banalité de la tâche, les effets à long terme du processus peuvent être très importants. *Dampa sum* n'est ni plus ni moins que voir clairement, mettre son cœur et son esprit dans ses actes, et comprendre comment transformer son vécu en changeant de perspective et de comportement.

Dans la Silicon Valley, on parle d'« échouer » et d'« échouer mieux ». L'idée essentielle, dans le monde des affaires du XXIe siècle comme dans le Tibet du XIIe siècle, c'est que les produits et les processus de production doivent être façonnés en profondeur par le vécu de ceux qui les utilisent. Pour cela, les visions profondes de l'utilisateur doivent être intégrées à chaque étape du parcours, de la conception initiale (le but) à la conception « finale » (la réflexion qui entraîne de nouvelles intentions), en passant par le test du prototype (la pratique), et en général par plusieurs révisions. Bien sûr, la notion même de conception « finale » est souvent inadaptée aux produits d'aujourd'hui. Chaque semaine, si ce n'est chaque jour, l'une ou l'autre de nos applications a besoin d'une mise à jour. Nous vivons dans une époque d'itération. Après tout, le *design thinking* est une approche utilisée aussi bien dans des écoles élémentaires que dans des entreprises technologiques. Ceci dit, il y a deux mille ans, les bouddhistes reconnaissaient déjà que nous sommes pris dans une perpétuelle itération : bien au début, bien au milieu, bien à la fin (et on revient à la case départ). Ainsi, cette logique tripartite composée de *dampa sum*, du *design thinking* et de la méthode scientifique devient bien plus qu'une structure. Comme nous le verrons plus loin, *dampa sum* est aussi une manière d'être dans le monde.

« Bien au début, bien au milieu, bien à la fin » ne signifie pas que tout se passe toujours comme prévu. Ni que nous obtenons toujours ce que nous voulons ou que rien de mal ne nous arrive, que nous ne tombons pas malades et ne vieillissons pas, que nous ne perdons pas nos êtres chers. Cela ne veut pas dire non plus que nous devons tous être au service d'une grande cause. Cela signifie que les grandes causes se trouvent tout autour de nous, dans ces petites opportunités d'imprégner chacun de nos actes de sens, de pleine conscience et de compassion. Cette façon d'appréhender le quotidien se manifestera dans notre travail comme dans notre vie privée de façon très réelle, très concrète – et parfois très forte.

Quand je dis que j'enseigne la pleine conscience, on me demande souvent si le temps passé sur le vélo elliptique compte – ou celui passé dans les transports en commun, ou à faire la vaisselle, etc. Ma réponse, fondée sur une tradition multimillénaire ainsi que sur des preuves scientifiques à la pelle, est : oui… *si nous faisons en sorte qu'il compte.* Oui, même faire la queue chez Starbucks compte, si nous en profitons pour sentir le contact de nos pieds avec le sol, notre impatience qui prend la forme de tensions dans les épaules, et si nous avons de la compassion pour nous-mêmes et pour ceux qui nous entourent. De la même façon, notre travail compte si nous faisons en sorte qu'il compte.

En reconnaissant notre humanité commune (ce qui est un des principes fondamentaux de l'entraînement à la compassion), ce livre part du principe que nous sommes tous dans le même bateau. Et les statistiques indiquent qu'une mentalité collective n'est pas qu'un vœu pieux. D'après Gallup, « les employés encadrés par des managers fortement engagés ont 59 % de chances supplémentaires d'être eux-mêmes engagés par rapport à ceux encadrés par des managers activement désengagés. » Que nous le voulions ou non, nous sommes influencés par le niveau d'engagement des personnes qui nous entourent.

À quoi ressembleraient notre travail et notre environnement professionnel si nous agissions comme si nos collègues étaient exactement comme nous ? Et si notre chef, le chef de notre chef, nos pairs, nos subalternes, les autres personnes du service, celles des autres départements, monsieur ressources humaines avec son bouc, nos clients, même (et peut-être surtout) nos concurrents, et les agents de service, les vendeurs… tous ceux dont le travail a une influence sur notre vie quotidienne – si tous ces êtres humains étaient *exactement comme nous* ? C'est une question importante, parce qu'ils nous ressemblent à de nombreux égards. C'est une question radicale, parce que ce n'est pas cette vision du travail qui l'a emporté pendant la révolution industrielle (manifestement), ni qui est présentée dans la plupart des livres sur le monde des affaires. Reconnaître notre humanité commune signifie voir que ceux qui travaillent sont plus que des machines. Cela signifie créer un environnement professionnel véritablement humain, dans lequel les gens sont reconnus, estimés, engagés et soutenus.

Ce livre s'adresse à tous ceux qui souhaiteraient avoir plus d'influence sur leur façon de penser, de ressentir et d'agir, que ce soit au travail ou dans la vie privée. Je suis sensible à l'impact concret, positif ou négatif, des systèmes de pensée, et c'est pourquoi j'ai fait tout mon possible pour rendre les stratégies de ce livre réalistes. Je ne suis pas en train d'affirmer naïvement que nous pouvons résoudre tous nos problèmes en changeant d'attitude. Je ne suis pas en train de suggérer qu'une femme de ménage fait face aux mêmes problèmes qu'un P-DG Mais je crois sincèrement que les principes et pratiques que je partage ici, quand ils s'appuient sur notre vécu, peuvent changer notre vie. Même dans cet environnement très spécifique qu'est une classe d'école de commerce, mes élèves forment un groupe étonnamment varié, venant d'ONG ou de start-up aussi bien que de multinationales ou d'institutions financières traditionnelles du monde entier. Il y a même un élève qui s'est inscrit à mon cours entre deux périodes de service militaire. Et, en travaillant avec ces personnes de divers horizons, j'ai constaté que, au-delà des différences, leurs désirs étaient les mêmes : être quelqu'un, trouver sa place, faire de son mieux, et passer le flambeau. Notre façon de faire face à nos vulnérabilités les plus grandes, les plus humaines et les plus extrêmes a un impact très concret sur notre activité et notre entourage professionnels, mais le travail est justement le dernier endroit où nous pouvons les reconnaître. Je voulais remettre en cause ce tabou et écrire ce livre à partir de mon expérience de professeure, de femme et de mère – pour tous.

PARTIE I

Donner un sens au travail, c'est possible

1

Soigner l'environnement professionnel toxique

Dans les années 1980, des architectes ont commencé à concevoir des bâtiments en prenant en compte l'efficacité énergétique. Un des moyens mis en œuvre consistait à créer des structures ayant « une enveloppe plus étanche » ou moins de ventilation. C'est à peu près à cette époque-là que sont apparus les premiers rapports sur le « syndrome du bâtiment malsain[III] ».

Le syndrome du bâtiment malsain désigne une combinaison de symptômes affectant les personnes qui passent leurs journées dans des environnements saturés en polluants comme le dioxyde d'azote, les COV (composés organiques volatils) et les allergènes. Les employeurs ont commencé à s'inquiéter de cette maladie mystérieuse, fortement corrélée à la baisse de productivité et à la réduction des bénéfices des entreprises[IV]. On s'alarmait aussi des conséquences à long terme de ces produits chimiques présents dans les matériaux de construction. C'est à partir de ces préoccupations que s'est développée l'écoconstruction.

En 2015, une équipe de chercheurs dirigée par Joseph Allen, de la Harvard T. H. Chan School of Public Health, a entrepris de rassembler des données relatives à l'impact des bâtiments malsains sur les fonctions cognitives de leurs occupants, puis de tester l'impact des normes d'écoconstruction[V]. Pour cela, les chercheurs ont mené une étude randomisée en double aveugle – c'est-à-dire que ni eux ni les participants ne savaient qui était dans quel groupe – avec 24 professionnels de la région de Syracuse. Ces architectes, programmeurs et professionnels du *creative marketing* se sont retrouvés dans des bâtiments choisis pour cette étude au Total Indoor Environmental Quality Laboratory du Syracuse Center of Excellence in Environmental and Energy Systems. Pendant six jours (de 9 heures à 17 heures, avec une pause-déjeuner de quarante-cinq minutes dans une pièce adjacente à leur bureau), ils ont travaillé dans des espaces qui simulaient les normes des bâtiments en écoconstruction – les normes *Green*, *Green* + (qui reprend les critères de l'écoconstruction, mais avec une meilleure ventilation) – ou conventionnels. À la fin de chaque journée, les participants à l'étude étaient soumis à une batterie de tests permettant d'évaluer leurs fonctions cognitives.

Les chercheurs ont constaté que les scores cognitifs étaient 61 % plus élevés dans le bâtiment simulant les normes *Green* et 101 % dans celui simulant les normes *Green* + que dans les bâtiments conventionnels. Les neuf domaines cognitifs qui ont été évalués ont tous montré de meilleurs résultats dans les bâtiments écoconstruits, avec une différence très nette en ce qui concerne la réponse à une crise (à hauteur de 97 % dans les bâtiments *green* et 131 % dans les bâtiments *green* +), la stratégie (183 % et 288 %) et l'utilisation d'informations (172 % et 299 %)[VI].

Cette étude a changé la donne dans l'industrie du bâtiment, ainsi que dans les entreprises les plus visionnaires et les plus productivistes, qui investissent aujourd'hui dans des bâtiments sains pour leurs employés. Elle prouve que les matériaux utilisés en construction ont un impact quantifiable sur les capacités cognitives des employés. Genentech, Kaiser, Google, Salesforce, Facebook... tous investissent des sommes considérables, à hauteur de plusieurs milliards de dollars, pour créer des espaces de travail écologiques. Et dans les formations de premier plan, comme à la Harvard T. H. Chan School of Public Health et à la Harvard Kennedy School, les élèves apprennent à prendre ces éléments en considération dans leurs projets et dans les prises de décision.

Prenez le cas de l'ingénieur en génie industriel Ray Anderson. En 1973, il a fondé l'entreprise Interface, qui produit des dalles de moquette pour les professionnels. Son idée était de créer de nouveaux matériaux et produits chimiques en suivant tout simplement les pratiques de l'époque – des pratiques qui s'intéressaient peu à l'impact des produits sur l'environnement ou sur la vie de leurs fabricants et de leurs usagers. C'était le business model dominant, accepté par tous[VII].

Vingt ans plus tard, en lisant l'ouvrage de Paul Hawken *L'Écologie de marché*, Anderson fut frappé par ce qui passait alors pour une folie : que le monde des affaires était la cause de la catastrophe environnementale[VIII], mais aussi la seule solution possible. En fait, dans *L'Ecologie de marché*, Paul Hawken qualifie Ray Anderson (et Interface) de véritables « pillards ». Dans sa conférence TED en 2009, Anderson raconte l'impact inattendu de ce livre sur sa vie. Plutôt que de continuer tête baissée à produire plus en suivant les normes de son époque, il a saisi toute la lucidité de cette critique, et s'est décidé à agir. Il a fait le vœu de ne prendre à la Terre que ce qui était renouvelable et de ne nuire aucunement à la biosphère. « Si Hawken a raison, si le commerce et l'industrie doivent mener la barque, qui va mener le commerce et l'industrie ? » s'est-il demandé. Se décrivant lui-même comme « un pillard repenti », Anderson a compris le besoin de passer à la vitesse supérieure et de transformer en profondeur le modèle économique de sa société. Il a alors fondé Net-works, une initiative commune de l'entreprise de moquette Interface et de la Zoological Society of London, qui reconvertissait les vieux filets de pêche en moquette. C'est ainsi qu'ils ont créé non seulement des moquettes moins toxiques, et par là même des espaces de travail plus sains, mais aussi un nouveau paradigme pour faire des affaires.

Si je vous raconte cette histoire, c'est parce que le syndrome du bâtiment malsain illustre vraiment ce qu'est un environnement professionnel toxique, au sens propre comme au sens figuré. Car, si notre espace de travail peut être transformé, qu'en est-il des autres composants de notre environnement professionnel ? Que pouvons-nous faire pour les améliorer ? Parfois, ce qui est considéré comme normal en un temps et un lieu donnés est en fait une folie. L'entraînement à la pleine conscience nous donne la sagesse de la reconnaître, ainsi que la force d'agir et de paraître fous si nécessaire.

Réhumaniser le lieu de travail

Un des plus grands apports de la psychologie sociale ces cinquante dernières années a été de mettre en évidence l'importance de notre environnement. Et, même si nous ne connaissons plus les conditions de travail extrêmes décrites par Upton Sinclair dans *La Jungle*, nous faisons face à une forme nouvelle et plus subtile d'insécurité professionnelle.

Les Américains travaillent beaucoup. D'après un sondage réalisé en 2016 par la National Public Radio, la fondation Robert Wood Johnson et la Harvard T. H. Chan School of Public Health, « près des deux tiers de la population active affirment faire parfois, ou souvent, des heures supplémentaires ou travailler le week-end, et environ un cinquième déclare [sic] travailler au moins cinquante heures par semaine pour son emploi principal[IX]. »

Les États-Unis sont un des rares pays développés qui ne garantissent pas de congés payés chaque année. Et, même quand les employeurs offrent des jours de congé, beaucoup d'employés ne les prennent pas[X]. D'après ce même sondage, moins de la moitié des employés ayant eu droit à des congés payés les ont tous pris, ou en ont pris plus de la moitié, en 2015. L'enquête révèle encore que plus de la moitié sont allés travailler quand ils étaient malades. De plus, 44 % des personnes interrogées ont déclaré que leur emploi avait des conséquences négatives sur leur santé, et plus de 40 % sur leur famille, leur poids et leur sommeil.

Nous sommes très nombreux à faire des heures supplémentaires ou à renoncer à nos vacances pour être plus productifs. Mais voilà le hic : des études réalisées à la fois sur les travailleurs manuels et sur les employés de bureau ont montré qu'au-delà de quarante-cinq heures de travail par semaine non seulement notre productivité stagne, mais elle commence à diminuer. À un certain stade, l'excès de travail sape notre productivité. Et, comme nous avons moins de temps et d'énergie pour vivre pleinement notre vie, cela crée un sentiment de manque, au niveau tant individuel que collectif.

En 2015, mon amie et mentor Pat Christen et moi-même avons fait une présentation à la Stanford Social Innovation Review Conference. Pat, qui dirigeait autrefois HopeLab, est aujourd'hui la directrice générale de The Omidyar Group (dont fait partie HopeLab), un regroupement d'organismes et d'initiatives créé par le fondateur d'eBay Pierre Omidyar et par son épouse Pam, scientifique et activiste.

Les recherches présentées par Pat à cette conférence avaient toutes pour thème le manque : manque de temps, manque d'argent, manque de sommeil, manque d'exercice physique. Elle expliquait que vivre jour après jour avec cette sensation de manque avait un impact sur notre santé mentale, physique et émotionnelle, et pouvait entraîner des troubles tels que l'addiction, l'obésité, le divorce, la dépression, l'anxiété, la solitude ou le burn-out. Elle a cité des statistiques montrant que les personnes qui travaillent au-delà de cinquante-cinq heures par semaine ont 33 % de risques supplémentaires de faire un AVC et 13 % de développer une maladie cardiaque. De plus, 35 % de ces mêmes personnes ont affirmé que leur travail interférait avec leur vie de famille et constituait une source de stress importante[XI].

Ces données confirment ce que beaucoup savent par expérience : nous sommes nombreux à être malheureux, malades et complètement submergés par ce qu'exige notre vie professionnelle ; et nous n'osons même pas nous pencher sur notre santé physique ou mentale, sans parler de notre bien-être et de notre épanouissement, de peur que cette simple réflexion nous submerge encore plus. Quand toute une société vit ainsi, il peut être difficile de localiser la source du problème ou d'évoquer la nécessité de le résoudre. L'ennui, c'est que nous portons notre affairement comme un symbole de prestige ; et les recherches montrent que l'on accorde une réelle valeur à ce mode de vie : les Américains qui ne cessent de répéter à quel point ils sont « occupés » sont considérés comme des personnes plus importantes et ayant un statut social plus élevé[XII].

Personne ne souhaite être stressé ou s'ennuyer, être anxieux ou submergé, ou encore avoir l'impression de n'être qu'un rouage insignifiant d'une immense machine. Pourtant, nous sommes bien trop nombreux à souffrir de ces situations, et beaucoup trop souvent. C'est au travail que nous luttons le plus avec notre besoin d'épanouissement. Et ce besoin ne se limite pas aux domaines « à vocation », comme l'éducation ou le secteur associatif. Il inclut tout le monde – tous ceux qui ont voulu devenir quelqu'un en grandissant ; tous ceux qui ont un jour douté de leurs capacités et qui ont eu peur qu'on s'en rende compte ; tous ceux qui préfèrent se plaindre de leur travail plutôt que retrousser leurs manches, ou qui vivent la terreur du dimanche soir ; tous ceux qui se sentent engloutis par la technologie de l'information, ou qui doutent de pouvoir atteindre un équilibre entre vie privée et vie professionnelle ; tous les parents qui sont pris entre le marteau et l'enclume, aux prises avec cette ambivalence ou cette culpabilité à la fois de quitter leur foyer pour aller au travail et d'être distraits de leur travail quand ils sont à la maison ; tous ceux qui travaillent trop et tous ceux qui essayent de travailler plus.

Bien sûr, il n'en a pas toujours été ainsi. Quand nous commençons une nouvelle carrière ou acceptons un nouveau poste, nous sommes généralement ravis de l'opportunité qui nous est offerte, et pleins de bonnes intentions : nous voulons subvenir à nos besoins et à ceux de notre famille, apprendre quelque chose de précieux, avancer vers un objectif. Mais nous n'arrivons pas toujours à injecter cette motivation dans tout ce qui compose nos journées. Nous devons trouver des vêtements propres et avoir l'air présentables, être à plusieurs endroits en même temps et arriver partout à l'heure, suivre l'évolution de nos enfants, appeler nos parents, nous nourrir suffisamment mais pas trop non plus, répondre aux SMS et lire tous nos e-mails, si possible faire du sport, payer les factures, faire des gâteaux pour la kermesse de l'école, être présents aux réunions parents-profs, et avoir les dents propres. Il y a énormément de choses dont nous devons nous préoccuper : la santé d'un proche qui se dégrade, le solde d'un compte en banque qui diminue dangereusement, un enfant malade ; ce que les gens pensent de nous, à quel point ils nous estiment, si nous sommes reconnus et rémunérés à notre juste valeur. Nous sommes tour à tour submergés, honteux, en proie à l'ennui, en colère et jaloux – et nous préférerions parfois être simplement indifférents. Pas étonnant que nous perdions de vue nos intentions originelles.

Non seulement tout cela est désagréable, mais cela met en péril notre santé physique (encore cette connexion entre le corps et l'esprit), notre équilibre émotionnel et notre clarté mentale. Et cela impacte notre vie personnelle ainsi que celle de nos proches. Comment pouvons-nous agir, ici même, dans la vraie vie – que pouvons-nous faire d'autre que réaliser notre fantasme de hurler : « Allez vous faire voir, je démissionne ! » ? Faut-il que nous nous contentions de profiter de nos soirées, week-ends et jours de congé (quand nous avons la chance d'en avoir et de ne pas être trop submergés de travail pour les prendre) ? Devrions-nous juste prendre sur nous ? Est-ce cela, être adulte ?

La réponse tient en un mot : non. Il y a mieux.

Nous vivons dans une société qui attache de l'importance non seulement à la productivité, mais aussi au profit et aux promotions à tout prix, une société qui récompense les abrutis qui jouent des coudes pour se frayer un chemin au milieu de belles personnes, et qui crée des environnements professionnels toxiques. Peter Frost, un influent visionnaire en matière de compassion au travail, a déclaré un jour en parlant des bureaux : « La souffrance y est omniprésente. » Ce professeur à la University of British Columbia, décédé en 2004, a diagnostiqué la toxicité de l'environnement professionnel comme une véritable menace aux performances des employés et aux objectifs des entreprises. Dans son article révolutionnaire pour le *Journal of Management Inquiry*, « Why Compassion Counts[XIII] ! » (pourquoi la compassion compte !), il attire l'attention sur l'impossibilité de catégoriser clairement le travail comme un environnement rationnel où les émotions n'ont pas leur place. En d'autres termes, il est illusoire de croire que l'on peut laisser ses sentiments à la porte. C'est pourtant ce que la plupart d'entre nous s'évertuent à faire.

Les résultats de l'entreprise sont souvent utilisés comme excuse pour justifier de mauvais comportements. Jeffrey Pfeffer, intellectuel et professeur à la Stanford Graduate School of Business où il dispense un cours sur « les chemins du pouvoir », est considéré comme un des théoriciens de l'entreprise les plus influents de notre époque. Il a écrit un article intitulé « Why the Assholes are Winning[XIV] » (pourquoi les connards l'emportent), dans lequel il explique qu'il existe un fossé énorme entre les caractéristiques d'un bon leadership (la modestie, l'honnêteté, l'authenticité et la générosité) et le style de management des P-DG emblématiques tels que Roger Ailes, Jeff Bezos, Bill Gates ou Steve Jobs, qu'il qualifie de « personnes irascibles et exigeantes » faisant preuve « d'un comportement abusif sans s'en trouver le moins du monde importunées [XV]. » Mais, leurs entreprises ayant prospéré sous leur leadership, leur comportement est justifié comme le prix à payer pour l'innovation et la réussite.

Ne vous y trompez pas : il n'y a rien d'étonnant à être malheureux dans un environnement malsain. Et, confrontés à ce genre de situations, nous pensons à tort être responsables de nos souffrances, inconscients du rôle joué par l'environnement professionnel toxique. Nous sommes la grenouille dans la casserole d'eau lentement menée à ébullition : nous ne voyons ni le feu ni la marmite.

La bonne nouvelle, c'est que les meilleures écoles de commerce du monde ne se contentent plus d'enseigner comment réussir à tout prix. Désormais, dans ces enceintes respectées consacrées à enseigner aux leaders de demain comment gagner beaucoup d'argent, les élèves apprennent aussi à créer de meilleurs environnements professionnels et à devenir des leaders plus compatissants. On leur enseigne comment développer de nouvelles normes au travail, incluant le respect envers les collègues et les employés, la sincérité et l'intégrité.

En 2008, la Harvard Business School a fêté son centième anniversaire. Cette année-là, la crise financière a inspiré un groupe d'étudiants désenchantés pour mettre au point, avec l'aide des professeurs David A. Garvin, Rakesh Khurana et Nitin Nohria, un « serment d'Hippocrate pour managers[XVI]. »

En tant que dirigeant d'entreprise, je suis conscient de mon rôle dans la société.

Mon but est de diriger des personnes et de gérer des ressources pour créer de la valeur que nul individu ne peut créer à lui seul.

Mes décisions ont des conséquences sur le bien-être des individus, tant à l'intérieur qu'à l'extérieur de mon entreprise, aujourd'hui et demain.

C'est pourquoi je formule les promesses suivantes :

Je dirigerai mon entreprise avec prudence, loyauté, et ne servirai pas mes intérêts personnels au détriment de mon entreprise ou de la société.

Je ratifierai et respecterai à la fois la lettre et l'esprit des lois et contrats régissant ma propre conduite et celle de mon entreprise.

Je m'abstiendrai de toute corruption, compétition injuste ou pratique commerciale nuisible à la société.

Je protégerai les droits de l'homme et la dignité de toutes les personnes liées à mon entreprise, et je m'opposerai à la discrimination et à l'exploitation.

Je protégerai le droit des générations futures à améliorer leur niveau de vie et à jouir d'une planète en bonne santé.

Je rapporterai les performances de mon entreprise et les risques inhérents à son activité en toute honnêteté et avec exactitude.

J'investirai dans le développement personnel, pour moi-même et pour autrui, afin de contribuer à l'évolution des fonctions managériales et de créer une prospérité durable et inclusive.

En exerçant mes devoirs selon ces principes, je suis conscient de devoir être un exemple d'intégrité, suscitant la confiance et l'estime de ceux que je sers. Je suis responsable de mes actes et du respect de ce serment devant mes pairs et devant la société.

Je fais ce serment librement et sur l'honneur.

Le serment d'Hippocrate pour managers a été fortement médiatisé, et de nombreux étudiants l'ont signé, de Harvard et de la City University of New York jusqu'aux écoles de commerce du Japon et d'Espagne. Mais il n'est imposé par aucun organisme externe, et le rompre n'entraîne aucune conséquence ; il est avant tout fondé sur l'honneur. C'est un bon début, mais il laisse de côté une des racines du problème : l'éducation. Si un étudiant signe cet engagement, il peut essayer de s'autoréguler, mais, sans une formation polyvalente lui montrant comment réussir en ayant une démarche éthique, comment pourra-t-il tenir sa promesse ?

Lorsque j'ai interviewé Jonathan Levin, le doyen de la Stanford Graduate School of Business, je lui ai demandé de me parler de l'approche de cette école concernant l'éducation aux valeurs et à l'éthique. Il m'a répondu qu'en plus d'un cours sur l'éthique obligatoire en début de cursus ce sujet était intégré dans chaque enseignement. Car, quand nous sommes face à des situations concrètes où nous devons faire preuve d'éthique, il n'y a ni tambour ni trompette pour les annoncer. En théorie, cette approche intégrée de l'éthique est formidable, mais elle s'appuie sur la bonne volonté de chaque professeur. Rien n'est mis en place pour quantifier le nombre de fois où l'éthique est abordée ou jusqu'à quel point les élèves y sont préparés, et personne n'évalue ni ne se porte responsable de leur éducation à l'éthique (ou de l'éthique de leur comportement une fois qu'ils intègrent le marché du travail).

Au final, les cours comme les promesses, aussi précieux soient-ils, ont leurs limites. En affaires comme dans la vie privée, l'éthique se manifeste avant tout dans les actes individuels. Heureusement, il existe des outils pour nous aider à la mettre en pratique au quotidien.

À vous d'agir
Élaborez un énoncé de mission

Il est parfois difficile de reconnaître que nous sommes dans un environnement toxique, surtout quand les comportements importuns sont normalisés voire adoptés par la direction. La métaphore de la grenouille dans la marmite est ici très parlante. Au premier emploi que j'ai décroché après mes études, je travaillais nuit et jour, j'étais souvent stressée, je n'avais aucun recul, et j'ai fini avec vingt-cinq kilos de plus. Je ne voyais pas les changements qui s'opéraient tant ils étaient progressifs. Nous apportons naturellement avec nous nos émotions, nos opinions et nos schémas comportementaux (certains opportuns, d'autres moins) au travail. Quelle que soit la situation, notre comportement et nos performances sont notre principal locus de contrôle. Cette prise de conscience peut nous permettre de reprendre le dessus.

Un énoncé de mission définit le but et les valeurs essentiels d'une organisation. Écrire votre propre énoncé, semblable à un serment, peut vous aider à voir si vous vivez ou non à la hauteur de vos idéaux. Peut-être n'êtes-vous pas le patron ou celui qui décide, mais vous pouvez influencer certains aspects de votre milieu professionnel. Vous pourriez esquisser un énoncé personnel qui déclarerait : « Je préserverai mon intégrité pour ce qui compte le plus à mes yeux, à savoir... »

Si vous êtes chef d'entreprise, vous pouvez créer un serment reconnaissant votre rôle au sein de la société, en déclarant : « Ma mission personnelle, en tant que dirigeant, est de... et par conséquent je m'engage à agir et à me comporter ainsi... »

Savoir-être vs savoir-faire

De nombreux industriels se plaignent aujourd'hui d'une pénurie de « talents ». Ils affirment que les nouveaux effectifs sont incapables de répondre aux exigences de notre économie complexe et des entreprises, elles aussi complexes socialement. Le *Wall Street Journal* a publié les résultats d'une récente étude menée par des chercheurs de la DePaul University. Comme l'explique

Erich Dierdorff, professeur de cette université : « La gestion des employés et la prise de décisions, qui demandent tous deux des qualités personnelles, comme par exemple de la délicatesse lorsqu'on donne des feed-back, sont de la plus haute importance pour les managers suppléants. Pourtant, sur les 373 écoles de commerce étudiées, ces sujets ne sont respectivement couverts que dans 13 et 10 % des cours obligatoires. Une des raisons de cette disproportion, selon les professeurs comme les étudiants, est sans doute que les cours sur le savoir-être ne sont pas tenus en aussi haute estime que ceux concernant le savoir-faire, comme la finance[XVII]. »

De nombreux diplômés d'écoles de commerce maîtrisent très bien les outils techniques nécessaires pour décrocher un emploi, mais ils ont manifestement plus de mal avec la pensée critique, une compétence pourtant essentielle. Ils peuvent programmer des algorithmes leur permettant de remplir une feuille de calcul, mais ont du mal à écrire, à communiquer des idées complexes, ou encore à aborder des sujets délicats avec leurs collègues. Il est facile de se moquer des notions de connaissance de soi et de communication persuasive quand il faut rendre des rapports trimestriels et que nos revenus dépendent du chiffre d'affaires de l'entreprise. Et effectivement, dans le milieu des affaires, certains considèrent que les « qualités personnelles » sont… personnelles. Pourtant, les élèves ne peuvent résoudre les problèmes émergeant de ce paysage sans cesse changeant qu'est le monde des affaires sans de tels savoirs, qui sont pour beaucoup issus de sciences humaines ou sociales.

Le savoir-être est difficile à enseigner. Il est aussi extrêmement difficile à quantifier, mais il est possible de mesurer les conséquences d'un manque de savoir-être chez les salariés. Quand Leadership IQ, une entreprise de recherche et de formation en leadership, a suivi 20 000 leaders pendant les dix-huit premiers mois à leur poste, elle a constaté que 46 % d'entre eux n'y restaient pas ou ne faisaient pas leur maximum. Or, d'après le département du Travail des États-Unis, une mauvaise embauche coûte à l'entreprise au moins 30 % des revenus de l'employé lors de sa première année. Parmi ces ratés, 89 % étaient attribués à l'attitude des salariés, et seuls 11 % à un manque de compétences[XVIII]. Le terme « attitude » incluait des facteurs tels que le manque de motivation, le tempérament, des difficultés à être encadré, une faible intelligence émotionnelle, et une faible capacité à recevoir des feed-back et à collaborer.

C'est ici que la pleine conscience intervient. Le savoir-être n'a pas besoin d'être présenté comme « le cœur vs l'esprit » (autrement dit, nul besoin de choisir entre les idées et le ressenti). La pleine conscience nous montre que quand nous savons ce que nous ressentons, quand nous restons unifiés dans notre être, notre capacité à penser, à travailler, à ressentir et à avoir des interactions positives avec notre entourage s'en trouve améliorée. En vérité, toutes les formes de connaissance sont nécessaires dans notre vie personnelle comme professionnelle, et nous devons savoir quand les utiliser. Sans un sens critique, sans une métaconscience du contexte et de nos méthodes d'engagement, nous ne pouvons rien organiser, et nous sommes encore moins à même d'amener les autres à exécuter nos plans. En résumé, nous devons avoir en nous autant de sagesse que de savoirs.

Mais comment appliquer la pleine conscience au travail ? Nous pouvons commencer par utiliser la métacognition, en nous reliant à notre but pendant que nous accomplissons nos tâches quotidiennes, et en observant où se dirige notre attention. Nous concentrer sur la conversation, la tâche ou le défi du moment, sans laisser notre esprit vagabonder, nous aide à donner du sens à ce que nous faisons et à réduire le stress. Observez dans quelle mesure votre travail quotidien est lié à la fois à vos objectifs personnels et à ceux de votre entreprise. Comment les deux s'entrecroisent-ils ? Cette analyse peut vous stimuler. Cela peut aussi vous aider à élaborer un plan et déterminer sur quelle tâche vous focaliser pendant la journée ou la semaine. Ensuite, demandez-vous dans quelle mesure vous vous êtes concentré sur ce qui était prioritaire. Enfin, identifiez et éliminez les distractions qui vous éloignent de vos objectifs. Passez-vous trop de temps à lire vos e-mails ? À aider vos collègues sur leurs propres projets ? À accomplir des tâches qui pourraient facilement être déléguées ? En reconnaissant ces distractions, vous pouvez plus facilement prendre conscience des moments où vous vous laissez distraire, et rediriger votre attention.

Mark Mancall, fondateur de la fameuse approche des arts libéraux pour une éducation interdisciplinaire à Stanford, mon mentor depuis mes années de formation dans cette école, s'est souvent plaint que la majorité de ses élèves étaient illettrés. Ce qu'il entendait par là, ce n'est pas qu'ils ne savaient pas lire, mais qu'ils étaient incapables de réfléchir à ce qu'ils avaient lu et de l'expliquer avec leurs propres mots. Pour lui, se contenter de répéter bêtement des informations relève de l'illettrisme.

Les formations en commerce permettent de trouver facilement du travail, et c'est ce qui les rend très populaires. D'après le département de l'Éducation des États-Unis[XIX], un diplôme sur cinq est un diplôme de gestion des affaires ; le pourcentage est plus élevé encore si l'on ajoute les étudiants en économie qui n'ont pas ce cours en matière principale. « Les étudiants américains affluent dans les cours de gestion des affaires, et trouvent de nombreux débouchés en bas de l'échelle, explique

Judith Samuelson, administratrice du Business and Society Program pour l'Institut Aspen. Mais dans quelques décennies, quand les entreprises partiront à la recherche d'un P-DG ou de managers, elles annonceront… "Nous cherchons un diplômé en arts libéraux[XX]". »

Les entreprises veulent des personnes « capables de réfléchir, d'écrire, de comprendre le contexte culturel et historique dans lequel elles doivent prendre des décisions », déclare Rachel Reiser, vice-doyenne à la Boston University's Questrom School of Business[XXI]. Si des étudiants veulent percer dans ce milieu, ils doivent maîtriser ces compétences. « Nous essayons de les aider à comprendre que l'éducation au monde des affaires est bien plus vaste », explique Erica Walker, une vice-doyenne à la UC Berkeley's Haas School of Business[XXII]. Le sens critique, la contextualisation des problèmes et la communication sont irremplaçables, pour avoir non seulement une grande et belle carrière, mais aussi une vie épanouie.

J'aurais aimé pouvoir dire que, si les écoles de commerce dispensent de plus en plus de cours sur le savoir-être, c'est parce qu'elles ont spontanément reconnu sa valeur intrinsèque. Mais, comme souvent, leurs efforts pour mettre ces cours en place ont fait suite à des retours – dans ce cas précis, de la part de recruteurs.

De l'avis général, les étudiants récoltent les fruits de leur formation au savoir-être. Beaucoup estiment s'en sortir mieux lors des entretiens d'embauche et des simulations de travail de groupe. Il ne fait aucun doute qu'ils mènent aussi une vie plus équilibrée. Innombrables sont les anciens élèves de la Stanford Graduate School of Business qui ne cessent de me répéter que la formation au savoir-être a été leur enseignement le plus précieux.

« *Touchy-feely* », exprimer ses ressentis

Le cours sur la dynamique des relations interpersonnelles (plus connue sous l'expression « *touchy-feely* ») est depuis quarante-cinq ans l'option qui a le plus de succès à la Stanford Graduate School of Business. Bien avant de commencer à enseigner dans cette école, j'avais entendu des blagues à son sujet, évoquant des étudiants en maîtrise de gestion qui payaient 100 000 dollars par an pour une thérapie de groupe déguisée en formation au leadership.

Le cours associe de petits groupes d'élèves à des facilitateurs formés à Stanford. Les étudiants engagent le dialogue sur des sujets tels que bâtir des relations professionnelles, manier des conversations difficiles, donner et recevoir des feed-back, ou gérer des conflits et des émotions. Les animateurs n'enseignent pas par des jeux de rôle mais à travers des discussions sur des événements réels de la vie des étudiants.

Au fur et à mesure qu'ils apprennent à se connaître et à comprendre comment les autres communiquent, les conversations deviennent de plus en plus franches. Certains étudiants ont-ils tendance à parler plus fort que les autres ? Certains sont-ils plein de considération pour leurs camarades, ou ont-ils tendance à s'excuser de prendre la parole ? Quelle image d'eux-mêmes renvoient-ils aux autres ? Par le biais de ces conversations souvent périlleuses, les étudiants reçoivent de leur entourage des retours en temps réel et apprennent à communiquer plus efficacement.

Si ce processus permet aux étudiants de savoir comment ils sont perçus par autrui, il ne leur fournit pas une réelle compréhension de la complexité de leur paysage émotionnel, ou de la façon dont celui-ci influence leur comportement. Et c'est tout l'objet de mon cours. La pleine conscience nous permet de cultiver des compétences telles que la conscience de soi. Car mes élèves apprennent aussi, par exemple, à porter leur attention sur leurs réponses émotionnelles face à des situations difficiles. Il n'y a aucun mal à avoir des sentiments, mais il est important d'observer quand et pourquoi nous sommes traversés par des émotions fortes si nous voulons être capables de maîtriser nos réactions au travail.

Si Stanford est leader dans l'enseignement de l'expression des ressentis, d'autres écoles de commerce commencent à proposer des cours semblables. À Columbia, les élèves peuvent suivre des cours du programme sur l'intelligence sociale, et apprendre ainsi la communication persuasive, ou faire des sorties de formation-action (au cours desquelles ils se rendent dans des lieux comme le centre de formation des pompiers de Randall's Island, à New York, pour s'entraîner à travailler en équipe et à résoudre des problèmes). Les étudiants de Columbia peuvent également prendre des cours pour parfaire leurs aptitudes individuelles à diriger, en se concentrant sur la détermination d'objectifs et la création d'un style de leadership, tout en apprenant à gérer les attentes et le stress.

La première fois que j'ai eu une discussion approfondie sur l'impact des cours de « *touchy-feely* » à Stanford, et sur leur programme global, c'était avec Bill Park, P-DG de Deepdyve et ancien élève de Standford. Park était convaincu que « *touchy-feely* » avait été le cours le plus utile, pour lui comme pour beaucoup de ses amis membres de la Young Presidents' Organization (YPO[1]). Bill Park a été l'un des premiers P-DG à instaurer cette nouvelle stratégie qui consiste à ne plus comptabiliser le temps de travail ni les arrêts maladie : il laisse ses employés prendre autant de

1. Association internationale qui réunit des chefs d'entreprise de moins de cinquante ans.

congés qu'ils veulent, de la durée qu'ils souhaitent, et rentrer chez eux quand ils veulent du moment qu'ils ont terminé leur travail. Il a aussi élaboré un business plan personnel, afin de devenir aussi attentif et impliqué dans sa vie privée que dans sa vie professionnelle. Et, d'après lui, toute cette exploration est née de la mise en pratique, au quotidien, des connaissances acquises grâce au « *touchy-feely* », avec le coup de pouce de la pratique de la pleine conscience, apprise des années plus tard.

En fait, ce sont d'anciens élèves de Stanford avec qui j'ai discuté, dont Bill Park, qui m'ont montré que l'enseignement de la pleine conscience aurait sa place au sein de mon cours sur les dynamiques de groupe : cela aiderait les étudiants à développer mieux encore leurs compétences. Et ils avaient raison : très tôt, à travers mes recherches et les discussions qui émergeaient en cours, je me suis rendu compte que les étudiants associaient les leçons tirées du « *touchy-feely* » à ce que je leur enseignais. Bill Park considérait que ces deux cours constituaient, ensemble, la recette secrète du bien-être et d'un leadership efficace.

Cela m'a donné envie d'en savoir plus sur le concept du « *touchy-feely* ». Je suis donc partie à la rencontre de Gary Dexter, un des maîtres de conférences à plein temps de ce cours, dont je connaissais l'intérêt pour la pleine conscience. Il m'a fait remarquer que si « *touchy-feely* » était une dynamique *inter*personnelle, et la pleine conscience, *intra*personnelle, alors la pleine conscience pouvait être considérée comme la fondation du travail interpersonnel. Selon moi, la pleine conscience consiste également en une pratique interpersonnelle, mais j'ai compris où il voulait en venir : dans cette nouvelle version américanisée et post-moderne de la pleine conscience, qui insiste sur le retour au calme intérieur et l'attention à la respiration, il s'agit effectivement avant tout d'un effort individuel.

Aujourd'hui, de nombreux cadres haut placés commencent à accorder de l'importance au savoir-être, et ils montrent l'exemple. En 2016, Arianna Huffington a quitté le *Huffington Post* pour lancer sa nouvelle entreprise, Thrive, popularisant ainsi la notion de la « troisième métrique » : « une troisième mesure de la réussite, qui dépasse celles de l'argent et du pouvoir, et consiste en quatre piliers : le bien-être, la sagesse, l'émerveillement et le don[XXIII] ». Richard Branson de Virgin Atlantic, Jeff Weiner de LinkedIn, et Marc Benioff à Salesforce sont aussi en première ligne de ce changement.

Il est évident que les entreprises américaines ne fonctionnent pas comme elles le devraient, et que les individus ne sont ni heureux, ni en bonne santé, ni satisfaits de voir la situation ainsi perdurer. Il est temps de commencer à évoquer le savoir-être comme la clé du changement dont nous avons besoin. Car, si nous développons des compétences qui dépassent la dynamique interpersonnelle pour nous ramener au cœur de nous-mêmes, nous pourrons à la fois assainir notre environnement professionnel toxique et nous guérir intérieurement.

2

Au cœur de la tourmente professionnelle

« Une nouvelle branche de la médecine, connue sous le nom de médecine comportementale […], croit que les facteurs mentaux et émotionnels, nos modes de pensée et de comportement, peuvent avoir des conséquences majeures, pour le meilleur comme pour le pire, sur notre santé physique ainsi que sur notre capacité à nous rétablir d'une maladie ou d'un accident [XXIV]. »

JON KABAT-ZINN

L'expert en pleine conscience Jon Kabat-Zinn a écrit ces mots dans son grand classique originellement publié en 1990, *Au cœur de la tourmente, la pleine conscience.* Aujourd'hui, le « lien corps-esprit », comme on l'appelle généralement, n'a plus rien de nouveau, mais il y a plus de vingt-cinq ans le programme de pleine conscience présenté par Kabat-Zinn n'était pas compris de tous. En fait, ses premiers pratiquants étaient pour la plupart des personnes qui souffraient de douleurs chroniques, prêtes à tout essayer pour être soulagées. Heureusement pour elles, Kabat-Zinn n'avait rien d'un charlatan. Sa formation, connue aujourd'hui sous le nom de programme « MBSR » ou « réduction du stress basée sur la pleine conscience », est fondée sur des preuves solides issues des premières études académiques sur la pleine conscience, qui évaluaient son impact sur la douleur chronique.

Les participants à ces études (ainsi que les millions de lecteurs qui ont fait du livre de Jon Kabat-Zinn un best-seller) ont personnellement constaté le pouvoir de la pleine conscience. En étant attentifs à ce qui se passait en eux, ils ont vu à quel point l'intensité de ce qu'ils rejetaient (à savoir leur douleur) était liée à ce rejet même ; et ils ont pu voir, inversement, qu'ils pouvaient améliorer leur condition simplement en évitant d'empirer la situation. En d'autres termes, ils ont appris à diriger leur attention de façon à transformer leur expérience de la douleur physique.

Depuis la parution de *Au cœur de la tourmente, la pleine conscience*, l'intérêt pour cette pratique a connu un essor exponentiel. Si vous êtes féru de recherches sur le Net, vous pourriez rester enfermé pendant des années à lire les résultats des 325 000 études sur la pleine conscience effectuées ces dernières décennies. En 2014, les dépenses du National Institutes of Health pour la recherche sur la pleine conscience s'élevaient à 92,9 millions de dollars. En quelques années, le sujet est devenu brûlant. Le travail de Jon Kabat-Zinn n'était que la partie visible de l'iceberg : la pleine conscience est maintenant connue du grand public, et ses bienfaits avérés attirent l'attention dans le monde des affaires. Aujourd'hui, vous trouvez des références à cette notion absolument partout, des gros titres du *Wall Street Journal* aux séjours de cohésion de Fortune 500. Le fait d'être initié à la pleine conscience et à la compassion est même devenu un faire-valoir à l'embauche : mes élèves racontent qu'il n'est pas rare qu'on leur pose des questions sur la pleine conscience au cours d'un premier entretien, et, pour certaines entreprises, c'est un critère de sélection.

Grâce à cet intérêt collectif et à toutes ces recherches, nous avons maintenant à notre disposition une mine de données prouvant les bienfaits concrets de la pleine conscience au quotidien. Et nous savons que le mécanisme permettant de soulager la douleur physique chronique peut aussi soulager la douleur mentale chronique et le stress. Prêter attention à la souffrance au fil de la journée – les sentiments d'insécurité et d'exclusion, les moments de panique ou d'ennui, toute l'exaspération, la honte, la frustration, et la course folle d'une activité à une autre (ce que Jon Kabat-Zinn appelle « la tourmente ») –, au lieu d'essayer de l'éviter ou de la compartimenter, est un moyen de s'initier à la pleine conscience au travail.

L'attention consciente repose sur deux facteurs : l'attitude et l'intention. L'attitude recherchée est l'ouverture d'esprit et la curiosité, peut-être même teintée d'un certain sens de l'humour. L'intention atteint les profondeurs de notre être, mais elle commence à la surface, avec cette intention modeste mais transformatrice d'être attentifs à nos ressentis (nous approfondirons le thème de l'intention page 121). Une grande partie de notre souffrance au travail résulte de notre tendance à fuir (la douleur, le travail, ou les deux). Et le seul moyen de changer notre vécu est d'y faire face.

Comment la pleine conscience peut diminuer le stress

En 2009, Elizabeth Blackburn, de l'université de Californie à San Francisco (UCSF), a remporté le prix Nobel de médecine et de physiologie pour sa découverte de la télomérase, l'enzyme qui réalimente la couche protectrice de l'ADN, le télomère, c'est-à-dire la structure composite qui se trouve à l'extrémité du chromosome. Au fil des ans, nos télomères rétrécissent. Comme ils empêchent nos brins d'ADN de s'effilocher avec le temps, leur santé est considérée comme un facteur essentiel de longévité[XXV].

Aujourd'hui, Elissa Epel[XXVI], également à l'UCSF, étudie le lien entre télomères, processus de vieillissement et stress. En 2004, elle a mené une étude sur la pleine conscience auprès de personnes sujettes à un niveau de stress élevé : des femmes s'occupant de leur enfant atteint d'une maladie chronique. Lors de cette étude, certaines mères ont été initiées à la méditation. Celles qui ne méditaient pas se plaignaient d'être plus stressées, avaient des télomères plus courts et un niveau plus faible de télomérase que les mères pratiquant la pleine conscience. Les télomères des femmes les plus épuisées semblaient avoir dix ans de plus que ceux de leurs semblables moins stressées. En conclusion, la méditation peut vous aider non seulement à réduire votre anxiété, mais aussi à protéger le cerveau des effets dévastateurs du stress, dont le processus accéléré de vieillissement.

Les bienfaits concrets de la pleine conscience

Si la pleine conscience est connue du grand public depuis des décennies, la plupart des gens continuent de l'assimiler à une pratique effectuée en privé. Pourtant, tout comme « le travail » ne peut être séparé de « la vie », devenir une personne plus attentive et plus compatissante ne s'oppose en rien au fait d'être un professionnel respecté et couronné de succès.

En réalité, la pleine conscience est une compétence extrêmement concrète. L'esprit humain est conçu pour être très actif, et notre attention vagabonde presque constamment entre les pensées, les sensations, les émotions et les stimuli externes. Ceci est tout à fait normal – c'est, en réalité, un impératif d'évolution. Nous devons être capables de suivre ce qui se passe dans le monde qui nous entoure. Autrefois, notre survie en dépendait si nous ne voulions pas finir en chair à saucisse : c'est parce que les hommes gardaient un œil sur les actions des animaux et des autres hommes autour d'eux qu'ils pouvaient voir un nouveau jour se lever.

À présent, l'attention portée au monde qui nous entoure n'est plus une question de survie, elle relève davantage de l'accoutumance à des objets extérieurs. Ces dernières années, je me suis habituée à regarder mon portable et mes mails plusieurs fois par heure, et, quand j'essaye de finir une tâche sur l'ordinateur, je me surprends à le faire sans l'avoir consciemment choisi. Bien sûr, les appareils que nous utilisons ont été spécifiquement développés pour essayer de capter notre attention en permanence, pour nous rendre accros aux décharges de dopamine (la même molécule qui nous fait savourer la nourriture, la drogue ou le sexe) que nous ressentons quand nous consultons notre boîte mail ou surfons sur les réseaux sociaux. Prêter attention aux pensées qui nous traversent est capital. La définition de la pleine conscience, dans les termes les plus simples, est l'utilisation intentionnelle de l'attention. Quand nous ne sommes pas conscients de l'objet de notre attention, nous devenons la proie de nos pensées et de nos émotions, qui colorent notre interprétation du monde et influencent nos décisions.

La bonne nouvelle, c'est que nous pouvons être formés à la pleine conscience, et qu'avec de l'entraînement nous pouvons choisir où porter notre attention, à n'importe quel moment. Quelle que soit la technique employée – qu'il s'agisse de se concentrer sur sa respiration, un objet concret, un objet de visualisation, des sensations physiques, ou même un mantra, comme dans la méditation transcendantale –, la méditation de pleine conscience consiste à entraîner l'esprit à se fixer là où nous le souhaitons mais aussi à constater ses errances, pour le ramener encore et encore vers le lieu de notre choix. Ce faisant, nous modifions les connexions de notre cerveau pour être de moins en moins souvent victimes de pensées ou de schémas comportementaux non désirés. On nomme cette capacité à remodeler le circuit neuronal la « neuroplasticité ».

Ce processus peut sembler assez simple, mais, si vous l'essayez, vous constaterez rapidement qu'il représente un véritable défi. Peu à peu, en prêtant continuellement attention à notre vécu sans porter aucun jugement, nous devenons plus conscients de nous-mêmes, de notre entourage et de notre environnement. Avec de la pratique, les circuits neuronaux dessinent de nouveaux schémas qui nous aident à focaliser notre attention et qui augmentent notre capacité à édicter notre but, à garder le cap, à être créatifs et à prendre de meilleures décisions.

Les neurosciences de la pleine conscience

Nous savons, grâce à des études du cerveau effectuées par IRM, que les pratiques de pleine conscience entraînent des transformations du tissu cérébral. La recherche a révélé que la méditation de pleine conscience augmentait la densité de notre matière grise dans les régions du cerveau liées à l'apprentissage, à la mémoire, à la régulation des émotions et à l'empathie[XXVII].

Pratiquée régulièrement, la méditation de pleine conscience permet un décentrage et une « reperception » de la réalité, des qualités associées à l'épanouissement psychologique. Se décentrer signifie s'engager dans le monde sans être enfermé à son insu dans ses propres points de vue. En bref, arrêter de tout ramener à nous. La « reperception », un autre terme qui décrit cette expérience de recentrage, est notre capacité à appréhender une situation donnée sans toutes ces couches d'interprétations et de suppositions qui nous servent à lui donner un sens – sur lequel nous pouvons nous méprendre. D'autres capacités se trouvent améliorées par la pleine conscience, dont les suivantes :

– la réaction au stress chronique

– la réaction à la douleur chronique

– la concentration

– la productivité

– le changement de comportement

– la précision empathique (c'est-à-dire une lecture correcte du vécu émotionnel des autres)

– la métacognition (c'est-à-dire la conscience et la compréhension de nos pensées).

Trois sortes de pleine conscience

Dans un de mes épisodes préférés de la série *Larry et son nombril*[XXVIII], Larry David montre une astuce à son ami et invité Leon Black pour son entretien d'embauche :

LD : Quand vous entrez, lui, il va être à ce niveau-là. [Il lève une main au-dessus de sa tête.] Et vous, à celui-là. [Il porte l'autre main au niveau de son abdomen.] D'accord ? C'est lui qui domine. C'est lui qui pose les questions.

LB : Ouais.

LD : Bon, alors l'entrevue commence. Il vous pose des questions, vous y répondez. Ensuite, c'est vous qui en posez et vous renversez la vapeur. [Il inverse la position de ses mains.] Maintenant, c'est lui qui veut vous impressionner.

LB : J'inverse les rôles, en fait.
LD : Voilà, exactement.
LB : Je l'embrouille.
LD : Oui, c'est ça !

C'est ce que la pleine conscience nous aide à faire : prendre du recul par rapport à nos pensées et à nos sentiments. Quand nous y prêtons attention, nous inversons les rôles : c'est nous qui posons alors les questions. Nous prenons conscience de ce qui est vraiment en train de se passer. Nous serons encore traversés par des pensées ou des émotions déplaisantes, mais si nous y sommes attentifs, nous verrons clairement la situation et pourrons véritablement changer les choses. La pleine conscience nous permet de nous rappeler nos intentions et de remettre en question le statu quo plus aisément. En définitive, elle nous apprend à réagir de façon appropriée.

Il y a différentes formes de pleine conscience, et toute une variété de styles de pratique. Pour les besoins de ce livre, nous allons nous concentrer sur trois types d'entraînement à la pleine conscience : le retour au corps, la métacognition et la focalisation ; et nous trouverons une manière réaliste d'intégrer ces pratiques à une journée de travail.

L'embodiment, *ou le retour au corps*

À l'instar de nombreux artistes, Steven Osborne, pianiste concertiste mondialement connu, a régulièrement le trac. Interviewé par le journaliste John Lahr pour *The New Yorker*, Osborne a déclaré que malgré les effets physiologiques presque débilitants du stress, comme « la sueur, la confusion, la perte du langage[XXIX] », il refusait de prendre quelque substance que ce soit, qu'il s'agisse de médicaments ou d'alcool, pour atténuer l'anxiété. Comme il l'a expliqué à Lahr : « La musique est une expérience incarnée ; vous faites vivre des émotions à d'autres à travers votre corps. Si vous reniez cette partie de vous-même, toute une gamme d'émotions devient inaccessible. » Osborne décrit ensuite comment il entraîne son esprit à traverser ces moments, et raconte qu'il propose la même formation à ses élèves.

Si Osborne est plus enclin que d'autres à évoquer son trac, il n'est pas le seul artiste à en souffrir, loin de là. D'après le journal britannique *The Telegraph*, une étude effectuée en 2012 sur les orchestres en Allemagne a révélé qu'un tiers des musiciens utilisaient du Valium ou des bêtabloquants pour gérer leur trac[XXX]. Or, nul besoin d'être musicien et de jouer devant des milliers de personnes pour avoir le trac. En fait, d'après certains sondages, parler en public – ce que la plupart d'entre nous sommes amenés à faire au travail – génère plus d'angoisses que l'idée de mourir. En milieu clinique, les chercheurs utilisent ce genre d'exercices pour provoquer et étudier le stress.

La remarque d'Osborne selon laquelle chaque expérience est une expérience incarnée est vraie pour nous tous, pas seulement pour les artistes qui s'appuient sur leur corps pour exprimer leur art. Chacune de nos interactions fait naître des émotions chez nos interlocuteurs. Ceux d'entre nous qui ne sont ni musiciens ni acteurs, athlètes ou trapézistes ont tendance à l'oublier, *surtout* au travail. Nous nous représentons avant tout comme des êtres pensants, et nous percevons le monde à travers notre mental. Quand nous nous rappelons que nous avons un corps, c'est en général parce qu'il interrompt nos pensées – à travers un syndrome du canal carpien, un mal de dos, des pieds endoloris, un tire-lait, ou simplement cette petite fringale qui nous force plusieurs fois par jour à mettre notre travail de côté pour manger. Même lorsque nous nous astreignons à faire du sport, nous rechignons à faire passer cette activité avant les autres. Nous « oublions » d'en faire, ou nous ménageons nos efforts parce que notre corps ne paraît pas aussi important que notre esprit. Nous perdons de vue le fait que les deux sont reliés.

L'*embodiment*, au contraire, est la pleine conscience du corps. Avec l'*embodiment*, nous nous entraînons à focaliser notre attention sur notre corps, à observer les tensions, la détente, les douleurs, le plaisir ou simplement les sensations physiques neutres de notre épaule droite, par exemple, ou de notre abdomen, ou encore de la voûte plantaire gauche. Nous prêtons attention aux sensations au fur et à mesure qu'elles apparaissent : les crampes, les nœuds, le trac, les nausées, etc.

À ce stade, vous pouvez raisonnablement vous demander : pourquoi, étant donné les imperfections de la forme humaine, étant donné cet assemblage gênant, inconfortable, embarrassant et parfois douloureux qu'est cette réalité physique qui nous fait souffrir tous les jours, voudrions-nous prêter *plus* attention à notre corps ? Pourquoi pas *moins* ? Quand nous n'utilisons pas notre corps comme gagne-pain, ne représente-t-il pas simplement un frein à notre travail ? Après tout, nous devons l'habiller, le trimballer, le nourrir, lui fournir sa dose de caféine, l'hydrater, le soulager… Si notre travail ne requiert pas d'efforts physiques, nous considérons que notre corps ne nous donne pas grand-chose en échange de tous les soins que nous lui prodiguons ; et, de ce fait, nous avons pris l'habitude de l'ignorer. L'*embodiment* nous permet alors d'y regarder de plus près et de voir ce que nous avons laissé de côté. La science comme la sagesse traditionnelle soutiennent que c'est important, et qu'il existe des moyens de renverser la situation pour considérer notre corps comme une ressource plutôt que comme un boulet.

Nous nous faisons beaucoup souffrir inutilement quand notre esprit n'est pas dans le feu de l'action – quand il est occupé à ressasser le passé, à prédire l'avenir, à narrer le présent –, et notre corps est le chemin le plus sûr et le plus rapide vers le moment présent. Quand nous sommes conscients de nos sensations physiques, nous sommes, par définition, présents. Le corps ne suppose rien et ne regrette rien, le corps ne s'inquiète de rien et n'anticipe rien. De ce fait, il peut être notre ancre dans la réalité, dans le présent. L'entraînement à la pleine conscience commence ici. Et notre langage est truffé d'expressions qui nous encouragent à revenir au corps, comme : « fais le vide dans ta tête », « fais-le avec tes tripes », « parle avec ton cœur », « prends une grande inspiration » ou « laisse-moi reprendre mon souffle ». Le souffle occupe une place de choix dans les figures de rhétorique, et pour cause (la science moderne rejoint les traditions de pleine conscience sur ce point) : entre la réalité physique du corps et l'immatérialité de l'esprit se loge le souffle, tel un pont de l'une à l'autre. Une seule respiration peut nous sortir de notre tête le temps d'un instant. Une seule respiration, associée à ce retour au corps, nous coupe de tout ce bavardage mental, nous donne une opportunité de remettre les compteurs à zéro. Dans le même temps, elle nous permet de considérer nos pensées et nos émotions comme quelque chose qui nous traverse, et non comme une vérité absolue. La plupart du temps, nous interprétons une situation de façon erronée et nous y croyons dur comme fer. Une seule respiration peut nous rendre beaucoup moins crédules. Une seule respiration peut nous permettre de changer de perspective en un instant. Nous pouvons suivre ce souffle à l'intérieur de notre corps. Nous sommes alors capables de juger si notre esprit est avec nous (c'est-à-dire en accord avec nos intentions actuelles et notre but supérieur) ou contre nous.

Comme nous n'avons pas besoin d'avoir du temps libre pour respirer, nous pouvons toujours retrouver le chemin vers notre corps par le biais du souffle.

Imaginez le scénario suivant. Vous êtes en réunion, et un collègue vous coupe la parole. Vous pourriez vous énerver et avoir envie de vous en prendre à lui, mais votre patron est présent dans la salle, et vous ne voulez pas passer pour un abruti impulsif à ses yeux. Après tout, c'est vous que l'on regardera de travers, pas celui qui vous a interrompu. Vous prenez donc quelques respirations. Vous sentez votre cœur qui s'emballe et les décharges d'adrénaline qui vous préparent à réagir pour vous protéger. Tout en respirant, vous sentez que votre rythme cardiaque commence à ralentir. Une fois votre corps apaisé, il vous suffit de lancer une phrase bien choisie dès que vous en avez l'occasion pour faire valoir votre idée originelle avec élégance.

Si le retour au corps et la concentration sur le souffle sont de si précieux outils au travail, c'est notamment parce que, quand nous sommes en proie au stress, toute une série de changements physiologiques nous affectent. D'un point de vue neuroscientifique, notre amygdale, un ensemble de neurones de la forme d'une amande profondément enfoui dans le cerveau, est le lieu de traitement des informations liées aux émotions. La stimulation de l'amygdale crée d'intenses émotions : peur, agressivité, etc. La tomographie par émission de positrons a permis de montrer que, lorsque nous sommes victimes d'une crise de panique, la circulation sanguine augmente en direction de cette région. Toutefois, si l'amygdale peut être formée à réagir instantanément sous le coup de la peur, comme dans le cas d'un traumatisme ou d'un stress élevé et continu, elle peut aussi être rééduquée pour interpréter les stimuli externes et internes sans réagir au quart de tour.

Quand l'amygdale est activée par une situation que nous percevons comme une menace, notre corps réagit en augmentant les tensions musculaires et en accélérant les pulsations cardiaques – ce qui entraîne l'accélération de la respiration. C'est la réponse combat-fuite classique, la façon dont le corps nous prépare à combattre ou à fuir la menace. À son tour, la respiration superficielle entraîne l'activation de la peur dans le cerveau et dans le corps. Dans une étude[XXXI] menée en 2016, un groupe de neuroscientifiques allemands a formé les participants, qui n'avaient aucune expérience en méditation ou en yoga, à prendre simplement conscience de leur souffle pendant deux semaines, avant de les exposer à des images bouleversantes. Quand les sujets utilisaient les techniques de respiration consciente pendant le visionnage de ces images dérangeantes, ils trouvaient qu'ils parvenaient à mieux réguler leurs émotions, et les scientifiques ont remarqué que cela correspondait de façon significative à une moindre activation de l'amygdale.

Plus nous sommes sujets au stress, plus il devient facile de nous provoquer. Très vite, les tensions musculaires et la respiration rapide deviennent elles-mêmes des signaux de danger pour l'amygdale. C'est le pouvoir du conditionnement classique : l'association entre le danger et la réaction de notre corps au danger devient si étroite qu'en effet nous considérons cette réaction comme un signal de danger, exactement comme le chien de Pavlov considérait le son de la cloche comme l'annonce du dîner. De ce fait, un cercle vicieux risque de se dessiner, dans lequel les tensions musculaires accrues et la respiration rapide engendrées par une amygdale activée stimulent plus encore cette dernière. Ainsi, plus tôt vous arriverez à vous surprendre en train de réagir à des situations stressantes, plus il vous sera facile de vous calmer. C'est pourquoi, quand j'enseigne la pleine conscience à des vétérans qui souffrent de troubles de stress post-traumatique, je leur demande de s'employer à détecter les premiers soupçons des symptômes physiques, pour qu'ils puissent utiliser les techniques de pleine conscience le plus tôt possible. Une fois plongé dans une profonde détresse, il est beaucoup plus difficile de réguler ses émotions et de s'apaiser.

Quand vous vous énervez, comme dans l'exemple de la personne qui a été interrompue, quand vous bouillonnez intérieurement dans votre coin en ressassant la centaine de fois où ce collègue vous a coupé la parole, vous vous éloignez mentalement de la réunion, et vous pouvez être sûr que vous aurez besoin de plus de temps pour reconnecter votre esprit à ce qui se passe autour de vous. Quand vous vous surprenez en train de réagir, juste après avoir été interrompu, prenez quelques respirations en pleine conscience ; cela vous permettra en premier lieu d'éviter l'escalade, et ensuite de recouvrer plus vite vos esprits. Nous pouvons utiliser l'association entre la détente musculaire, la respiration plus lente et l'absence de menace pour renverser la vapeur – en bref, utiliser le retour au corps pour renverser les rôles.

Une autre façon de nous servir du souffle pour agir sur notre état mental consiste à soupirer. Le soupir est le moyen naturel du corps d'appuyer sur le bouton « *reset* ». C'est un mécanisme de défense répandu chez les personnes sujettes à une forte anxiété, à la panique ou souffrant de troubles de stress post-traumatique. La respiration profonde intentionnelle imite les bénéfices du soupir automatique. Une étude sur « la psychophysiologie des émotions » menée en Belgique en 2016[XXXII] a comparé les effets du système respiratoire sur les manifestations physiques des émotions. L'objectif de l'étude était de clarifier dans quelle mesure respirer profondément ou retenir son souffle suite à une exposition au stress avait un impact psychologique ou physique.

Les chercheurs ont recruté 34 sujets âgés de dix huit à trente et un ans, qui n'avaient pas de passé médical lié à des troubles psychologiques et n'avaient pas subi de traumatisme physique ou mental. Après avoir mesuré leur respiration au repos, ils leur ont montré des images illustrant le danger, la sécurité, ou encore des images ambigües. Les participants à l'étude avaient été répartis en trois groupes ayant reçu des instructions différentes : le premier devait respirer profondément face aux images ; le second, retenir sa respiration ; et le troisième, respirer normalement. Les chercheurs ont découvert que la respiration profonde comme les soupirs spontanés permettaient tous deux un soulagement physiologique. Le souffle coupé n'avait pas cet impact. Il est intéressant de noter que les respirations profondes étaient associées à un certain apaisement psychologique, tandis que les soupirs n'avaient qu'une influence physiologique et non psychologique (d'après ce que les sujets de l'expérience ont rapporté). Donc, si vous prenez de profondes respirations quand vous sentez que vous commencez à être agité, faites-le en pleine conscience, en prêtant attention aux sensations physiques du souffle. Et, quand un collègue soupire bruyamment, dites-vous qu'il est sans doute en train de gérer son stress et non de montrer son irritation, comme on aurait tendance à le penser, à tort.

Si l'*embodiment* est une pratique bénéfique, c'est aussi parce que, contrairement à ce que l'on pourrait croire, c'est *dans notre corps* que nous ressentons. Peut-être nos émotions pèsent-elles sur nous comme un fardeau, surtout au travail, mais en réalité ce sont des atouts : elles renferment des informations qui peuvent nous aider à interpréter et à répondre à une situation injuste, au travail comme ailleurs… à condition d'y être attentifs. Quand nous prêtons attention à notre corps, nous pouvons saisir des informations issues des émotions très tôt, avant qu'elles attaquent tout notre système. Une fois encore, nous renversons la situation. L'*embodiment* peut aussi être pensé comme le fait de sentir quelque chose au fond de soi.

De récentes études ont montré que les sentiments pourraient bien « naître » dans les tripes. En effet, l'image des intestins comme « deuxième cerveau » tire son origine des 200 millions de neurones qu'ils renferment, de pair avec les trois quarts des cellules immunitaires de notre corps. Les intestins et le cerveau communiquent dans les deux sens : du cerveau vers le ventre, mais aussi du ventre vers le cerveau. Ces deux régions disposent de multiples réseaux pour entretenir leur communication (les systèmes endocrinien, neuronal et immunitaire) ; ainsi, si un SMS n'a pas pu être envoyé, un fax ou un coup de fil finissent toujours par arriver à destination[XXXIII]. Les intestins ont une grande influence sur les émotions. Il a par exemple été prouvé qu'une cure de probiotiques atténue l'anxiété et la dépression. La sérotonine, neurotransmetteur qui permet aux nerfs de communiquer entre eux et qui joue un rôle dans la régulation des émotions, est bien plus présente (entre 80 et 90 %) dans les intestins et dans le système digestif en général que dans le cerveau.

Si on l'y autorise, notre corps peut aussi nous relier aux autres, car il constitue un élément essentiel de ce que nous partageons avec les autres êtres humains. Notre corps ainsi que les plaisirs et les souffrances qui l'accompagnent – ses douleurs et ses maladies, ses besoins et les affronts qu'il subit, l'impossibilité d'avoir le corps que nous désirons, la peur de le perdre, notre vulnérabilité au quotidien, toute la bienveillance qui nous a permis d'être ici aujourd'hui et dont nous aurons encore besoin quand nous serons malades ou mourants, et même notre façon de nous battre contre notre corps ou de faire comme s'il n'existait pas –, tout cela, nous l'avons en commun avec les autres êtres humains.

Enfin, quand, au travail, nous ne sommes pas présents dans notre corps, nous passons à côté d'une source de plaisir. Il est dans la nature humaine de remarquer la douleur plus que le plaisir, mais, grâce à quelques rappels et à de l'entraînement, nous pouvons ressentir de la joie tout au long de la journée dans le plaisir simple et authentique d'avoir un corps. La pleine conscience par le retour au corps nous donne en effet le pouvoir de magnifier ces petits bonheurs, que nous avons peut-être l'habitude de négliger parce que nous les croyons insignifiants. Ressentir physiquement le plaisir de nous asseoir quand nous sommes restés debout trop longtemps, ou de nous lever et de nous étirer après être restés trop longtemps assis ; de tenir un nouveau stylo qui a une forme particulièrement ergonomique et agréable ; d'éclater de rire quand quelque chose est drôle ; de manger quand nous avons faim ; de boire quand nous avons soif ; de reprendre du poil de la bête après un bon café quand nous avons eu un coup de mou ; d'arriver dans un bureau relativement calme après avoir passé les premières heures du jour au milieu d'enfants qui crient ; de retirer discrètement nos chaussures inconfortables sous le bureau, ou tout simplement de ne pas porter de chaussures inconfortables… Chaque jour, quels que soient les ennuis qu'il nous réserve, nous offre aussi d'innombrables occasions de nous sentir bien ; et c'est dans notre corps que nous le vivons. En fait – et nous le réalisons tous quand nous sortons d'une maladie –, chaque partie de notre corps qui ne nous fait pas mal est un motif de fête et une source de joie auxquels nous pouvons nous relier à n'importe quel moment.

Tel est le but des rituels physiques de toutes les traditions religieuses, des génuflexions, des cérémonies aux parfums d'encens et des bénédictions par l'eau : ce sont toujours des actions répétées et incarnées qui nous transportent au-delà de notre perspective mentale limitée, élargissant ainsi notre perception de nous-mêmes et de ce que nous vivons. Peut-être n'avez-vous pas le droit d'allumer une bougie dans votre bureau, et peut-être n'en avez-vous aucune envie, mais les sciences comme les traditions regorgent de rituels que vous pouvez adapter à votre contexte professionnel. Suspendre notre manteau et vider notre sac en arrivant le matin, disposer papiers et stylo sur le bureau d'une salle de conférence, mettre notre téléphone en mode veille ou en silencieux, passer d'un bureau assis à un bureau debout : tous ces comportements routiniers peuvent être utilisés pour nous recalibrer mentalement, pour prendre le temps d'ancrer notre attention dans le corps.

Ramener l'attention au corps

Pour nous aider à nous enraciner dans le corps, nous pouvons mettre en place des « rappels » qui vont diriger notre attention là où nous le souhaitons. Une de mes élèves avait choisi le mot « respire » comme mot de passe pour son ordinateur et son téléphone. Elle m'a expliqué que prendre une inspiration au moment de se connecter lui permettait de se focaliser sur son intention profonde, et, au lieu de regarder ses mails de manière compulsive, elle choisissait de travailler sur des projets qui lui tenaient à cœur. Un rappel associé à une action routinière (allumer l'ordinateur, s'asseoir en réunion, répondre au téléphone) peut recentrer votre attention sur votre corps à un moment critique.

Voici trois techniques simples :

1. Respirez. Vous n'oubliez jamais de respirer, mais vous oubliez que vous êtes en train de respirer. Des journées entières peuvent s'écouler sans que nous prêtions attention à une seule respiration – sans même parler du plaisir qu'elle peut nous procurer. Alors, où que vous vous trouviez, que vous soyez assis ou debout, arrêtez-vous un instant et prenez une grande inspiration, sentez l'air traverser votre corps des narines jusqu'aux poumons, sentez votre diaphragme qui se contracte, puis bloquez votre respiration quelques instants, en gardant votre ventre plein d'air. Expirez ensuite profondément, et visualisez-vous en train d'expirer également tout le stress, la colère, l'anxiété et le sentiment d'être submergé. Sentez toutes ces tensions quitter votre corps, laissant la place à une nouvelle respiration profonde. Faites cela trois fois, en prenant votre temps.

2. Méditez sur votre souffle. Un exercice plus approfondi (sorte de méditation express) que les trois simples respirations profondes consiste à se concentrer intentionnellement sur sa respiration. En inspirant et expirant, prêtez attention à votre souffle, à la sensation de la respiration. Sentez l'air entrer et sortir de votre corps, et quand votre esprit se mettra à vagabonder – car il le fera – ramenez votre attention au souffle. Ne filtrez aucune pensée, ne contrôlez pas ce que vous vivez. Laissez simplement les pensées filer d'elles-mêmes tandis que vous continuez à vous focaliser sur votre simple inspiration et expiration.

3. Effectuez un scan corporel. Portez votre attention sur le sommet de la tête. Puis descendez lentement, mentalement, le long de votre corps – de votre visage, votre cou, votre torse, vos jambes, et jusqu'à vos pieds. Puis remontez jusqu'à la tête. Répétez cet exercice. Si vos pensées divaguent, ramenez votre attention aux sensations des différentes parties du corps que vous passez en revue. Le but de cet exercice est non seulement de vous aider à revenir au corps, mais aussi de rassembler des informations et d'éveiller votre curiosité sur ce que vous avez l'habitude d'éviter. Si la douleur est présente, pouvez-vous l'examiner ? De quoi sont faites les sensations ? Remarquez votre aversion de l'inconfort. Pouvez-vous accepter l'inconfort ? Dans quelle mesure votre conscience de l'inconfort aurait-il une influence sur le vécu de votre travail ? Quand vous ignorez ou évitez ces sensations, avez-vous plus tendance à exprimer la douleur de façon inadéquate (par exemple en prenant de mauvaises décisions, ou en parlant à quelqu'un d'un ton sec) ?

La métacognition

La métacognition, une deuxième sorte de pleine conscience, consiste à savoir ce que nous vivons au moment où nous le vivons. N'ayez crainte : c'est moins philosophique et moins abscons que ça en a l'air. En cet instant, pouvez-vous voir les mots écrits sur cette page du livre (ou sur la liseuse), ou les entendre grâce au livre audio, tout en étant conscient que vous êtes en train de lire (ou d'écouter) ? Sentez-vous la chaise qui vous porte ? Êtes-vous conscient des pensées qui vous traversent l'esprit ? Si vous êtes né après 1980, vous pouvez vous représenter cette capacité comme la caméra de votre esprit, cette partie de vous qui juge si telle ou telle expérience mérite (ou non) d'être postée sur les réseaux sociaux. La métaconscience, c'est « *Voilà* ce qui s'est passé » au présent : « *Voici* ce qui est en train de se passer. »

On raconte qu'un jour, alors que le Bouddha était en train de donner un discours, un auditeur sceptique lui a demandé à quoi rimaient toutes ses histoires. Le Bouddha a répondu que ses moines et nonnes savaient qu'ils étaient debout quand ils étaient debout, savaient qu'ils étaient assis quand ils étaient assis, savaient qu'ils étaient en train de manger quand ils mangeaient, et savaient qu'ils étaient en train de marcher quand ils marchaient. Par extension, nous devrions savoir que nous sommes en train d'écrire un mail quand nous écrivons un mail, que nous sommes en train de conduire (et pas d'envoyer un SMS !) quand nous conduisons, que nous sommes jaloux ou en colère quand nous sommes jaloux ou en colère. Cela semble si évident que c'en est presque idiot.

Et pourtant.

En y regardant de plus près, nous verrons que nous sommes rarement conscients de nos actes au moment où nous les accomplissons. Nous constaterons également qu'il est difficile d'être *vraiment* attentif, et que nous le sommes rarement. Avec de la pratique, notre capacité à ramener encore et encore notre attention sur l'objet de notre conscience et sur notre conscience même augmente. Les moines et les nonnes réussissent très bien à cultiver leur métaconscience, non seulement parce qu'ils s'entraînent beaucoup, mais aussi parce que leur journée est parsemée de rituels à cet effet (comme la prière avant le repas, par exemple). Cela dit, nous, qui ne sommes pas moines, pouvons aussi apprendre à créer des rappels ritualisés dans notre routine quotidienne.

Marc Brackett, directeur du Centre d'intelligence émotionnelle de la Yale University[XXXIV], et ses collaborateurs ont développé un programme pionnier pour les écoles, grâce auquel les élèves comme les professeurs apprennent ensemble, en utilisant des métamoments, à développer notamment leur intelligence émotionnelle. Les participants apprennent à réfléchir à une situation, à réguler leurs émotions, à gérer des expériences émotionnelles difficiles. On leur demande ensuite de réfléchir à un moyen d'agir dans le respect de ce qu'ils sont et d'autrui. Les adolescents stressés par leur inscription à l'université, par leurs examens ou par des problèmes interpersonnels ont affirmé que ces métamoments les aidaient à prendre du recul. Ce programme peut être compris par tous et bénéficier à tous. Un élève de maternelle a ainsi témoigné : « Quand nous sommes en voiture, [mes frères et sœurs] se disputent parfois, et ça m'agace. Alors je leur dis : “On prend un métamoment !” » Mes enfants nous suggèrent, à mon mari ou à moi, de pratiquer des exercices de respiration quand ils voient que nous sommes trop stressés. Et j'ai récemment commencé à initier des concours de silence pendant les longs voyages en voiture, quand ma famille devient ingérable.

Globalement, Brackett et son équipe ont trouvé que cette pratique des métamoments améliorait le comportement et le bien-être des élèves. Ainsi, les écoles des quartiers défavorisés qui ont mis ce programme en place ont vu leur taux d'exclusion chuter de 60 %[XXXV].

Deux mille cinq cents ans après que le Bouddha a présenté son programme, des études comme celle-ci confirment l'idée que prendre un moment pour soi accroît la liberté. Un moment de métaconscience offre la possibilité de réfléchir, de ressentir et d'agir en accord avec nos meilleures intentions. Voir les choses sous un nouveau jour, ne pas se laisser influencer, dire la vérité même quand on a honte, différer la gratification (et savourer la récompense quand elle est méritée), imaginer comment la personne en face de nous est en train de vivre ce moment, ne pas crier ou être sur la défensive, trouver « une autre façon de ressentir » (comme le dit si bien la mère d'une amie), et comprendre ce qui est *vraiment* en train de se passer – tout cela commence par un métamoment.

Un exercice que je présente souvent à mes élèves pour illustrer ces métamoments est la métaphore du balcon surplombant notre paysage émotionnel. J'ai emprunté cette image au professeur de la Kennedy School Ronald Heifetz et à ses collègues Alexander Grashow et Marty Linsky. Dans l'ouvrage qu'ils ont coécrit intitulé *The Practice of Adaptative Leadership*[XXXVI], ils expliquent que la perspective obtenue lorsque nous « montons sur le balcon » est une forme de métamoment qui nous permet vraiment de devenir maîtres de la situation. Nous pouvons nous placer au-dessus de la mêlée et observer avec objectivité nos propres « mécanismes », à savoir tous les aspects de notre identité et de notre vécu qui influencent notre perception du monde : notre culture, notre sexe, notre âge, notre religion, notre histoire personnelle et nos déclencheurs émotionnels. Ces derniers sont nos points sensibles. D'après Heifetz, Grashow et Linsky, les véritables leaders connaissent leurs mécanismes de pensée et leurs points sensibles, de sorte qu'ils ne s'emportent pas quand ces derniers sont touchés. Dans mes enseignements, j'ai relié ces concepts de mécanismes et de déclencheurs émotionnels aux données récoltées au fil de la pratique de la pleine conscience. Si les schémas qui se dessinent dans notre corps (nos mécanismes et déclencheurs) sont tout à fait individuels, les moyens de les reconnaître et d'y faire face se rejoignent d'une personne à une autre.

Nous classons les gens et les choses pour aller plus vite, pour leur donner un sens. Mais les catégories que nous utilisons ont aussi des conséquences négatives – par exemple, quand nous stéréotypons des personnes qui ne font pas partie de notre cercle social. D'après Renee Navarro, vice-présidente honoraire pour la diversité et la sensibilisation à l'UCSF (qui mène l'initiative de l'université d'aborder la question des préjugés inconscients), nous sommes plus enclins à adopter des préjugés quand nous sommes stressés, sous pression, ou quand nous faisons plusieurs choses à la fois. Or, soyons francs, nous passons la majorité de notre journée de travail à courir après le temps et à être multitâches.

« La plupart d'entre nous croient être droits et impartiaux. Nous nous pensons capables de prendre de bonnes décisions, d'évaluer objectivement un candidat ou une transaction et de parvenir à une conclusion rationnelle, juste, servant conjointement notre intérêt personnel et celui de l'entreprise, écrit Mahzarin Banaji, chercheuse à l'université de Harvard, dans la *Harvard Business Review*. Mais plus de deux décennies de recherches confirment qu'en réalité nous sommes, pour la plupart, loin d'être à la hauteur de l'image que nous avons de nous-mêmes [XXXVII]. »

Il est intéressant de constater que plusieurs études suggèrent qu'il serait possible de minimiser les préjugés implicites ou inconscients par la pratique de la pleine conscience. Ainsi, après avoir écouté une méditation guidée de pleine conscience pendant dix minutes, les participants d'une étude, tous blancs, avaient moins tendance à associer des termes négatifs à des personnes noires ou âgées que ceux qui faisaient partie du groupe de contrôle. D'après les chercheurs, la pleine conscience refrène ces automatismes qui nous poussent à recourir à des stéréotypes. Les chercheurs en psychologie sociale Adam Lueke et Bryan Gibson ont constaté que, même avec une courte méditation guidée comme celle-ci, la discrimination raciale comme l'âgisme peuvent diminuer. Par conséquent, lors des processus de recrutement, prendre son temps et s'autoriser à réagir de façon moins automatique pourrait probablement permettre de nettes améliorations.

Je demande souvent à mes élèves de raconter une situation professionnelle durant laquelle leur point sensible a été touché et, avec la conscience des métamoments, de décrire ce que j'appelle leurs « tells » (oui, comme au poker). Voici le témoignage d'une de mes élèves :

À mon ancien poste dans une société d'investissement privée à New York, j'ai travaillé sur un projet pour une des entreprises dans lesquelles nous avions investi. D'habitude, mon associé soutenait mes idées et me laissait une grande liberté dans mon travail. Mais, sur ce cas-là, il était très autoritaire avec moi. Il passait son temps à réfléchir à de nouvelles analyses à mener et de nouvelles variables à regarder ; à changer les questions auxquelles nous devions répondre ; à me dire de modifier ma façon de travailler. Son style de management était si changeant et intrusif que j'avais beaucoup de mal à garder mon sang-froid. Je me rappelle cette sensation de feu dans ma poitrine, qui semblait vibrer plus intensément au fur et à mesure que je m'énervais. Chaque fois que je retournais à mon bureau, je criais intérieurement. Au final, je n'ai jamais rien dit ; je suis juste devenue de plus en plus frustrée, jusqu'à ce que la mission soit enfin terminée et que mon associé s'en aille.

Cette situation a mis le doigt sur mon besoin fondamental de me sentir respectée et estimée au bureau. J'avais l'impression de n'avoir aucun pouvoir et aucun contrôle sur mes opérations ; on me posait des questions, qui étaient ensuite changées ou reformulées alors que j'étais en train d'y répondre. Le manque d'efficacité, aussi, m'a énervée. Et enfin je trouve qu'il est important d'être cohérent. Par le passé, cet associé avait traité mon travail avec respect et m'avait accordé une grande indépendance. Son comportement fut un tournant regrettable dans son style de management. De plus, son attitude n'étant pas typique des autres associés de l'entreprise, cela a accentué ce sentiment d'incohérence et de maltraitance.

En voici un autre :

L'été dernier, avant d'entrer à la Standford Graduate School of Business, j'ai travaillé pour une société d'investissement privée. J'avais très peu d'expérience avec les tableurs au début de l'été, puisque j'avais passé les deux années précédentes en fac de droit, et l'année d'avant dans une association. Quelques jours après le début de mon stage, le travail a commencé à s'accumuler. Je crois que je travaillais déjà simultanément sur trois missions quand le directeur financier m'a appelé dans son bureau pour m'en donner une supplémentaire. Il s'agissait de mettre à jour un tableur retraçant les transactions du mois précédent.

Alors qu'il commençait à décrire la mission, j'ai compris qu'il imaginait que j'avais beaucoup plus de connaissances techniques que ce dont je disposais. Je l'ai interrompu plusieurs fois pour lui expliquer les limites de ma connaissance de ce programme informatique, mais il me répondait en ne me fournissant qu'une courte explication avant de reprendre. Il a continué à me donner des instructions pendant que je prenais des notes en toute hâte. Au bout d'une quinzaine de minutes environ, la réunion était terminée et je me suis retrouvé à mon bureau. En réfléchissant à la mission que l'on venait de me confier, je me suis rendu compte que je n'avais compris que 5 % de ce que j'étais censé faire, et que le directeur financier semblait ne pas vouloir être dérangé tant que ma tâche ne serait pas terminée.

En réalisant cela, j'ai ressenti une bouffée d'anxiété. J'ai commencé à transpirer et à sentir mes pulsations dans ma poitrine et dans mon ventre. J'ai passé près d'une demi-heure à essayer de me calmer. Si cette situation était particulièrement intense pour moi, il m'arrive assez souvent de ressentir ces émotions de façon moins vive. Ces épisodes sont généralement accompagnés de « tells » physiques assez semblables : des pulsations qui commencent dans ma poitrine et descendent dans mon ventre.

Après avoir réfléchi à ces épisodes d'anxiété, j'ai compris que le déclencheur de ces réactions était mon besoin de contrôler la situation. Lorsqu'on me donne une tâche à accomplir, pour avoir le sentiment que je maîtrise la situation, j'ai besoin de comprendre les différentes étapes et de savoir que j'aurai le temps de tout faire. Autrement dit, quand je suis confronté à un problème, si je n'ai pas immédiatement un plan et un programme pour le résoudre, j'ai le sentiment d'avoir perdu tout contrôle.

Il va sans dire que la simple constatation de ce qui se passe dans l'instant constitue déjà un grand pas en avant dans la gestion des conflits, au travail comme dans la vie privée. Les psychologues appellent cela la « déréification », c'est-à-dire le fait de rendre quelque chose moins concret ou moins réel. Dans ce cas précis, nous pouvons « déréifier » nos pensées, nos sentiments et nos perceptions, au fur et à mesure qu'ils apparaissent et se développent, simplement en reconnaissant ce qu'ils sont : des sentiments, des pensées et des perceptions – au lieu de croire qu'ils nous définissent ou que l'on ne peut les remettre en question. D'un point de vue neuroscientifique, les pensées sont des activités électrochimiques dans le cerveau, couplées à une stimulation autonome du corps – quoi qu'il en soit, il s'agit de phénomènes naturels transitoires qui émergent de systèmes de réaction ayant une capacité d'adaptation plus ou moins grande. Le métamoment nous donne le temps et l'espace d'observer ce qui se passe dans notre esprit comme dans notre corps, et de mettre de côté nos croyances. La recherche a montré que notre objectivité face aux réactions émotionnelles déterminait de manière cruciale notre capacité à avoir une réflexion constructive sur nos émotions, ou à les laisser dégénérer en ruminations inappropriées – ou, comme l'une de mes élèves le dit avec éloquence, « en pensées à recycler ».

Quel pouvoir ! C'est vous qui décidez si cette pensée d'auto-flagellation que vous ressassez sans cesse est justifiée ou non. Vous pouvez prendre juste assez de recul pour comprendre que vos soupçons paranoïaques ne sont que des soupçons paranoïaques, avant d'envisager d'autres raisons qui pourraient expliquer le comportement de votre collègue. De même, vous réaliserez que votre vif désir de réagir passera si vous lui en laissez le temps, et que vous n'avez pas forcément besoin de l'assouvir.

C'est valable également pour les pensées, les sentiments et les perceptions des autres. Peut-être ne sont-ils pas toujours fondés. Mais peut-être le sont-ils plus que vous ne le croyez. Quel soulagement ! En observant ce qui se passe objectivement, vous n'avez pas besoin de vous battre en permanence contre tout le monde (ne serait-ce que dans votre tête). La professeure de méditation Michele McDonald[XXXVIII] s'est aperçue un jour, au début d'une retraite silencieuse qui devait durer une semaine, à quel point la « personnalité » n'est qu'une multitude d'habitudes (de pensées, de sentiments et de perceptions), et que beaucoup d'entre elles se résument à : « Pourquoi tout le monde ne peut-il pas être comme moi ? » Si nous pouvions nous en rendre compte, et si nous pouvions choisir, ne préférerions-nous pas une autre approche ? Dans le métamoment, nous en sommes capables.

La focalisation

La focalisation est la capacité à porter son attention là où on le souhaite. C'est aussi l'utilisation intentionnelle de l'attention, ce qui, comme nous le savons déjà, est la définition même de la pleine conscience. Il y a différents degrés de focalisation, bien sûr. Une focalisation étroite, telle un laser, est une concentration intense, à travers une toute petite ouverture. Nous recourons à cette forme d'attention quand nous exécutons une seule et unique tâche – taper un rapport, par exemple, ou se préparer à un entretien. Il existe aussi une forme de focalisation plus large, avec une ouverture panoramique, qui permet de capter les détails tout en prenant en compte le contexte, le paysage plus vaste. Cette focalisation peut faire apparaître les liens, parfois peu évidents, entre différentes idées ou données, ce qui s'avère utile quand vous écoutez une conférence ou des présentations. Toutes les formes de focalisation sont extrêmement précieuses, surtout quand nous choisissons consciemment laquelle utiliser en fonction de la situation.

Mieux vaut ajuster correctement sa focalisation ; et cette aptitude peut s'améliorer avec la pratique. Rester focalisé tout en étant détendu, voilà la meilleure façon de générer un état de « flux » (ce qui, par définition, demande d'être présent sans être stressé). Souvent, quand les gens commencent à méditer ou à intégrer l'entraînement à la pleine conscience dans leur quotidien, ils font trop d'efforts pour focaliser leur attention, et leur esprit réagit en se dispersant en tous sens. Ou bien ils ne se concentrent pas assez, oublient de rester attentifs, et leur esprit s'éclipse à leur insu. Un de mes élèves avait tendance à se lever et à quitter une séance de méditation, se laissant emporter par une autre tâche, avant de réaliser quelques minutes plus tard qu'il avait mis fin à la méditation : une pensée lui avait traversé l'esprit, lui rappelant qu'il avait quelque chose à faire, et il y avait réagi de façon complètement automatique. Je ne suis pas en train de dire que nous ne devrions jamais interrompre notre focalisation pour répondre aux besoins urgents. Mais cela devrait être un choix conscient. Grâce à la pleine conscience, il devient possible de garder le fil de notre attention une journée entière. Et, pour reprendre la métaphore traditionnelle du veilleur, fixer notre intention permet de garder le veilleur de la pleine conscience à nos côtés tout au long de la journée.

Focaliser notre attention nous permet, lorsque notre objectif ou but supérieur est clair, de nous concentrer sur ce qui est vraiment important. Nous pouvons nous attaquer à ce que nous avons à faire plutôt que de nous focaliser, par exemple, sur une réaction négative d'un collègue ou sur les émotions que nous ressentons face à cette réaction. Si nous avons notre but bien en tête et sommes capables de focaliser notre attention sur ce dernier, nous ne nous laisserons pas emporter par des émotions ou des événements importuns.

En appliquant la pratique des rituels, nous pouvons mettre en place des rappels qui nous encouragent à rester focalisés. Ces messages, s'ils sont intentionnellement disséminés à des intervalles précis de la journée, attirent notre attention et éteignent notre pilotage automatique, afin de nous empêcher de recourir aux raccourcis mentaux que nous déployons inconsciemment pour conserver notre énergie.

Une bonne façon de pratiquer la focalisation consiste par exemple à choisir une activité que vous ferez à coup sûr, comme vous brosser les dents. Cette activité vous servira à vous rappeler d'être attentif. Vous pouvez aussi utiliser des moments de transition, ou des activités physiques. Pour ma part, ce qui m'aide beaucoup est d'éteindre le wi-fi ou de régler une de ces minuteries ingénieuses qui vont me rappeler de rester concentrée sur ma tâche du moment. Si vous travaillez chez Starbucks, faire couler le café peut devenir un rappel. Si vous êtes un professionnel de santé, écrire dans un dossier, ou vous désinfecter les mains entre deux patients, peut aussi avoir cette fonction. Si vous êtes instituteur, votre rappel pourrait être la sonnerie de l'école. Si vous travaillez dans un bureau, utilisez le moment où vous entrez en salle de réunion. En bref, votre rappel doit être un moment du quotidien qui vous incite à être attentif, à vous ramener à vos intentions, et à garder le cap sur les tâches à accomplir.

Gérer son temps se résume en réalité à gérer son attention et à choisir sur quoi la focaliser. Ce n'est pas facile – je sais pour ma part que je suis toujours tentée d'écrire rapidement quelques mails quand j'allume l'ordinateur… et, avant même que je m'en rende compte, il est bientôt l'heure de déjeuner. Quand vous entrez dans votre bureau, quand vous allumez l'ordinateur ou quand vous commencez votre service, faites-le avec une intention très claire. Laquelle des tâches de votre interminable liste aura le plus gros impact sur votre travail ? Avez-vous vraiment besoin d'être présent à cette réunion ou de passer ce coup de fil ? À partir de là, vous pouvez vous concentrer sur la gestion de votre énergie, qui consiste à évaluer ce qui vous épuise et ce qui vous stimule.

Créer des rappels

Exercez-vous en sélectionnant des activités ou des tâches que vous accomplirez en étant le plus présent possible. Lorsque vous écrivez un mail, par exemple, vous pouvez choisir de vous focaliser uniquement sur cette tâche, au lieu de jeter un œil sur votre boîte de réception chaque fois que vous entendez un courrier arriver. Quand votre esprit commence à s'écarter de votre tâche, ramenez-le doucement vers elle. Avec le temps, envisagez d'ajouter d'autres rappels à votre routine.

Dressez l'inventaire de vos tâches quotidiennes. Identifiez une ou deux activités que vous pourriez utiliser comme rappels. Lors de ces exercices, entraînez-vous à porter votre attention sur l'action du moment et à la ramener encore et encore, chaque fois qu'elle s'égare. Vous pouvez visualiser chacun de ces retours à la tâche comme une répétition, à l'image de chaque flexion des biceps que vous feriez en salle de gym si vous vouliez développer votre musculature. Observez votre souffle et les sensations de votre corps.

Observez comment vous vous sentez quand vous parvenez à rediriger vos pensées éparpillées et à les ramener à votre travail. Derrière notre désir de nous distraire se cachent souvent de l'anxiété ou de l'inconfort. Si nous pouvions simplement accueillir ces sentiments, nous n'aurions pas à fuir et à entrer dans le cercle vicieux de la procrastination, qui ne fait que nous rendre plus anxieux et mal à l'aise.

Vous souvenez-vous du principe de « *dampa sum* » : « bien au début, bien au milieu, bien à la fin » ? La pleine conscience est une bonne intention, une pratique utile, qui procure de nombreux bienfaits. Ne soyez pas trop dur avec vous-même si la lecture de ce chapitre n'a pas provoqué du jour au lendemain une prise de conscience et une acceptation de vos émotions difficiles ou de votre habitude à divaguer. En plus de nous aider à mieux comprendre nos émotions et à nous concentrer avec intention, la pleine conscience et le sens que l'on donne à nos actes s'influencent réciproquement, comme nous le verrons dans le prochain chapitre. Être en pleine conscience vous aide à déterminer votre but, et ce but devient une ancre pour votre pleine conscience.

3

Toucher au But (avec un B majuscule)

« Celui qui a un “pourquoi” peut vivre avec n’importe quel “comment”. »

Viktor Frankl, *Man’s Search for Meaning*

La maison de Brookline se situait à l’intersection de deux rues d’un paisible quartier résidentiel. C’était une charmante demeure victorienne à la façade grise et aux moulures jaunes, avec de petites touches personnelles et accueillantes ne trahissant pas le fait qu’un architecte professionnel vivait ici depuis des décennies. Assis dans la salle à manger, nous baignions dans la lumière qui entrait par la véranda derrière moi. Nous étions quatre : Michael « Misha » Kraus, architecte et survivant de l’Holocauste ; Ilana, sa femme, assise à côté de lui, médecin et grand-mère fantastique ; Michael Grodin, du Boston Center for Refugee Health and Human Rights[1], pionnier dans le domaine de la résilience, et plus connu sous le nom de « Dr G. » ; et moi-même. J’avais

1. Centre pour la santé et les droits de l’homme des réfugiés, à Boston.

trente-deux ans à l'époque, et j'étais en apprentissage aux côtés du Dr G. ; Misha et Ilana avaient plus de quatre-vingts ans ; le Dr G. se situait à mi-chemin entre nous.

Misha nous racontait qu'il avait dirigé la revue *Kamarad* durant son enfance en Tchécoslovaquie. C'était inhabituel pour un garçon de son âge (il avait alors entre douze et quatorze ans) d'écrire pour un magazine, sans parler de le diriger, mais il en était ainsi au camp de concentration de Theresienstadt. Misha étala des copies de *Kamarad* sur la nappe blanche pour que nous puissions les regarder. (Les originaux qui ont survécu sont archivés en Israël.) Je ne pouvais pas lire les articles, puisqu'ils étaient écrits en tchèque, mais Misha m'expliqua que la plupart d'entre eux étaient des récits fantastiques, des histoires complexes qui se déroulaient au Far West, aussi loin de la Tchécoslovaquie du début des années 1940 que le permettait l'imagination de ces écrivains. Il y avait une bande dessinée sur un pilote de voitures de course, et une rubrique sur le football. Misha expliqua, avec un mélange de fierté, de révérence et de tristesse, à quel point ces articles avaient été une véritable échappatoire, pour les lecteurs comme pour leurs auteurs. Vives et colorées, les illustrations parlaient d'elles-mêmes.

L'écriture relevait de la fiction, mais le projet et les problèmes qui l'accompagnaient – se procurer le matériel (le papier se faisait très rare à ce moment-là) et écrire dans un environnement surpeuplé, bruyant et terriblement dangereux – étaient bien réels. Les membres de la rédaction partageaient un objectif tout aussi concret : travailler sur le magazine leur offrait quelque chose de plus grand que la survie ; de plus fort que la souffrance ; quelque chose qui continuerait à vivre s'ils venaient à mourir.

Quand je l'ai rencontré, soixante-dix ans plus tard, Misha travaillait encore tous les jours, cette fois-ci comme architecte (principal émérite) dans l'un des plus anciens cabinets de Boston. Il racontait qu'il ne s'était jamais senti à l'aise pour témoigner en tant que survivant de la Shoah. Parler de son passé pendant la guerre le bouleversait, au point de lui faire revivre son traumatisme, mais il pouvait comprendre qu'il n'en était pas de même pour d'autres. Pour sa part, il souhaitait vivement faire connaître l'histoire du *Kamarad* et de son message sur l'importance de donner du sens. Il voulait nous faire comprendre qu'avoir un but n'était pas un luxe réservé aux chanceux qui vivent en sécurité et dans le confort, bien nourris et bien payés, qui n'ont pas trop de préoccupations et rien de plus urgent à faire. Ni une médaille pour des hommes d'exception ou une consolation pour les temps difficiles. Donner du sens est un besoin fondamental, et un choix que tout le monde peut faire, quelles que soient les circonstances, quel que soit le moment. Littéralement ou métaphoriquement, selon la situation, donner du sens est une question de vie ou de mort. Comme l'a écrit Viktor Frankl, un autre survivant de l'Holocauste, dans *Man's Search for Meaning* : « La vie n'est jamais insupportable à cause des circonstances, mais seulement par manque de sens et de but. »

Nous déterminons notre but, nous le façonnons – nous ne l'achetons pas, nous n'en héritons pas, nous ne le conquérons pas, nous ne l'obtenons pas. Notre but nous aide à avoir le meilleur impact possible au travail, et à créer du lien par-delà les différences sociales et culturelles, quel que soit notre sentiment d'impuissance ou de solitude. Nous sommes stimulés, motivés, et enrichis par notre but.

Le but peut désigner n'importe quelle direction dans laquelle nous allons avec une intention, mais toutes les directions ne sont pas un « But » avec un B majuscule. Je suppose que vous serez d'accord avec moi si je vous dis que se rendre au supermarché pour acheter une boisson fraîche, même si on a très soif et très chaud, ne peut pas, en soi, constituer un But. Je m'intéresse ici au but avec un grand B, c'est-à-dire à ce but constant et profond, quelque chose qui nous touche personnellement, qui transcende notre ego, et qui, idéalement, est présent chaque jour de notre vie. Le but n'a d'impact que si nous nous y intéressons sincèrement. Si j'essaye de m'approprier le but de mon mari ou de mon collègue, sur leurs conseils ou parce qu'il me paraît judicieux, je ne profiterai pas de la clarté d'esprit et du sentiment d'accomplissement que m'offrirait un véritable but. Le but met notre vie en perspective ; il nous offre un contexte bien plus vaste que nos priorités et problèmes individuels, plus vaste que nos désirs et nos besoins, en nous extrayant de nos tendances à la myopie pour nous relier au monde qui nous entoure.

Le plus souvent, ce but n'apparaît pas sur les listes de choses à faire, qui débordent en général de tâches très concrètes. Vous verrez rarement : « Acheter du lait, arroser les plantes, répondre aux mails, rendre le monde meilleur » sur un post-it collé sur le réfrigérateur. Nous pensons parfois à notre but en passant, ou il peut faire surface lors d'une conversation avec un ami, mais la plupart du temps nous le considérons comme une chimère ou un objectif « irréaliste » que nous poursuivions dans notre jeunesse – pas comme un dessein pertinent ou qui peut être appliqué dans la vraie vie, au quotidien. Qui a le temps de se poser des questions existentielles ? Nous devons emmener notre enfant chez le médecin, aller à la gym, au supermarché ou au travail. Peut-être espérons-nous silencieusement, aveuglément, que toutes nos activités et tout notre affairement créeront quelque chose de plus grand que la somme de leurs parts, mais nous avons peur que ce ne soit pas le cas. Généralement, nous ne parvenons pas à faire le lien entre les petits actes du quotidien et notre idéal, ou nous n'avons simplement pas le temps de nous arrêter pour prendre une inspiration et nous poser la question.

Avoir un but rend le travail plus satisfaisant

À la Yale School of Management, chaque étudiant en MBA assiste à un cours sur la notion de but au travail. Bien qu'imposé, ce cours est apprécié de tous, probablement grâce à la pédagogie et à la douceur du Dr Amy Wrzesniewski, qui rassure les étudiants les plus anxieux. La question qui est au cœur des recherches et de l'enseignement du Dr Amy Wrzesniewski[XXXIX] et a servi de fondement à son cours est la suivante : qu'est-ce qui nous permet de nous épanouir au travail ? Si deux personnes occupent le même poste, pourquoi l'une trouverait-elle son travail plus satisfaisant que l'autre ? Ou, pour reprendre une question posée par Wrzesniewski dans une étude : quand on donne à lire le même paragraphe décrivant une personne que les lecteurs ne connaissent pas, pourquoi chacun d'eux aura-t-il une vision très différente du travail de l'inconnu ? Si le travail de « M. A » est décrit comme « essentiel à sa vie, un peu comme respirer ou dormir », diriez-vous qu'il est très important à ses yeux, ou au contraire qu'il ne s'agit que d'un travail « alimentaire » qui ne lui occupe pas l'esprit ? Quels facteurs expliquent la différence entre les deux opinions ?

Les réponses de Wrzesniewski à ces questions contribuent à démontrer que la disposition individuelle et la personnalité influencent grandement notre vécu du travail. En lui-même, un travail n'est ni génial ni horrible, car ce que nous ressentons dépend largement du sens que nous lui attribuons. D'après Amy Wrzesniewski, la plupart d'entre nous considèrent leur travail comme « un emploi », une façon de gagner de l'argent. Certains se focalisent sur l'avancement de leur carrière. D'autres voient leur travail comme « une vocation », c'est-à-dire une occupation utile à la société, même si les tâches qu'elle implique ne sont pas toujours agréables.

À mon avis, en l'espace d'un an, d'un mois ou même d'un jour, il nous arrive de changer d'état d'esprit vis-à-vis de notre travail. Et en prendre conscience peut nous aider à déceler les moments où notre attitude est moins en phase avec notre but. Je ne suis pas en train d'affirmer qu'un emploi n'est pas un but en soi. Si un travail nous permet d'acheter à manger pour notre famille et de lui offrir un toit, c'est véritablement un but. Cela dit, il peut nous être utile de prendre conscience de notre façon de penser le travail, et de déterminer si cette attitude nous sert ou nous dessert.

D'après le Dr Wrzesniewski, les personnes qui considèrent leur métier comme une vocation ont tendance à être plus satisfaites de leur travail que celles qui le voient « seulement » comme un emploi. Cela n'a rien de surprenant, mais ce qui l'est, en revanche, c'est que la différence de point de vue n'est pas corrélée au type de travail effectué ou à la position hiérarchique. Le sens et la satisfaction ne sont pas réservés aux hautes sphères, et ne dépendent pas du secteur d'activité. Le Dr Wrzesniewski a interrogé des assistants administratifs, des médecins, des infirmières, des agents d'entretien en hôpital, des bibliothécaires, des développeurs, des membres du clergé, ainsi que des gardiens de zoo ; et, lorsqu'elle leur a demandé de décrire leur travail, tous ont employé un de ces trois termes : emploi, carrière ou vocation.

Un des groupes étudiés par le Dr Wrzesniewski était par exemple constitué d'assistants administratifs ayant à peu près le même âge, le même revenu et le même niveau d'études. Neuf d'entre eux ont déclaré avoir « un emploi », sept estimaient construire « une carrière », et huit ont décrit leur travail comme « une vocation ». Les différences de degré de satisfaction qui en découlaient étaient réelles et mesurables. Ceux qui évoquaient leur « carrière » gardaient leur poste plus longtemps que leurs collègues qui considéraient leur travail comme « un emploi », tandis que ceux qui suivaient leur « vocation » étaient moins souvent absents.

Un autre exemple intéressant est celui des agents d'entretien en milieu hospitalier. Beaucoup d'entre eux utilisent le terme « *janitor* » en anglais pour montrer qu'il s'agit d'un petit boulot, le « travail alimentaire » par excellence. Mais, quand le Dr Wrzesniewski a étudié le comportement de ces employés, elle a découvert des différences de perspective spectaculaires chez des gens qui pourtant occupaient le même poste. Certains d'entre eux avaient le sentiment de jouer un rôle essentiel dans le rétablissement des patients. Ils recherchaient des moyens d'encourager leur guérison en nettoyant différemment, en modifiant leurs horaires en fonction des besoins, et en discutant avec eux pendant leur travail. Il arrivait même que certains agents d'entretien restent en contact avec des patients après leur sortie de l'hôpital. C'est ce que l'on appelle « la performance extra-rôle », qui consiste à accomplir des tâches au-delà de ce qui est demandé. Cette capacité à trouver des actions concrètes qui donnent un véritable sens à notre travail est essentielle pour personnaliser nos tâches et les aligner sur nos valeurs.

Le but de ces études n'est pas de déclarer que les agents d'entretien et tous ceux qui sont mal payés devraient avoir une attitude positive, mais de montrer que beaucoup ont cet état d'esprit, et que nous pouvons tous apprendre d'eux. Nous aussi pouvons donner du sens à notre activité, même si nous la trouvons très pénible. Nous pouvons commencer dès aujourd'hui. Nous n'avons pas besoin d'attendre une promotion ou une reconversion professionnelle hypothétique. Nous pouvons nous investir corps et âme dans ce que nous faisons en ce moment même.

La recherche montre que, lorsque notre travail a un sens, les bienfaits sont réels et mesurables. À HopeLab, nous avons mené une étude sur ses bienfaits physiques et mentaux. Steve Cole, professeur de médecine, de psychiatrie et de sciences comportementales à la UCLA School of Medicine, et expert en génomique sociale (discipline qui étudie comment l'environnement et le comportement influencent l'expression des gènes)[XL], était responsable de cette étude. Parmi les bienfaits découverts par son équipe, on peut citer :

- l'identification au travail (notre façon de nous définir en fonction de notre poste) ;
- le sentiment de faire partie d'un groupe et de développer des affinités avec nos collègues ;
- le sentiment d'avoir un emploi important car conforme à nos valeurs ;
- le sentiment d'avoir un but supérieur à notre ego ;
- la capacité à donner un sens aux tâches triviales et désagréables.

Ce sentiment d'avoir un but dans la vie était associé à :

- un plus grand épanouissement personnel ;
- un plus grand bien-être psychologique ;
- des émotions positives plus fortes ;
- des liens émotionnels plus forts avec autrui ;
- moins de détresse psychologique ;

- moins d'émotions négatives ;
- moins d'anxiété et de symptômes de dépression.

Tout comme ces bienfaits influencent notre qualité de vie au quotidien, les actions que nous menons pour garder ce but à l'esprit sont quotidiennes et graduelles. Guru Rinpoche, le maître tibétain du VIIIe siècle qui a introduit le bouddhisme au Tibet, a déclaré un jour que nous devions traverser la vie « avec une vision aussi vaste que le ciel et des actions aussi fines que la *tsampa* [farine d'orge utilisée comme ingrédient de base dans la cuisine tibétaine] ». Ceci est, pour moi, un point capital du But avec un B majuscule. Peu importe la noblesse de notre but, nous devons nous souvenir d'ancrer nos actions dans le réel. Il ne s'agit pas d'une croisade mais de notre quotidien. Ce But avec un grand B doit s'infiltrer dans notre liste de tâches, dans nos coups de fil, dans nos mails, dans nos trajets. Imprégner chacun de nos actes de sens peut s'avérer difficile, et c'est la raison pour laquelle ce chemin nécessite de la sagesse. Être idéaliste ou brandir notre « But » avec un très grand B n'est pas réaliste à long terme. Cela peut finir par nous décourager, car nous ne pouvons pas vivre ainsi du matin au soir et du soir au matin. La vie est plus compliquée que cela.

À vous d'agir
Définissez votre but

Quand nous comprenons ce qui nous stimule et nous donne de l'énergie, nous pouvons nous investir dans ce qui nous aide à atteindre notre but. Quand nous ne sommes pas certains de le connaître, nous pouvons nous aider à le définir par une évaluation « descendante » puis « ascendante ».

Lors d'une évaluation descendante, nous commençons par avoir une vue d'ensemble de la situation. Alors que par une évaluation ascendante nous observons séparément les petits échanges, activités et perceptions – bref, les parties qui composent ce grand tout.

Évaluation descendante

Dressez une liste des valeurs les plus importantes à vos yeux (entre cinq et dix).

Faites l'inventaire de vos tâches au travail et de votre emploi du temps personnel. Commencez par vous demander si vos activités expriment vraiment vos valeurs. Par exemple, si le don est important à vos yeux, parvenez-vous à faire du bénévolat ou à vous impliquer d'une autre façon dans des causes importantes à vos yeux ? Ensuite, notez, à côté de chaque activité de votre emploi du temps, si celle-ci vous stimule ou vous épuise. Enfin, dans une perspective plus globale, calculez le temps que vous passez à vous adonner à des activités qui vous revigorent, et le temps passé à pratiquer des activités qui vous fatiguent.

Demandez-vous ce qui est important pour vous. Si votre liste de valeurs ne s'applique qu'à un contexte professionnel, élargissez-la pour y inclure votre famille, votre entourage et votre système de croyances spirituelles.

Demandez à des personnes de confiance ce qui, d'après elles, est important à vos yeux ou ce qui vous donne de la joie et de l'énergie.

Identifiez les écarts entre ce qui vous anime et vos activités actuelles. Y a-t-il par exemple des valeurs qui sont chères à vos yeux et que vous laissez complètement de côté ? Que pourriez-vous modifier pour consacrer plus de temps ou d'attention à ce qui est important pour vous ?

Évaluation ascendante

Tenez un journal pendant quelque temps ; vous pouvez commencer par écrire pendant une semaine, par exemple.

Notez-y quelles activités, quelles situations, quels échanges vous épuisent et lesquels vous font du bien.

Créez une notification pour relire votre journal. Ce faisant, essayez d'identifier des schémas qui se répètent : arrivez-vous à mieux comprendre votre comportement ou à établir des liens de cause à effet ?

Dressez une liste des personnes que vous admirez et notez ce que vous aimez chez elles. Demandez-vous si vous incarnez certaines de ces qualités, et, si tel n'est pas le cas, essayez de comprendre pourquoi.

Après avoir pratiqué les évaluations ascendante et descendante pour mieux identifier votre but, dressez la liste des révélations qui s'en sont suivies. Que vous a dévoilé cet exercice ? Quelles sont les différences entre votre but et vos actes sur lesquelles vous voulez vous pencher ? Vous pouvez aussi utiliser ces observations pour élaborer votre énoncé de mission (voir page 46).

Avoir un but est bon pour la santé

Les recherches du professeur Steve Cole se rapportent aux circuits biologiques par lesquels l'environnement social d'une personne, y compris son vécu et son comportement, influence l'expression des gènes par le biais de virus à ADN, de cancers ou de cellules immunitaires. Steve Cole est brillant. Il accomplit en une semaine ce que beaucoup d'entre nous seraient fiers d'avoir réalisé en six mois. Il est mon partenaire de réflexion ainsi que mon conseiller depuis de longues années, et m'aide à mener les recherches sur l'importance d'avoir un but et à les appliquer dans mon travail auprès des entreprises, des étudiants en MBA, des parents et des vétérans atteints de troubles de stress post-traumatique.

En septembre 2015, je suis allée lui rendre visite à l'UCLA. Son bureau se situe dans un affreux bâtiment des années 1970. Après avoir partagé l'ascenseur avec une énorme citerne sur laquelle il était écrit « danger biologique », je me suis frayé un chemin à travers un labyrinthe de couloirs jusqu'à son bureau, une petite pièce avec une gigantesque baie vitrée donnant sur les canyons de Los Angeles. Voilà pourquoi il n'a pas emménagé dans le nouveau bâtiment, tout près d'ici : son laboratoire est rempli, du sol au plafond, d'équipements dangereux et hors de prix. Je promis de ne toucher à rien pendant qu'il me faisait visiter les lieux en me parlant de son travail.

Un des domaines de recherche préférés de Steve relatifs à l'expression des gènes est l'impact biologique du but que l'on se donne. C'est ce que l'on appelle « la biologie positive ». Après avoir passé des années à étudier les modifications génétiques les plus graves et à déterminer les modes de vie nocifs, il a décidé de changer d'axe de recherche et de se concentrer sur le positif. Steve avait compris que les questions éternelles sur le bonheur et la meilleure façon de vivre n'étaient pas purement philosophiques ; elles sont aussi physiologiques. Il est allé chercher lui-même des réponses, « en sondant l'opinion du génome humain », pour reprendre ses termes.

Depuis des milliers d'années, les gens débattent sur le meilleur moyen d'être heureux : faut-il s'adonner à autant de plaisirs que possible (en passant notre temps à faire ce qui nous plaît et en nous entourant de personnes que nous aimons) ou poursuivre un but plus grand ? La première approche est hédoniste. La seconde (qui affirme que le bonheur authentique ne résulte pas seulement des expériences agréables à court terme, ou des « euphories momentanées ») est eudémoniste, une théorie soutenue, entre autres, par Aristote. Steve a repris à son compte ce débat philosophique séculaire pour en faire une question de recherche, afin de déterminer à travers l'étude des gènes humains laquelle de ces deux approches nous libérerait d'une « soupe moléculaire morbide ».

Lors d'une étude, Steve et le Dr Barbara Fredrickson, psychologue chercheuse à l'université de Caroline du Nord et pionnière dans le domaine de la psychologie positive, ont regroupé 80 personnes en fonction de leur approche hédoniste ou eudémoniste du bonheur. Ils ont évalué plusieurs paramètres psychométriques dont la dépression, et ont prélevé du sang de chaque participant pour analyser 22 000 gènes, afin de voir si un certain profil moléculaire pouvait être mis en relation avec l'une ou l'autre de ces approches[XLI].

Scientifiquement parlant, quand les participants exprimaient subjectivement leur avis pendant les mesures psychologiques, on ne pouvait pas voir de différence significative entre les deux groupes. Un niveau élevé de bien-être hédoniste permet effectivement aux individus d'être moins sujets à la dépression. Toutefois, si l'on s'en tient à ce qui a été mesuré au niveau cellulaire, on remarque que l'expression des gènes entre les deux groupes est très différente. Steve et ses collègues en ont conclu que vivre en ayant un but eudémoniste apporte des bienfaits physiques que le bonheur hédoniste n'offre pas – en particulier, moins d'inflammations, et plus d'antiviraux et d'anticorps, qui sont associés à un risque moindre de maladie cardiaque, de cancer et autres maladies chroniques. (Cette étude a été reproduite depuis, avec des résultats similaires.)

Tout le monde veut être heureux, mais la seule satisfaction des besoins émotionnels ne peut prétendre à constituer « un But » avec un grand B. Et les recherches de Steve suggèrent que l'ignorance des besoins d'autrui dans notre poursuite du bonheur pourrait avoir un impact au niveau cellulaire. L'accomplissement d'un but qui dépasse la satisfaction personnelle n'est pas seulement meilleure pour le monde ; elle est meilleure pour notre santé.

D'autres études fournissent des preuves irréfutables qu'avoir un but est bon pour notre santé physique et mentale. Samuel Cohen, de l'université de Cambridge, a analysé dix études impliquant en tout 136 000 participants, et a découvert que ceux qui ne se focalisaient pas sur un but supérieur avaient « plus de risques d'avoir un AVC, une crise cardiaque ou une maladie coronarienne nécessitant un stent ou un pontage[XLII] ». Avoir un but permet aussi d'avoir un niveau de cortisol plus bas et plus stable, un rapport taille/hanches plus bas, un poids plus faible, un réveil plus rapide et un sommeil paradoxal plus long, une meilleure réponse des anticorps au vaccin contre la grippe, une réaction émotionnelle moindre aux stimuli négatifs, et un risque plus faible de mortalité, de handicap et d'être atteint de la maladie d'Alzheimer.

Reconnaissant l'impact de la raison d'être sur notre vie, les scientifiques cherchent de plus en plus à évaluer dans quelle mesure elle influence notre bien-être au travail. Les psychologues Alia Crum, à Stanford, et Ellen Langer, à Harvard, étudient la façon dont la santé est affectée par la vision du travail[XLIII]. Une de leurs études a été menée sur 84 femmes qui travaillaient à plein temps comme femmes de chambre dans sept hôtels différents, et à qui l'on a expliqué qu'elles participaient à des recherches permettant d'améliorer la santé et le bonheur des employés d'hôtels. Ces participantes ont été séparées en deux groupes. On a indiqué au premier, avant que les données soient rassemblées par les chercheurs, que leur travail dans les chambres d'hôtel était un bon exercice physique, qui suivait largement les recommandations générales des médecins pour un mode de vie actif. Le second groupe n'avait reçu cette information qu'après le recueil des données.

Le comportement des membres du premier groupe est resté inchangé pendant les quatre semaines qu'a duré l'étude, mais les mesures physiologiques des participantes (le poids, l'IMC, le rapport taille/hanches et la pression artérielle) ont toutes montré une amélioration significative, alors que celles des femmes du second groupe n'avaient pas évolué. Les chercheuses en ont conclu que le simple fait de penser à son travail de façon plus positive peut avoir une influence significative sur notre santé.

Ainsi, un environnement professionnel toxique nuit gravement à votre santé mentale et physique. Mais la pleine conscience, qui vous aide à rester attentif à votre but, peut atténuer certains de ces dangers. Non seulement l'intention vous permet de vous épanouir, mais elle désintoxique le lieu de travail.

Créer votre vocation

Le regard que nous portons sur nos tâches quotidiennes peut modifier notre relation au travail. Ainsi, en changeant de perspective, nous pouvons incarner notre but et notre intention sans rien changer à nos tâches quotidiennes. Faites l'exercice suivant :

1. Choisissez une tâche à venir sur votre agenda, qu'il s'agisse d'une réunion, d'une présentation à donner, ou d'un rapport de dépenses.

2. Considérez cette tâche d'abord comme liée à un emploi, puis à une carrière, et enfin à une vocation. Notez, sur un papier ou dans un coin de votre tête, ce qui se manifeste en vous pour chacune des trois approches.

3. Observez votre façon d'accomplir cette tâche quand vous la considérez comme un devoir à remplir dans le cadre de votre emploi, et ensuite comme faisant partie intégrante d'une vocation. Votre motivation est-elle différente ? Êtes-vous plus enthousiaste ? Ressentez-vous davantage ou moins d'anxiété ?

4. Recommencez en élargissant le champ d'action. Considérez votre travail comme une vocation durant une journée entière. Observez l'impact de ce changement de perspective sur votre sentiment de joie et votre sens du devoir.

Avoir un but aide à surmonter les obstacles

Avoir un but supérieur ne nous aide pas seulement à améliorer la santé de nos cellules et à rendre notre activité plus agréable : cela nous aide aussi à surmonter les obstacles, un avantage non négligeable au travail. Le psychologue social Anthony Burrow étudie à la Cornell University l'utilité d'avoir un but et son impact sur le comportement[XLIV]. Ses dernières recherches ont porté sur la motivation des étudiants à grimper une colline escarpée située au milieu du campus. Il a mené des études similaires, avec des pentes virtuelles, pour voir si les calculs mentaux impliqués dans l'ascension d'une colline étaient également influencés par la conscience d'avoir un but dans la réalité virtuelle. L'objectif de son expérimentation était d'identifier les corrélations entre cette conscience et le degré de difficulté subjectif de l'ascension, afin de comprendre pourquoi certains étudiants parviennent au sommet et pas les autres.

Un chercheur attendait les participants au sommet de la colline pour leur demander d'évaluer la pente et les efforts qu'ils ont dû fournir pour la grimper. Aux yeux des participants qui avaient pensé à leur but ultime dans la vie avant l'exercice, la colline à gravir et les efforts à accomplir étaient moins importants que pour ceux qui avaient dû écrire un paragraphe sur un objectif à court terme. Et ceux qui s'étaient concentrés sur un sujet neutre plutôt que sur leur but supérieur ou sur un objectif à court terme trouvaient la colline plus abrupte et les efforts à déployer plus intenses que les deux groupes précédents. Ainsi, les étudiants qui avaient un but supérieur, s'ils ne se faisaient pas d'illusions sur la colline à gravir, percevaient leurs efforts différemment, et la complexité de la tâche à accomplir n'inhibait pas leur volonté de grimper. Les participants qui ont dû fournir les efforts les plus importants ont aussi trouvé la pente plus abrupte.

L'aspect révolutionnaire de ces conclusions, c'est que les personnes ayant un but supérieur très vivant en elles (celles qui se perçoivent ainsi), ou à qui l'on a demandé de réfléchir brièvement à leur but, avaient tendance à moins surestimer les efforts à fournir. Elles considéraient l'ascension de la colline comme un défi, mais, contrairement à leurs collègues, elles ne surestimaient pas l'inclinaison de la pente.

Il n'est pas surprenant de constater que les étudiants sans vision précise de leur but surestimaient l'escarpement. Ce que je trouve particulièrement intéressant, c'est qu'un but à court terme ne permettait pas d'enrayer cette tendance. Le facteur déterminant pour éviter de surestimer les obstacles était la capacité à considérer l'action à accomplir comme partie intégrante d'un chemin plus grand, plus vaste.

Si nous appliquons ces découvertes au contexte professionnel, cela pourrait indiquer que des objectifs à court terme ne nous permettraient pas d'évaluer correctement la difficulté d'une tâche. En conclusion, avoir une meilleure compréhension de nos tâches quotidiennes (ce qui est essentiel pour pouvoir les accomplir correctement) nécessite d'adopter une vision plus large et de garder à l'esprit notre but profond.

Pour Burrow, notre but se cache dans nos actes du quotidien, dans les opportunités sur lesquelles nous sautons pour nous en rapprocher, dans celles que nous déclinons pour ne pas nous en écarter. À travers son travail, la réalité matérielle de « l'Ascension » est devenue une métaphore parlante de nos obstacles mentaux, en accord parfait avec la pensée actuelle en psychologie (sans parler des milliers d'années de compréhension bouddhiste) selon laquelle la souffrance n'est pas objective, mais dépend plutôt de notre perspective sur les circonstances. Très souvent, notre interprétation de la réalité nous mène à surestimer les difficultés. Comme l'a expliqué Burrow, « ce que nous apportons au monde influence notre perception » du monde[XLV].

Il ne s'agit pas de minimiser votre souffrance sous prétexte que d'autres n'ont pas la chance d'avoir un travail et de gagner leur vie, mais de redéfinir la souffrance en gardant en tête votre but, votre raison d'être. Si vous n'arrivez pas à donner du sens à votre souffrance, c'est que vous n'êtes sans doute pas au bon endroit.

La clarté d'esprit que nous offre le but fait partie intégrante de son pouvoir. Le but nous permet de changer notre regard sur le monde afin d'avoir une raison d'être plus vaste, qui nous aide à son tour à établir des priorités vis-à-vis de nos souhaits, de nos désirs et de nos choix conflictuels. Il nous donne la motivation et la volonté de tout mettre en œuvre pour atteindre nos objectifs.

La notion de but comme moteur de nos actes a parfois été critiquée, car considérée comme une problématique réservée à une minorité de privilégiés. La pyramide des besoins d'Abraham

Maslow[XLVI], une théorie très populaire depuis les années 1940, suggère que le sens et « l'accomplissement de soi », pour reprendre ses termes, ne sont pas pertinents tant que nous n'avons pas comblé nos besoins fondamentaux, tels que nous nourrir, nous vêtir, avoir un abri ou nous sentir en sécurité. Le problème, avec de telles théories, c'est que – et bien sûr je ne renie pas l'importance de ces besoins fondamentaux – la vie est bien plus complexe qu'une série de cases à cocher. En réalité, les exemples de personnes ayant une vision claire de leur raison d'être malgré ou peut-être même à cause d'un contexte socio-économique très difficile sont innombrables : des survivants de l'Holocauste comme Misha Kraus et Viktor Frankl ; des adeptes du mahatma Gandhi, de Nelson Mandela ou de Martin Luther King… L'histoire de la religion elle-même peut être vue comme une succession de personnes démunies cherchant un but qui les dépasse à travers leur lien aux autres, à la nature et au divin (et aussi, bien sûr, de personnes servant leurs propres intérêts en exploitant et en opprimant les autres, mais les deux ne sont pas incompatibles). Étant donné la relation positive démontrée par Burrow et par bien d'autres entre le but, la motivation et la résilience, avoir un but devrait être aussi important, sinon plus, pour ceux qui luttent contre l'adversité, comme la pauvreté ou la guerre.

Certaines études confirment mon intuition. Kendall Cotton Bronk, un important contributeur à la recherche sur le but et la raison d'être, a montré que des jeunes du Colorado ayant connu la rue et/ou des démêlés avec la justice pouvaient avoir un objectif de vie bien défini[XLVII]. Leur but était formulé de manière particulière, différente de ce que l'on peut entendre chez des gens plus éduqués ou plus riches, mais il n'en était pas moins touchant : « Je veux être un exemple, parce que je viens d'un milieu où les gens croient que je n'arriverai à rien dans la vie ; je veux leur prouver qu'ils ont tort et que je peux devenir quelqu'un », ou « que nous pouvons être des gens bien ».

Le but apporte des bienfaits significatifs à titre individuel, en termes de santé, de satisfaction et de résilience, mais il a également des implications interpersonnelles, comme nous le verrons plus loin. Il nous permet d'être de meilleurs collègues et, comme l'ont découvert les élèves de Wrzesniewski (et les miens), de meilleurs leaders. Dans l'histoire de l'humanité, le pouvoir du but supérieur est reconnu depuis des millénaires, et la religion a longtemps été considérée comme le moyen d'y accéder. Dans notre société moderne, où nous passons plus de temps au travail qu'à la maison (et bien plus que dans les lieux de culte), nous pouvons emprunter aux traditions contemplatives les techniques qui nous permettront d'intégrer cette raison d'être dans notre milieu professionnel.

Faire de son but un puzzle

Peu de milieux professionnels exploitent le pouvoir de la raison d'être aussi efficacement que l'armée. Luke, un de mes étudiants de troisième cycle à Stanford et lieutenant dans l'armée, a grandi dans une famille de militaires. Il m'a parlé d'une métaphore utilisée par son père, le général Robert Van Antwerp, retraité du corps des ingénieurs de l'armée des États-Unis qui travaille aujourd'hui comme consultant en leadership, pour expliquer l'importance d'avoir un but : celle du puzzle.

Cette métaphore de la vie n'est pas vraiment inédite, mais l'accent mis par Van Antwerp sur la boîte du puzzle m'a ouvert de nouvelles perspectives. Luke a fait beaucoup de puzzles dans son enfance, en famille, notamment avec son père et son frère, lui aussi officier dans l'armée, à présent. Quand Luke et son frère étaient plus grands, son père cachait la boîte et défiait ses fils de faire le puzzle sans regarder le couvercle. Or, Luke explique que nous avons besoin de garder un œil sur l'image. Nous pouvons essayer de reconstituer le puzzle sans, bien sûr, en passant beaucoup de temps à regarder chacune des pièces et à essayer de les assembler de telle ou telle manière, mais c'est l'image imprimée sur la boîte qui nous guide. C'est notre vue d'ensemble, le sens de notre vie, notre but. Pour faire le puzzle, nous avons besoin de revenir à cette image beaucoup plus souvent que nous le croyons.

Notre but dans la vie privée n'est pas différent de notre but au travail – ils sont indivisibles. Comme l'a écrit la nonne bouddhiste Pema Chödrön : « Il n'y a pas d'interruption[XLVIII]. » En d'autres termes, toutes les pièces de votre vie font partie intégrante de l'image d'ensemble. Vous faire arrêter quand vous rentrez du travail, pleurer dans la salle du personnel parce que vous vous êtes disputé la veille avec votre partenaire, vivre le deuil d'un animal de compagnie quand vous essayez de finir un rapport à temps, prendre un congé parental, devoir travailler le jour de Noël – tout cela fait partie de la vie. Quand nous aspirons à « trouver un équilibre entre vie privée et vie professionnelle », nous finissons par les mettre en opposition. Soit nous critiquons notre travail parce qu'il nous empêche de vivre notre vie privée, soit c'est notre vie privée qui nous empêche de travailler. Dans tous les cas, nous ressentons pression et frustration. Avec une perspective différente, plus large, il peut y avoir de la place pour les deux.

Même si nos images respectives sont différentes du fait de nos valeurs, de notre vécu et des circonstances, nous partageons tous ce besoin d'avoir une vue d'ensemble de notre vie. De même, les méthodes éprouvées par la science (récemment) et par les traditions de sagesse (depuis des millénaires) sont utiles quelle que soit votre vision d'ensemble. Dans la mesure où le travail constitue une partie tellement importante du puzzle de chacun, il est primordial de se demander où il se situe sur l'image de la boîte. Savez-vous où placer la pièce de puzzle que vous tenez en main en ce moment – ou à n'importe quel autre moment ? En d'autres termes, moins imagés, ce que vous vous apprêtez à accomplir compte-t-il vraiment ? Quand vous vous réveillez le matin, ou quand vous pensez, le dimanche soir, à la semaine de travail à venir, estimez-vous qu'il est important de vous rendre au travail ? La réponse devrait être positive. Et la probabilité qu'elle le soit augmente considérablement si vous avez la conviction que ce que vous faites de votre temps au travail a un sens, que cela en vaut la peine.

Mère de trois jeunes enfants, je me questionne chaque semaine, pour ne pas dire chaque jour, sur tous ces moments que je ne vis pas à leurs côtés. Quand je dépose mon tout-petit à la crèche et qu'il se met à crier en s'accrochant à ma jambe, me suppliant de ne pas partir, j'ai besoin de sentir que le jeu en vaut la chandelle – pour moi-même, pour la société, pour ma famille, pour lui –, et de donner un sens à tout ce temps passé loin de mes enfants. La confiance dans ma décision d'y aller « en avant toutes », de faire marche arrière, ou de m'asseoir le dos droit, avec fierté, vient plus de l'image d'ensemble imprimée sur la boîte du puzzle, de mon but supérieur et de ma conscience que mon action du moment forme une pièce, aussi petite soit-elle, de cette vision d'ensemble, que de ma façon de fragmenter mes journées. Et il faut de l'entraînement pour pouvoir puiser mes forces dans ce but supérieur sur l'instant, quand mon fils est en train de crier, ou plus tard, quand je me remémore cet épisode au travail. Cela va dans les deux sens : certains lundis matin, après un week-end particulièrement chaotique, je savoure le calme qui règne au bureau, l'espace qui s'offre à moi et me permet d'aligner deux pensées. Je savoure ce calme avec une once de culpabilité. Quant à la qualité de ma présence auprès de mes enfants, surtout quand ils sont particulièrement agités, elle dépend elle aussi de ma conscience qu'ils font partie du grand tout.

« Est-ce que le jeu en vaut la chandelle ? » Cela dépend de chaque instant et de chacun. Pour certains, l'aspect financier donne du sens aux journées de travail. Pour d'autres, le sens se trouve dans le sentiment d'appartenance : les relations professionnelles et la culture de l'entreprise sont des raisons de nous lever le matin. Pour d'autres encore, il peut s'agir de participer à une innovation, ou d'aider des gens dans le besoin. Pour beaucoup d'entre nous, la plupart, peut-être, le sens que nous donnons à notre travail est un mélange de plusieurs éléments. Réciproquement, le sens que nous souhaitons donner à notre travail peut être celui qui manque à notre vie. Quoi qu'il en soit, même ceux qui ont connu le plaisir d'un travail ayant vraiment un sens pour eux peuvent perdre cet agréable sentiment (et les bienfaits qui l'accompagnent) en chemin. Peut-être faisons-nous un burn-out à cause d'un rythme soutenu qui entraîne un stress intense, à moins d'être insensibilisés par un stress plus diffus lié à notre quotidien. Peut-être sommes-nous tellement soucieux et stressés par nos tâches quotidiennes, par notre liste de choses à faire, ou distraits par des habitudes comme l'addiction aux appareils électroniques, que nous ne prêtons pas attention à nos émotions – ou, au contraire, nous leur accordons tellement d'importance, qu'elles soient positives ou négatives, que nous perdons de vue l'image d'ensemble. Peut-être avons-nous dévié de notre but petit à petit, un revers (ou une réussite) après l'autre. Peut-être sommes-nous désabusés à force de nous être énervés trop longtemps contre des systèmes dysfonctionnels, ou à force de nous sentir sous-évalués ou mésestimés. Ou encore avons-nous l'impression d'errer sans but au travail, mais pas dans les autres domaines de notre vie, et, en cloisonnant suffisamment nos activités, nous parvenons à ignorer notre souffrance.

Oui, il nous arrive d'errer sans but ; c'est ce que nous ressentons quand nos actions n'ont pas de sens. Il est tout à fait normal de gérer l'inconfort et la déception (voire la douleur profonde ou le sentiment d'horreur) liés à un travail qui n'a pas de sens ou qui s'oppose à nos valeurs en nous renfermant sur nous-mêmes. Nous développons alors des addictions aux réseaux sociaux, à la télévision, à la nourriture ou à la boisson. Cela dit, peu importe à quel point vous vous sentez perdu, enlisé ou insensible, vous n'êtes pas impuissant, vous pouvez revenir à votre but. Et, pour reprendre la métaphore du puzzle, commencez par les coins.

Faire émerger son but

Comme je l'ai déjà expliqué, il y a deux approches pour faire émerger son but : l'une descendante, et l'autre ascendante.

L'approche descendante

Par l'approche descendante, nous affirmons notre but (ou nous essayons, en tout cas), fondé sur des croyances conscientes et auxquelles nous adhérons. Nous pouvons commencer par dresser la liste des cinq valeurs les plus importantes à nos yeux, comme par exemple : la compassion, l'authenticité, etc. Des études ont montré que l'expression de nos valeurs essentielles développait notre résilience et nous permettait d'être moins à plat après des efforts exigeant une certaine force de volonté, comme rester concentré ou dire non à un donut. Une fois que vous avez exprimé vos valeurs, demandez-vous lesquelles sont liées à votre bien-être, puis lesquelles sont liées à celui des personnes qui vous sont chères (dans votre sphère privée mais aussi professionnelle), à celui de votre entourage, et de la société.

Ces questions peuvent accroître votre conscience des divergences entre les valeurs énoncées et vos actes du quotidien. C'est tout à fait normal. Le but n'est pas de nous alarmer ou de nous flageller, mais plutôt d'ouvrir les yeux sur ces lacunes et d'y remédier. C'est là tout l'objet de ce livre. Je vous encourage également à discuter avec des personnes que vous connaissez bien et en qui vous avez confiance. Demandez-leur quelles sont les valeurs qui, d'après elles, sont importantes pour vous (une des questions que posent mes élèves à leur entourage est : d'après vous, qu'est-ce que j'entreprends quand je suis au mieux de ma forme ?), et penchez-vous sur leurs réponses. Dans mes cours, mes élèves doivent envoyer un questionnaire à leurs amis, leurs collègues et leur famille leur demandant ce qu'ils ont observé quand ils (les élèves) étaient déterminés ou passionnés par quelque chose. J'ai moi-même fait cet exercice. Et, de façon plus informelle, je dresse la liste des conseils prodigués par mon comité personnel de mentors et collègues.

La découverte de son but peut prendre plusieurs chemins. La plupart des experts soutiennent l'approche descendante (comme dans l'exercice que je viens de décrire) ou l'approche ascendante (comme dans les exercices à suivre), mais pas les deux. Je recommande au contraire d'expérimenter les deux approches, dans une attitude d'ouverture et de curiosité. Par l'approche ascendante, notre tâche consiste plus à mettre au jour nos valeurs qu'à définir notre but. Nous laissons l'image émerger à partir de questions indirectes et d'exercices non verbaux. Souvent, nos croyances fondamentales sont cachées, elles ne sont pas reconnues par notre esprit conscient. Il est donc difficile de les énoncer avec des concepts rationnels et un langage clair. L'approche ascendante vient creuser en nous pour trouver cette partie de notre être qui sait ce qu'il en est. L'approche descendante nous aide à cartographier les objectifs et intérêts plus larges de notre vie et de notre travail, afin de pouvoir les retrouver dans les tâches que nous devons accomplir au cours de la journée.

L'approche ascendante

Au lieu de vous demander : « Quel est mon but ? » et d'essayer d'y répondre directement, vous pouvez vous tourner vers l'une de ces approches ascendantes. Soyez patient avec vous-même. Les approches ascendantes peuvent être sinueuses et demander du temps avant de vous donner les réponses que vous cherchez.

Suivre son but à la trace

Choisissez un laps de temps raisonnable, une semaine, par exemple, au cours duquel vous restez attentif tout en vaquant à vos occupations, et relevez les moments où vous vous sentez le plus en osmose avec votre but. Observez ce que vous faites dans ces moments-là. Notez ces associations dans un journal. « Quelle sensation est associée à mon but ? » pourrait être votre question. Il peut s'agir d'une impression de vitalité, quand l'effort accompli vous laisse plein d'énergie plutôt qu'épuisé. Une de mes étudiantes de troisième cycle avait remarqué qu'elle était assise « sur le rebord de sa chaise » pendant toute une conférence, et s'est alors rendu compte que le sujet de cette présentation lui tenait vraiment à cœur. Le but peut aussi être associé au calme, car, quand nos actions sont alignées avec notre but supérieur (quand une pièce du puzzle trouve sa place), notre petite voix intérieure n'a plus grand-chose à dire ; nous cessons de douter, nous nous contentons d'agir. Notre esprit est alors apaisé. Nous éprouvons également une certaine fierté – ce fameux état de « flux[XLIX] » évoqué par Mihaly Csikszentmihalyi – quand nous sommes tellement absorbés dans ce que nous faisons que tout nous paraît simple et que nous ne voyons pas le temps passer. Certains décrivent aussi cette impression comme le sentiment d'être en vie. Quand vous êtes-vous senti le plus vivant ?

À la fin de la semaine, ou du temps imparti, relisez vos notes. Décelez-vous un certain schéma associé à votre but ? Certaines activités sont-elles plus particulièrement associées à votre but ? Pouvez-vous opérer des généralisations à partir des cas concrets que vous avez observés ?

Si vous avez besoin de plus de temps pour faire émerger des schémas de cause à effet, vous pouvez prendre plus de recul et essayer un exercice plus visuel qui consiste à tracer votre « ligne de vie ». Dessinez les hauts et les bas de votre vie sur une ligne, en traçant des « sommets » et des « vallées » selon les expériences vécues, et associez-y les schémas et les thèmes correspondants pour essayer de comprendre ce qui vous motive dans la vie et ce qui est important pour vous. Qu'est-ce qui vous a sorti de cette vallée pour vous faire grimper sur ce pic ? Votre ligne de vie peut être plus ou moins détaillée et inclusive, elle peut couvrir de nombreux domaines ou se focaliser sur un seul en particulier, et s'étaler sur le nombre d'années que vous voulez (vous pouvez y inclure votre adolescence, par exemple), tant qu'il y a assez de matière pour inclure à la fois des pics et des vallées – autrement dit, assez de données pour que les liens de cause à effet puissent émerger. (Et, quoi qu'il en soit, cet exercice part évidemment du principe que les pics et les vallées sont naturels, et sont présents dans toute vie humaine.)

Visualiser son but

Au Compassion Cultivation Training[1] de Stanford, nous pratiquons parfois une visualisation au cours de la première semaine de formation afin d'aider les participants à faire émerger le but de leur présence à ce cours : imaginez-vous dans un champ au milieu duquel se trouve un puits. Ramassez une pierre, qui est imprégnée d'une question sur les intentions sous-jacentes à une de vos activités (votre travail ou autre). Représentez-vous en train de jeter la pierre dans le puits, et soyez à l'écoute de ce qui émerge en vous. Vous n'obtiendrez sans doute pas une réponse exhaustive à cette question, mais beaucoup de gens ont été surpris par les images et les mots révélateurs qui ne leur seraient pas venus à l'esprit si on leur avait posé la question directement.

Refléter son but

Vous pouvez aussi penser à des personnes que vous admirez et faire le lien entre ce que vous appréciez chez elles et vos propres valeurs. Tenzin Priyadarshi, du dalai-lama Center for Ethics, au MIT, utilise les grandes figures d'inspiration dans ses formations au leadership transformatrices. Se pencher sur les qualités qui nous inspirent chez Desmond Tutu, Ruth Bader Ginsburg ou Beyoncé nous éclaire sur nous-mêmes. Dans la métaphore bouddhiste traditionnelle, la personne que nous admirons est comme un miroir de ce qu'il y a de meilleur en nous. Plus près de vous, peut-être tenez-vous un collègue en grande estime. Qu'est-ce qui vous inspire chez lui ? Une figure d'inspiration

1. Formation à la compassion.

n'a pas besoin d'être parfaite : sa capacité à se frayer gracieusement un chemin à travers la pagaille quotidienne qui règne dans le service peut suffire à lui donner ce rôle. Concentrez-vous seulement sur les qualités que vous admirez. (Et, s'il vous est impossible de trouver quelqu'un que vous admirez au travail, c'est en soi une révélation.)

Mes élèves d'école de commerce pratiquent ces exercices chez eux, avant de partager en cours ce qu'ils ont appris. Pour vous donner une idée de la façon dont se déroule ce processus, voici quelques exemples issus de leurs expériences :

Ma plus grande révélation a été celle de la vallée [quand j'ai dessiné ma ligne de vie]. Les moments de ma vie où je sentais que j'errais sans but sont ceux pendant lesquels je devais dissimuler mes motivations ou d'autres informations importantes aux yeux de ceux avec qui je travaillais ou qui dépendaient de moi. Cela m'a amené à penser aux valeurs de transparence et d'honnêteté. Le but de ma vie inclut donc mon intention d'être aussi transparent et honnête que possible, surtout avec les personnes qui ont le même objectif que moi. Je crois avoir travaillé sur ce but cette semaine, mais il y avait en fait très peu d'opportunités de le mettre en pratique.

Je trouve que mon but est rarement en première ligne. Il est vrai que je m'occupe en priorité de mes enfants, mais je cours aussi après des choses qui ne sont pas essentielles à mes yeux. Cette semaine, j'ai assisté à une conférence sur la question du genre dans le milieu universitaire. La recherche sur l'égalité des sexes m'intéresse beaucoup, et ces discussions ont un lien direct avec ce qui me passionne, mais j'ai failli manquer la conférence pour pouvoir finir ce que j'avais à préparer pour les cours. Heureusement, j'y suis allée, et je me suis retrouvée assise sur le rebord de mon siège pendant presque toute la conférence. Comment trouver un moyen de poursuivre mon but avec plus de détermination et d'intention ?

Je ne sais pas quel est mon but. En fait, j'ai misérablement échoué à l'exercice effectué en cours, et aucune sensation ne m'est revenue en retraçant les hauts et les bas que j'ai vécus. Mais, si je pars de mes valeurs pour découvrir mon but, je pourrai peut-être m'en approcher. J'attache énormément d'importance à l'empathie. Je suis profondément touché quand je suis témoin d'un acte de bienveillance, et je bous face au mépris et à l'égoïsme.

Si l'image de votre but vous est pour l'instant invisible ou floue, donnez-vous le temps d'essayer les exercices de cette rubrique, de dormir dessus… et ne paniquez pas. Apprendre à découvrir son but est, en soi, une intention tout à fait respectable. Notre but se construit en permanence. C'est un processus qui consiste à voir ce qui fonctionne et ce qui ne fonctionne pas. Vous pouvez toujours le revoir et le réécrire.

Comment sortir de l'impasse

Quand notre créativité est « bloquée », il se peut que nous soyons freinés par une perspective trop étroite. Nous nous engluons. L'antidote bouddhiste traditionnel consiste à faire une « offrande symbolique », dans laquelle nous nous visualisons en train d'offrir nos biens, nos mérites ou notre statut social à un symbole d'éveil ou de liberté. Ainsi, et pour prendre un exemple concret, si je me retrouve bloquée dans l'écriture de mon livre, je me rappelle le but de ce livre (aider autrui, satisfaire mon besoin de communiquer) et offre alors le défi que je dois relever à ce but supérieur. Je peux le faire mentalement, ou écrire à ce sujet pendant quelques minutes, mais l'offrande peut aussi prendre une forme physique symbolique : je peux allumer une bougie (si je travaille chez moi) ou déposer un objet évocateur devant une image qui représente mon but supérieur. Vous pouvez, sur votre lieu de travail, accrocher une image représentant vos buts les plus grands au travail, et déposer devant elle un fruit ou du chocolat. Plus tard dans la journée, vous pourrez offrir cette gourmandise à un collègue, la mettre dans la salle du personnel, ou la savourer vous-même en pleine conscience.

Faire grandir son but

C'est peut-être une bonne chose que de découvrir l'image sur la boîte du puzzle, mais, étant donné la complexité de notre vie, comment aller au-delà de l'identification de ce but, en particulier au travail ? Comment passer à l'étape suivante ? La réponse se trouve dans la pratique de la pleine conscience. En faisant des efforts constants pour clarifier nos intentions et pour aligner notre attention et nos actes sur cette raison d'être, même pendant les tâches les plus mondaines, nous pouvons garder notre but en tête, et en première ligne.

Nul besoin de gestes grandioses pour agir selon votre but supérieur. Vous n'avez pas besoin de démissionner pour aller vivre dans un ashram. Mais dans la mesure où un but supérieur est, par définition, supérieur, puisqu'il se rapporte à quelque chose de plus grand que notre petite personne, avoir un but et le formuler est par nature un acte intimidant, potentiellement vertigineux, et qui a tendance à nous laisser plus perplexes qu'inspirés. Nous craignons de ne pas pouvoir nous envoler si haut, et nous ne savons pas comment rendre notre but plus terre à terre.

Un but supérieur rencontre la réalité avant tout dans notre intention. Nous avons tendance à sous-estimer la manière dont elle impacte nos actions, et pourtant l'intention constitue la première étape vers la réalisation de notre but. Nous ne risquons pas de réduire le fossé entre ce qui est et ce que nous voulons atteindre si nous ne connaissons pas notre but. Pour que notre comportement soit conforme à notre intention (et c'est ce qu'implique la définition même de l'intention), il ne suffit pas d'annoncer cette dernière une fois pour toutes et de la jeter ensuite aux oubliettes. Nous devons nous en souvenir. Nous devons la garder à l'esprit, la contempler le plus souvent possible.

Dans la pratique traditionnelle bouddhiste, il est courant de réciter ces vers : « Puissé-je être le protecteur des abandonnés, le guide de ceux qui cheminent, et, pour ceux qui désirent l'autre rive, être la barque, la chaussée, le pont ; être la lampe de ceux qui ont besoin de lampe, le lit de ceux qui ont besoin de lit, le serviteur de ceux qui ont besoin de serviteur ; être la Pierre de miracle, l'Urne d'abondance, la Formule magique, la Plante qui guérit, l'Arbre qui réalise les souhaits, la Génisse qui exauce les désirs[1] ! » Et si votre première pensée de la journée n'était pas « je déteste le lundi » ou autres ruminations du genre, mais une prière comme celle-ci ? Les pratiquants bouddhistes mahayana cultivent « l'esprit d'éveil » (la *bodhicitta*) ; ils s'éveillent à la sagesse et à la compassion, notamment en récitant des vers qui expriment des buts élevés et transpersonnels d'éveil et de bonheur pour tous les êtres, et qui affirment leur intention de devenir un instrument de ces idéaux. Dans les traditions abrahamiques, les gens prient pour devenir un instrument de la volonté de Dieu.

La pratique laïque consistant à cultiver notre intention paraîtra

1. Shantideva, *La Marche à la lumière,* III, 6, 21, trad. Louis Finot, Les Deux Océans.

sans doute plus simple, et moins grandiose, mais elle n'en sera pas moins puissante. Avec des mots qui nous parlent et sonnent juste à nos oreilles (par exemple, en reprenant ce que nous avons formulé à l'issue des exercices des approches descendante et ascendante), nous annonçons notre meilleure intention avant d'agir. Nous pouvons fixer une intention chaque matin. (« Aujourd'hui, j'ai l'intention d'être vraiment attentif quand on me parle, parce que je veux vivre dans un monde où les gens sont encore capables de s'écouter les uns les autres. ») Ou juste avant le coup de fil d'un ami. (« Je n'ai pas beaucoup de temps et cela peut être ressenti comme de l'impatience de ma part. Alors, l'essentiel, c'est qu'il sache à quel point je chéris son amitié. ») Nous pouvons annoncer notre intention mentalement ou à voix haute, et nous verrons à force de pratique que nous aurons besoin de moins de mots, parfois même d'aucun. « Aujourd'hui, j'écoute vraiment » pourrait devenir notre intention du matin en abrégé – et nous saurons ce que cela signifie. Ou, comme nous éprouvons tous un sentiment singulier en pensant à un ami qui nous est cher et à ce que cette amitié signifie pour nous, nous pourrions invoquer ce sentiment le temps d'un instant, au moment où notre ami nous salue. Nous l'éprouvons dans notre cœur. Et prenons le temps, dans la salle du personnel, de demander à une collègue des nouvelles de son petit-fils, et d'écouter sa réponse.

Plus nous nous entraînerons à fixer une intention, plus nous accéderons facilement au but qui se loge dans cette intention. Et plus nous nous rappellerons notre intention, plus nous parviendrons facilement à déterminer si notre comportement est approprié. C'est ainsi que nous imprégnons de sens chaque jour et chaque instant ; en réunion, au téléphone, dans les transports, en aidant nos enfants à s'habiller le matin, et dans les dernières paroles de la journée adressées à notre partenaire. Ainsi, chaque action est une opportunité de pratiquer. Parce que chaque action compte.

Dans les sociétés traditionnelles, les rituels religieux et les coutumes servaient à rappeler à chacun son but. On n'oublie pas d'aller au temple ou à l'église quand « tout le monde » y va et quand « tout le monde » s'attend à ce que vous y alliez aussi. Dans notre société moderne, laïque et individualiste, nous devons nous débrouiller tout seuls, sans ce soutien structurel, et avec beaucoup plus de distractions qui peuvent nous éloigner de notre but. Nous n'héritons pas d'un but commun, accompagné de rites qui nous le rappellent ; c'est pour cela que nous devons les forger nous-mêmes.

Établir des priorités

Définir un but clair et précis ne se fait pas une fois pour toutes. Oui, nous devons commencer par œuvrer à exprimer notre but, ce qui nous aide à établir une direction, mais nous devons le réexaminer, encore et encore. Une étoile polaire ne peut nous guider si nous ne levons pas les yeux vers elle. Nous nous demandons souvent comment faire en sorte que notre comportement soit cohérent avec notre but. Chaque fois que nous jetons un coup d'œil à notre liste de tâches, nous avons l'opportunité d'énoncer notre but, de nous rappeler que nous pouvons aligner nos actes sur notre but. Vivre avec intention implique d'être attentifs, en permanence, à ce qui soutient notre but. Et une des clés consiste à établir des priorités.

Classer nos tâches par ordre de priorité – c'est-à-dire avoir conscience que le large éventail de possibilités d'action peut nous distraire des choses sur lesquelles nous devrions focaliser notre attention – est une compétence que possèdent à la fois les grands pratiquants spirituels et les chefs d'entreprise. Pour établir nos priorités, la première des pratiques auxquelles nous nous attelons dans le bouddhisme traditionnel consiste à prendre conscience de notre mortalité. Si nous souhaitons garder à l'esprit la brièveté de la vie, ce n'est pas pour nous démoraliser. C'est pour nous aider à prendre du recul, à prioriser le plus important, et à cultiver la volonté de nous en occuper sans tarder. L'ordre de priorité ne doit pas être parfait, mais il doit être réexaminé, encore et encore. Le processus de *dampa sum* (« bien au début, bien au milieu, bien à la fin ») convient parfaitement à cette approche : fixer des intentions, agir en conséquence, examiner le déroulé et résultat de l'action, y réfléchir et fixer à nouveau des intentions, en changeant de stratégie si nécessaire.

Le bouddhisme n'a pas le monopole des pratiques incitant à porter notre attention vers un but supérieur tout au long de la journée, de la semaine et de l'année. La vision millénaire incarnée par les franciscains dans leur cycle quotidien de prière, de repas, d'étude et de service est un autre exemple d'intention ritualisée. C'est un prêtre franciscain de Jamaica Plain, à Boston, dans le Massachusetts, le père Jack Rathschmidt, qui m'a ouvert les yeux sur la futilité du désir de tout équilibrer. J'étais alors à l'université, enceinte, et faisais face au courroux de ma commission, non seulement parce que j'interrompais mes études pour avoir un enfant, mais aussi parce que je me préparais à déménager à l'autre bout du pays. Le père Jack m'a fait remarquer que la métaphore de la balance à l'équilibre nous pousse à vouloir tout gérer à la fois. Or, il défend l'idée qu'il vaut mieux organiser notre quotidien et nos tâches diverses et variées en ayant en tête l'idée de maintenir un certain rythme. Ce rythme nous laisse accomplir ce qui est le plus important à nos yeux tout au long de nos journées et de nos semaines, tout en répondant à d'autres obligations.

Établir des priorités implique de reconnaître et d'accepter que nous ne résoudrons jamais le problème d'une charge de travail trop importante en réduisant cette dernière. Nous ne pouvons pas diminuer notre charge de travail, nous ne pouvons pas échapper à nos responsabilités, mais nous pouvons changer notre façon de penser le travail, et établir des priorités.

Rester concentré sur son but

Choisir de prêter attention à son but et de le visualiser est un acte fondamental de créativité. Car, que nous le sachions ou non, nous bâtissons notre monde en permanence. Avec la pleine conscience, nous introduisons une intentionnalité dans le processus, au lieu de nous trouver accidentellement dans des mondes que nous construisons sans le savoir et que nous préférerions ne pas connaître. Les pratiques bouddhistes et celles d'autres religions exploitent le pouvoir de la visualisation depuis des millénaires. Plus récemment, la psychologie contemporaine a montré l'influence de la visualisation sur les performances sportives et dans le domaine professionnel. Comme l'a écrit Martha Beck, sociologue et chroniqueuse du magazine *O* : « Ce n'est pas parce que nous imaginons quelque chose que cela va forcément arriver (ce n'est pas magique), mais, si nous ne l'imaginons pas, il est probable que ça n'arrive pas. Représentez-vous le résultat auquel vous souhaitez parvenir. »

Quand nous jonglons avec plusieurs priorités, nous avons souvent l'impression qu'elles entrent en conflit les unes avec les autres et qu'elles nous entraînent dans des directions opposées. Établir des priorités devient alors une tâche ardue. Comment ne pas perdre de vue ce qui compte vraiment ? Que faire lorsque, perdus dans les menus détails de notre quotidien, nous en oublions nos grands projets ? Comment garder le cap sur notre but ?

C'est la raison d'être des réunions d'équipe quotidiennes, qui se développent de plus en plus au sein des entreprises. Pour beaucoup d'entre nous, les priorités concrètes d'une journée de travail ne correspondent pas toujours à ce qui est inscrit sur notre planning. Une réunion d'équipe matinale nous aide à définir un ordre du jour (ou une intention), et à revenir à l'essentiel. Si cette forme de réunion ne vous paraît pas appropriée dans votre entreprise, vous pouvez reprendre cette idée et commencer votre journée en dressant la liste de vos priorités. Identifiez la tâche la plus importante de cette liste et organisez-vous au mieux pour vous en acquitter.

On entend beaucoup dire aujourd'hui que les listes de tâches sont inutiles, qu'elles nous détournent de nos vraies priorités. Une de mes anciennes élèves avait perdu un jour la liste en question – elle ne l'avait pas rédigée sur un appareil électronique mais sur un carnet, à l'ancienne – et elle a raconté qu'une fois la panique initiale dissipée elle s'était sentie libérée. Elle s'était alors aperçue que sa liste ne reprenait que des tâches triviales qu'elle ne cessait de déplacer ou de reporter d'une semaine sur l'autre.

Au travail, nous pouvons apaiser notre angoisse de ne pas réussir à tout faire, cette peur qui nous tétanise et nous empêche d'accomplir quoi que ce soit, en revenant à ce qui est essentiel à nos yeux à l'instant présent – à notre priorité. Nous pouvons nous demander et/ou demander à notre équipe : à quel besoin devons-nous répondre, quelle problématique devons-nous résoudre en priorité ? C'est à cela que nous devons nous affairer, pas à ce que nous avons griffonné sur notre planning du jour. Et, comme (heureusement) nous nous sommes entraînés à l'art d'être en pleine conscience avec intention, nous sommes capables de nous en rendre compte quand nous priorisons mal nos tâches, ou quand nous nous détournons de notre but.

Le vendredi est le jour idéal pour faire le point avec son « chef de projet intérieur ». Dans quelle mesure avez-vous réussi à être attentif à chaque tâche ? Avez-vous atteint votre objectif de la semaine, en donnant du sens à chaque activité ? Mais rappelez-vous : une feuille de route n'est pas faite pour être gravée dans la pierre. En réalité, planifier et aiguiser votre attention devrait justement vous équiper de la confiance nécessaire pour vous débarrasser d'un projet, pour dire non, ou déléguer si nécessaire, afin de pouvoir consacrer votre temps à ce qui vous permettra d'atteindre au mieux vos objectifs. Et vous pouvez commencer la semaine suivante en réexaminant votre but supérieur.

Il est très courant de laisser passer des journées entières en un clin d'œil sans se pencher sur ce que l'on en a fait. Considérez plutôt vos journées comme des milliers de petits moments qui traversent votre vie. Et vous pouvez consciemment choisir d'en profiter au maximum. Savoir ce que vous faites, et pourquoi, vous permet non seulement d'avoir un sentiment d'accomplissement, mais aussi de sentir que vos actions comptent vraiment.

La pleine conscience de notre but nous permet d'exprimer le meilleur de nous-mêmes, de notre travail, et de notre vie. Elle nous aide à nous réorienter quand nous sommes perdus, et nous inspire quand nous sommes bloqués. Si nous abordons chaque nouvelle journée avec une intention, nous nous assurons que la lumière de cette étoile lointaine pourra continuer à nous guider. Concrètement, dans notre vie quotidienne, dans notre environnement professionnel actuel, vivre en accord avec notre but peut tout simplement se traduire par donner la priorité à des tâches qui nous font avancer vers des objectifs plus grands. Certains jours, nous faisons de grands pas ; d'autres jours, de plus petits. Mais chaque pas est important, pour nous, pour les gens qui nous entourent, pour notre entreprise et pour le monde.

PARTIE II

Apporter tout ce que nous sommes au bureau

4

Cultiver la compassion

« Il y a deux grandes forces dans la nature humaine : l'intérêt personnel et l'envie d'aider les autres ; et les gens réussissent quand ils sont poussés par un "moteur hybride" combinant ces deux forces. »

Bill Gates, Forum économique mondial, 2008

Il y a quelques années, on a beaucoup entendu parler, dans la presse américaine, de l'histoire très touchante d'Edith Macefield. C'était une dame âgée qui vivait dans une petite maison à Seattle. Son quartier était en pleine expansion, les immeubles remplaçaient rapidement les pavillons. Les promoteurs immobiliers voulaient construire un centre commercial dans la rue d'Edith, et lui ont proposé de lui racheter sa petite maison et son terrain pour un montant de 750 000 dollars, alors qu'ils en valaient environ 120 000. Quand elle a décliné leur offre, ils ont fait grimper leur proposition à 1 million de dollars. Elle a encore refusé. Ils ont donc décidé de bâtir la galerie marchande autour de sa maison. Peu de temps après le début des travaux, le centre commercial entourait son terrain sur trois côtés. Le maître d'œuvre du projet, Barry Martin, s'arrêtait de temps en temps chez Edith pour s'assurer qu'elle allait bien. Il lui donna sa carte de visite en lui disant de lui téléphoner si elle avait besoin de quoi que ce soit.

Un jour, elle appela donc Barry et lui demanda s'il pouvait la conduire chez le coiffeur. Il accepta de lui rendre ce service, et avec le temps il se mit à l'accompagner à tous ses rendez-vous. Au fur et à mesure qu'ils apprenaient à se connaître, elle lui racontait sa vie. Elle avait toujours des histoires extraordinaires, que Barry avait peine à croire – elle disait par exemple avoir été une espionne pendant la Seconde Guerre mondiale, et être la cousine de Benny Goodman, « le roi du swing ». Bien qu'il fût tout d'abord sceptique, Barry finit par avoir la preuve que ses histoires à dormir debout étaient vraies. Petit à petit, il devint son principal aidant.

Pendant les dernières années de la vie d'Edith, c'était Barry qui prenait les rendez-vous avec son médecin, préparait ses repas, et lui rendait visite dès qu'il le pouvait. Malgré les conflits d'intérêt, la différence d'âge, et toute l'attention et les soins que l'état de santé d'Edith réclamait, il en était venu à lui porter beaucoup d'affection, et c'est lui qui est resté à ses côtés jusqu'au dernier jour.

L'amitié invraisemblable entre Edith et Barry fit les choux gras des journaux, parce qu'il s'agissait là d'un véritable scénario de David contre Goliath : le méchant promoteur et la pauvre vieille dame, qui s'avèrent être des personnes bien plus complexes que les stéréotypes le laisseraient supposer. Mais, ce qui me touche particulièrement dans leur histoire, c'est que, malgré leur conflit notable, Edith et Barry ont réussi à accomplir un miracle : ils se sont vus avant tout comme des êtres humains, et, en reconnaissant leur humanité commune, ont développé une relation pleine d'affection, qui comptait beaucoup à leurs yeux.

Pour en arriver là, pour franchir les barrières qui nous séparent et comprendre une personne qui, sur un sujet qui nous tient à cœur, ne partage pas nos convictions, nous avons besoin d'une composante essentielle de la pleine conscience : la compassion. Quand nous sommes capables, à l'instar de Barry et Edith, de considérer les autres comme des êtres humains, comme des êtres imparfaits, maladroits et encore en construction (exactement comme nous !), quand nous résistons à la tentation de les catégoriser comme « les autres » ou de les réduire à une seule dimension de leur être, nous adoptons une perspective qui nous permet de devenir plus compatissants.

Qu'est-ce que la compassion ?

Si le concept de compassion est, comme j'ai pu l'entendre, un sujet éculé, je continue de croire qu'il est souvent mal compris. À l'instar de nombreux principes de pleine conscience, la compassion est à la fois simple et complexe. La définition de la compassion est plutôt claire : c'est la capacité et la volonté de reconnaître la souffrance et de choisir de s'en préoccuper plutôt que de détourner le regard. Mais agir avec compassion peut s'avérer un peu plus délicat. La compassion peut prendre la forme d'un coup de main à un collègue débordé. Mais elle peut aussi nous pousser à dire à un membre de l'équipe que son mode de communication a des conséquences négatives sur le bien-être de ses collaborateurs. La compassion demande d'avoir assez de respect envers quelqu'un pour critiquer ses impairs et l'encourager à se montrer plus responsable. Être compatissant ne signifie pas éviter les conversations difficiles ou inconfortables mais y faire face.

Dans le Cultivating Compassion Training que j'ai aidé à mettre en place avec Thupten Jinpa, le principal interprète anglophone du dalaï-lama pendant trente ans, nous définissons la compassion comme la reconnaissance de la souffrance, le sentiment de préoccupation et de connexion à l'autre, le désir de soulager la souffrance, et la volonté d'agir en conséquence. La compassion ne consiste pas à s'apitoyer sur la détresse d'autrui, à être un héros, à toujours dire oui, à être naïf ou à se laisser marcher sur les pieds. Comme l'affirme Jinpa : « Cultiver la compassion ne nous pousse pas à estomper la distinction entre nos amis et nos ennemis. Cela nous enseigne plutôt une méthode qui n'exclut pas automatiquement la possibilité de nous sentir concernés par la douleur et la peine de quelqu'un sous prétexte qu'il est un étranger ou un ennemi à nos yeux. »

Dans le bouddhisme, un exercice consiste à considérer son adversaire comme un enseignant spirituel. Mais le bouddhisme n'est pas la seule religion à encourager la compassion : le christianisme, le judaïsme et l'islam nous incitent à nous montrer compatissants non seulement envers nos proches, mais aussi, et surtout, envers les étrangers et nos adversaires. La plupart des traditions contemplatives affirment qu'il nous est possible de nous montrer compatissants et bienveillants envers nos ennemis. La réticence du christianisme à jeter la première pierre est fondée sur la reconnaissance de notre imperfection partagée. Dans la synagogue juive, Dieu est nommé « le Compatissant », et on demande aux juifs « d'aimer [l'étranger] comme eux-mêmes ». Dans le Coran, « le butin provenant [des biens] des habitants des cités, qu'Allah a accordé sans combat à Son Messager, appartient à Allah et à Son Messager, mais aussi aux proches parents, aux orphelins, aux pauvres et au voyageur en détresse, afin que cela ne circule pas parmi les seuls riches d'entre vous ». Pour les traditions contemplatives du monde entier, le cœur humain est capable d'un si grand amour qu'au lieu de réagir à la souffrance causée par autrui avec hostilité et désir de vengeance il peut répondre au persécuteur par la compassion et la compréhension.

Si les traditions de sagesse nous enseignent beaucoup sur la compassion, cette dernière n'est pas et ne devrait pas être confinée aux lieux de culte. Elle est une valeur universelle, qui doit s'appliquer à la caisse du supermarché comme dans les embouteillages, à l'école comme au travail, partout où la souffrance n'est que trop répandue.

D'après une étude menée par Accountemps et publiée dans le magazine *Fortune*, les directeurs et les cadres des 1 000 plus grandes entreprises américaines passent 13 % de leur temps de travail (l'équivalent de sept semaines par an) à essayer d'améliorer les relations entre les employés ainsi qu'à gérer les répercussions des incivilités. L'incivilité est définie comme l'impolitesse au travail, et c'est le domaine de recherche de Christine Porath, professeure à Georgetown University[L]. Avec l'aide d'autres chercheurs, elle a prouvé que l'incivilité coûtait énormément aux entreprises. L'article le plus récent de Porath sur le sujet, qui évoque un sondage sur « la politesse aux États-Unis », montre que 70 % des Américains « considèrent que l'incivilité a pris des proportions dramatiques[LI] ».

Dans les faits, les gens préfèrent souvent saboter un projet plutôt que de voir leur adversaire réussir, ou payer un expert-conseil pour que le problème ne soit pas résolu par un collègue qu'ils haïssent, et qui en obtiendrait les mérites. Les chercheurs ont tenté de déterminer le coût des incivilités dans le monde de l'entreprise. Dans un environnement professionnel où règne l'impolitesse, 50 % des employés se montrent volontairement moins efficaces au travail, la moitié d'entre eux sont plus souvent en arrêt maladie, 33 % produisent intentionnellement un travail de moins bonne qualité, 80 % perdent leur temps à ruminer, 60 % passent leur temps à éviter quelqu'un, 78 % affirment que leur engagement professionnel s'amoindrit, et 25 % admettent avoir eu un comportement incorrect avec des clients. De plus, ceux qui travaillent dans un environnement professionnel où règne l'incivilité font plus d'erreurs – ce que Porath attribue au « détournement » des fonctions du cerveau (en particulier de la mémoire de travail), qui est occupé à traiter l'impolitesse. La créativité diminue également quand les gens travaillent dans un milieu empreint d'incivilité. Et cette impolitesse n'est pas rare ; elle se développe de plus en plus dans le monde de l'entreprise. Près de la moitié des personnes interrogées en 1998 ont déclaré être victimes d'incivilités au moins une fois par mois, un chiffre qui a grimpé à 55 % en 2011 et à 62 % en 2016. Enfin, cela entraîne d'énormes dépenses liées au turnover des employés.

Nous avons tous, ou presque, vécu des moments de tension au travail, mais l'incivilité peut devenir un véritable problème si elle se transforme en harcèlement. Le site d'emploi en ligne Career Builder[LII] a récemment interrogé plus de 5 600 personnes sur leur vécu de l'impolitesse au travail. Plus de 25 % de celles qui ont répondu à l'enquête ont affirmé être victimes de harcèlement au travail. L'American Psychological Association[LIII] estime que le harcèlement et les autres formes de comportement abusif au travail coûtent 300 milliards de dollars par an aux entreprises américaines en raison des pertes de productivité, de l'absentéisme, du turnover et de l'augmentation des frais médicaux. Les personnes qui se sentent harcelées ne se concentrent pas sur leur travail ; elles sont occupées à ressasser leur malheur, à parler aux autres de leur mésaventure, et à chercher un autre emploi.

Une des façons d'atténuer notre mécontentement et celui de nos collègues consiste à pratiquer consciemment la compassion. J'aime l'appréhender comme quelque chose que nous cultivons, que nous ritualisons au cours de la journée. Nous ne nous contentons pas de ressentir de la compassion, nous agissons avec compassion. Elle s'exprime à chaque instant à travers le choix de ne pas regarder quelqu'un de haut, de ne pas colporter de commérages à son sujet, mais de rester en contact avec ce sentiment d'inconfort qui nous envahit face à son comportement – et de savoir que, nous aussi, nous provoquons parfois ce sentiment chez les autres.

En définitive, la meilleure définition de la compassion est peut-être la conscience de nos propres imperfections, qui nous donne la capacité d'être patients face à celles d'autrui. Cette vision émane de la pratique de la pleine conscience et permet d'établir un rapport d'égal à égal avec les autres. Il ne s'agit pas de regarder de haut ceux qui souffrent plus que nous, ou d'admirer le dalaï-lama sous prétexte qu'il serait plus compatissant que nous. Nous sommes tous des êtres humains, capables de ressentir et d'agir avec compassion.

Les preuves des bienfaits de la compassion au travail ne cessent de s'accumuler. Pour commencer, la compassion nous rend plus efficaces, et améliore la santé et la résilience. Elle nous aide à apprendre, à innover, à être plus performants, à coopérer, à collaborer, à être sincères, à éviter le burn-out, à gérer les personnes « difficiles », et à acquérir et développer de nouveaux talents.

Mais, ce qui est sans doute plus important, c'est que la compassion nous relie aux autres – et on ne saurait insister suffisamment sur le pouvoir du lien social dans le milieu professionnel. Le travail est un des moyens par lesquels nous trouvons notre place dans le monde, et la valeur que nous lui attribuons dépend en grande partie de la façon dont il est estimé par les autres. Ainsi, les personnes qui ont beaucoup d'amis dans leur environnement professionnel respectent mieux les échéances que celles qui en ont moins, parce qu'elles sont plus attentives aux conséquences qu'un retard implique sur le travail de leurs collègues et se sentent plus solidaires de leur équipe. Nous sentir reliés à nos collègues nous aide aussi à les amener à partager leurs idées, ce qui est un atout dans les collaborations stratégiques. Si de nombreuses cultures d'entreprise encouragent la compétition, il est important de saisir la limite entre stimuler les employés et créer un environnement toxique qui entrave leur productivité. Quand nous considérons nos collègues comme des concurrents, c'est tout notre travail qui en pâtit.

La compassion est bonne pour la santé

La compassion nous permet d'avoir des relations plus fortes et plus agréables. Or, les recherches montrent que le lien social est essentiel pour notre santé et notre bien-être. À travers 148 études différentes (qui ont regroupé 308 849 participants au total), on a pu constater que le manque de lien social avait des effets plus dévastateurs sur la santé que l'obésité, la cigarette ou l'hypertension[LIV]. Ceci est valable quel que soit l'âge, le sexe, l'état de santé initial, la cause du décès ou la période de suivi des personnes étudiées. À l'inverse, des liens sociaux forts stimulent notre système immunitaire, diminuent les inflammations au niveau cellulaire, et nous aident à guérir plus rapidement. La qualité de nos relations peut même augmenter notre durée de vie : on a pu relier la qualité des liens sociaux à une augmentation de 50 % de la longévité.

Rappelez-vous que, même si nous avons tendance à croire que des sacrifices personnels sont nécessaires à notre réussite professionnelle, notre bien-être et notre réussite au travail sont liés à la qualité de nos relations qui dépend avant tout de notre capacité à nous relier aux autres de façon constructive. C'est ainsi que la compassion rayonne sur notre vie tout entière.

Il est vrai, bien sûr, que jusqu'à un certain point la compétition est tout à fait naturelle, et même avantageuse. Mais, au cas où vous souhaiteriez jeter aux oubliettes ma théorie sur l'importance d'un environnement professionnel compatissant sous prétexte qu'elle est désespérément naïve, écoutez ceci : l'évolution ne repose pas que sur la compétition et l'agressivité. Bien que le nom de Charles Darwin soit devenu inséparable de l'expression « la survie du plus apte », Darwin a aussi déclaré que « les associations contenant le plus grand nombre de membres éprouvant de la sympathie ont dû réussir et élever un plus grand nombre de descendants[LV]. » Fidèle au langage de son époque, Darwin nomme cette qualité « la sympathie », mais, ce qu'il entend réellement par là, c'est la compassion. Pour la biologie de l'évolution, la compassion est un comportement prosocial et coopératif qui aide à maintenir la cohésion du groupe, améliore la prise en charge des descendants et des membres les plus vulnérables, renforce la réputation et la survie du groupe, et permet d'avoir des relations coopératives avec les personnes extérieures à la « tribu ».

Du point de vue de la génétique, nous partageons plus d'ADN avec nos amis les humains qu'avec n'importe quelle autre espèce, même nos plus proches cousins, les gorilles. Du point de vue de la biologie évolutive, nous partageons une origine commune, à laquelle nous pouvons remonter grâce au génome mitochondrial. Il y a donc un fondement scientifique à la pensée selon laquelle les autres sont « exactement comme nous », ou même « nous faisons tous partie de la même famille ». L'idée de notre humanité commune (ou, comme j'aime le dire, de notre embarras commun) part du principe que les autres souffrent et que leur souffrance est semblable à la nôtre. Sur ces bases, la compassion devient possible.

Cette construction mentale qui consiste à puiser dans notre vécu commun ne vise pas à comparer ou à minimiser la souffrance – tout le monde a des problèmes, et, qu'ils soient graves ou plus anodins, ils n'en sont pas moins réels. Se dire qu'on n'a pas le droit d'être anxieux avant une présentation qui comporte de gros enjeux parce que des gens meurent de faim dans le monde n'a jamais aidé personne. Alors, quand des facteurs de stress menacent quotidiennement de prendre le dessus, la perspective de notre humanité commune peut nous être utile. Il est rassurant de savoir que nous ne sommes pas les seuls à souffrir ; que nous partageons tous une même histoire, une même origine, ce même embarras. Il y a des chances, par exemple, pour que d'autres personnes présentes à cette réunion soient elles aussi inquiètes au sujet de leur propre intervention. Et que les participants à la réunion ressentent toute une gamme d'émotions liées à ce qui a pu leur arriver dans la journée. Quand nous identifions nos points communs, nous pouvons mettre l'accent sur nos similitudes plutôt que sur nos différences.

L'écrivaine Susan Sontag a déclaré un jour : « Les écrivains de fiction sérieux pensent aux problèmes moraux de façon concrète. Ils racontent des histoires. Ils commentent. Ils évoquent notre humanité commune dans des récits auxquels nous pouvons nous identifier, même si les vies qu'ils dépeignent peuvent être très éloignées de la nôtre. Ils stimulent notre imagination. Les histoires qu'ils racontent élargissent et complexifient – et, de ce fait, développent – notre compassion. Ils éduquent notre capacité à exercer un jugement moral. » J'ai découvert cette citation dans sa nécrologie parue dans le *Los Angeles Times*, et j'ai trouvé que c'était la description parfaite de la pratique de la compassion. Quand nous regardons le monde à travers le prisme d'une humanité partagée, nous nous libérons de notre perspective ennuyeuse. Quand nous le regardons à travers les yeux d'un autre, nous développons notre capacité à avoir un comportement éthique, y compris dans notre environnement professionnel.

Cela ne veut pas dire que, quand quelqu'un commet une bévue, nous devrions nous contenter de sourire et d'ignorer son erreur ou de le laisser faire. Mais, plutôt que de nous emporter ou d'imaginer le pire, nous pouvons commencer par chercher à comprendre ce qui lui est passé par la tête, ou ce qui lui est arrivé ce jour ou cette semaine-là et pourrait expliquer son attitude. Ensuite, nous pouvons reconnaître notre colère ou notre frustration liée à son comportement, tout en sachant que nous arriverons à une meilleure résolution du problème en prenant en compte sa version de l'histoire avant d'élaborer un plan pour éviter que cela se reproduise.

La compassion nous aide aussi à être moins critiques. Le jugement nous fait mal, à tous. Au juge lui-même (parce que c'est amer et aliénant) comme à ceux qui sont jugés. C'est une mauvaise habitude que nous pouvons transformer avec de la pratique. Au lieu de juger, nous pouvons éveiller notre curiosité. Et, au lieu de nous contenter de nourrir nos préjugés, nous pouvons prendre un instant pour nous demander s'ils sont vraiment fondés. Peut-être croyons-nous qu'une personne est distante alors qu'en réalité elle est simplement épuisée après s'être occupée toute la nuit de son enfant malade, et son comportement n'a rien à voir avec nous. Ou peut-être notre interprétation est-elle incomplète. Peut-être voyons-nous juste en pensant qu'elle a été impolie avec nous, mais que traverse-t-elle dans sa vie privée pour se comporter ainsi ? Qu'ignorons-nous de la situation ? Quelle est notre part de responsabilité dans cette confrontation ? On pourrait considérer cela comme une corvée : qui a le temps de se poser toutes ces questions ? Et pourtant, si cela peut paraître désagréable, nous demander ce qui a bien pu influencer le comportement d'une personne, sans parler de nous sentir concernés par sa souffrance, peut aussi nous apporter un certain contentement.

Brian Knutson est professeur de psychologie et de neurosciences à Stanford[LVI]. Ses recherches concernent l'expérience et l'expression de l'émotion. Knutson utilise l'imagerie par résonance magnétique fonctionnelle pour approfondir sa compréhension de la manifestation des émotions dans le cerveau et de leur impact sur notre comportement. Il s'intéresse particulièrement au noyau accumbens du cerveau, qui reçoit une décharge de dopamine, ce neurotransmetteur du plaisir, quand on s'attend à vivre une expérience agréable.

Knutson a entrepris de découvrir si une expérience altruiste enclenchait cette réaction agréable de la même manière qu'une expérience hédoniste. Ayant recruté des moines et des nonnes tibétains, experts dans l'art de pratiquer la compassion quand bon leur semble, il leur a demandé de pratiquer une méditation sur la compassion au cours d'un examen IRM. Knutson a ainsi constaté que ressentir de la compassion face à la souffrance d'autrui activait les mêmes zones de récompense du cerveau que lorsque, motivés par un bien-être hédoniste, nous pensons à un donut ou prévoyons de partir en vacances. (J'avoue qu'il est étrange de devoir faire passer un IRM à des moines et des nonnes pour en arriver à une telle conclusion, mais honnêtement, s'ils étaient d'accord pour le faire et que cela nous permet d'apprendre que lorsque nous nous occupons des autres tout le monde y trouve son compte, je ne vais pas me formaliser.)

Le travail de Brian Knutson est essentiel parce qu'il renverse notre perspective. Il nous montre que non seulement nous pouvons développer notre compassion par la pratique, mais qu'elle n'occasionne pas forcément de souffrance chez celui qui l'exerce. Si nous pouvions nous faire à cette idée – que cette affaire de compassion est en fait la clé d'une belle vie (et d'une vie saine) –, cela nous pousserait à consacrer notre temps et notre attention à servir autrui.

On se demande parfois si se montrer compatissant pour se sentir mieux ou pour être en meilleure santé n'est pas contradictoire avec l'idée même d'altruisme. Est-ce vraiment de la compassion si nous sommes centrés sur nous-mêmes ? En me fondant sur ce que j'ai pu observer chez des milliers de personnes, j'ai conclu que notre point de vue sur ce qu'est la compassion et la façon de la pratiquer change à partir du moment où nous l'exerçons au lieu de nous contenter de la voir comme un principe philosophique ou un concept auquel nous réfléchissons de loin. En d'autres termes, il se peut effectivement que nous cultivions la compassion parce que nous nous sentons seuls et que nous voulons développer du lien. Mais, quand nous commençons à prêter plus attention aux difficultés d'autrui, nous avons une perception différente non seulement des autres mais aussi de nous-mêmes. Nous nous voyons différemment. Nous interagissons différemment. Et c'est une bonne chose.

La compassion n'implique pas nécessairement de devenir un personnage spirituel caricatural digne des Monty Python qui pratique la flagellation. La plupart des gens qui nous inspirent et incarnent une sagesse spirituelle, ne sont ni abattus ni malheureux. Ils se retroussent les manches et font tout leur possible pour avoir un véritable impact sur le monde. En fait, être durs avec nous-mêmes et croire que nous devons être malheureux est en soi une forme d'égocentrisme. Dans le bouddhisme, nous pratiquons le don d'abord d'une main à l'autre, puis avec nos proches – et, petit à petit, notre générosité grandit.

Certains pratiquants de la compassion critiquent la tendance actuelle à « mesurer » cette vertu par des méthodes scientifiques. Matthew Sacchet, un doctorant en neurosciences à Stanford, qui travaille avec Knutson, a exprimé en ces termes son opinion sur cette controverse : « Certains craignent que les scientifiques essayent de prouver les bienfaits de la méditation, mais nous sommes des scientifiques qui essayent de comprendre le cerveau. Ces recherches offrent de nouvelles perspectives pour la médecine, et pourraient également permettre de dissiper le flou qui entoure cette pratique et de rendre la méditation plus empirique. » Je rejoins Sacchet sur ce point : ces recherches changent la donne. Si la compassion était considérée comme une attitude à adopter non seulement parce qu'elle est juste mais aussi parce qu'elle nous fait du bien, nous serions plus tentés de la pratiquer.

Les résultats de cette étude concordent avec ceux d'autres recherches similaires effectuées par Knutson en neuroéconomie, qui montrent que les récompenses financières sont moins stimulantes que les récompenses liées à des motivations intrinsèques (notre sens du devoir), à un but (se sentir concerné par un objectif commun) ou au lien social (faire partie d'une équipe). Ces informations peuvent nous être utiles si nous cherchons à nous stimuler et à motiver nos collaborateurs. Nous devons garder en tête que les avantages purement financiers ne sont pas les meilleurs stimulants. Si nous parvenons à relier les objectifs de performance aux objectifs plus vastes qui motivent nos collègues, les résultats seront bien meilleurs. Quand vous essayez de surmonter les difficultés liées au lancement d'un produit, par exemple, expédier le produit à temps en échange d'un bonus est un objectif en soi. Mais expédier un produit dont vous savez qu'il va améliorer la vie de ses destinataires, ne serait-ce que modestement, est beaucoup plus motivant.

Toutes ces études prouvent largement l'utilité de la compassion au travail. Mais il s'agit à présent de savoir comment l'appliquer : comment nous départir de nos réactions automatiques imprégnées de jugement, de colère, de mécontentement ou de pitié et nous diriger vers la compassion et le lien social ? Pas en nous accrochant à des critères irréalistes ou en culpabilisant de ne pas être « quelqu'un de bien ». Mais en nous entraînant à prendre systématiquement conscience de nos réactions négatives face aux personnes qui nous poussent dans nos derniers retranchements, et en choisissant de réagir différemment : en les traitant avec respect, en leur permettant de se montrer difficiles, en partant du principe qu'elles font de leur mieux, et en acceptant qu'elles soient imparfaites, exactement comme les personnes que nous aimons. Exactement comme nous.

Tout ce dont nous avons besoin, c'est un outil qui nous ramène à la réalité quand nous l'oublions.

À vous d'agir
Pratiquer la compassion envers autrui

Nous pouvons tous, ou presque, nommer quelqu'un (un chef, un collègue, un client) qui nous exaspère au travail. S'il nous semble impossible de ressentir autre chose que de l'énervement en pensant à lui, par exemple parce qu'il alourdit notre charge de travail ou que nous le considérons comme la cause de nos souffrances, en pratiquant la compassion, nous pouvons commencer à améliorer notre environnement professionnel et à modifier notre vécu de la situation. Essayez l'exercice suivant pour cultiver la compassion :

- Laissez monter en vous l'image de cette personne.
- Imaginez-la en dehors du travail – en train de jouer avec ses enfants, ou de se promener dans la nature, par exemple.
- Imaginez des causes possibles de ses comportements que vous trouvez agaçants : des déceptions de la vie ou un manque d'assurance.
- Essayez de les dissocier de cette personne.
- Pensez aux gens qui lui sont proches et qui l'aiment : un membre de sa famille qui a besoin d'elle ou des parents en difficulté qui ont fait de leur mieux pour l'élever.
- Qu'est-ce que vous appréciez chez elle : son sens de l'humour, sa capacité à faire avancer les choses ?
- Imaginez-vous en train de la rencontrer pour la première fois dans un autre environnement : vous aurait-il été possible d'apprécier sa compagnie ?
- Avec tous ces éléments en main sur la personne que vous trouvez difficile, observez dans quelle mesure vous parviendrez à faire preuve de plus de compréhension et de générosité à son égard lors de votre prochaine interaction.

Si la compassion nous aide à forger des liens plus profonds, il est important de garder en tête que le lien est à triple sens. Nous ne pouvons pas être coupés de nous-mêmes tout en étant liés aux autres ; nous ne pouvons pas toujours être celui qui tend la main ; et nous ne pouvons pas toujours être celui qui reçoit. Pour avoir des relations saines et fortes, il faut savoir étendre notre compassion, recevoir de la compassion, et pratiquer la compassion envers nous-mêmes.

Offrir notre aide est un acte vital. Nous avons besoin de tisser des relations profondes parce qu'elles enrichissent notre vie, créent de meilleurs environnements professionnels et (d'un point de vue tout à fait égoïste) augmentent notre capital social.

Recevoir de l'aide peut souvent être une pierre d'achoppement au travail. Il est pourtant judicieux de demander de l'aide. Mais il faut savoir où, quand et comment. La peur du rejet est la raison principale, surtout au travail, pour laquelle nous ne venons pas en aide à autrui. Nous ne savons pas de quelle manière une personne traversant une crise souhaite être soutenue. Nous ne savons pas si elle accepterait un espace calme et paisible où elle peut souffler, et nous ne voulons pas faire de l'ingérence. Alors nous préférons ne pas agir. Mais nous pourrions tout au moins lui dire que nous sommes conscients de ce qu'elle traverse, que nous voulons la soutenir, et que nous sommes prêts à écouter ses besoins et à lui venir en aide.

Généralement, notre travail représente un réseau symbiotique : nous ne sommes pas seuls, et nous ne pouvons pas réussir seuls. Par nécessité et par souci d'efficacité, les entreprises attribuent des rôles – c'est la définition de la bureaucratie –, mais un environnement professionnel humain reconnaît les personnes au-delà de leur rôle. Nous nous reposons parfois sur des gens qui exécutent certaines tâches pour nous sans même les connaître personnellement, surtout si nous travaillons dans une grande entreprise. Toutefois, en pratiquant activement la compassion, nous pouvons changer de perspective, et cesser par exemple de considérer « Shauna, qui s'occupe des contrats » comme quelqu'un qui n'a pas rendu le document dont nous avons besoin à temps, pour la voir comme quelqu'un qui a une famille, des passions, des moments de stress, des échéances qui lui sont propres. En abandonnant simplement notre point de vue instrumental, où l'autre n'est qu'un moyen d'arriver à nos fins, pour le voir comme un être à part entière, nous pouvons rendre les relations professionnelles beaucoup plus agréables et productives.

La compassion est une vision du monde dans laquelle nous et les autres sommes en relation, en connexion. C'est un recadrage. Souvent, quand nous sommes occupés à accomplir nos tâches, nous avons l'impression que rien d'autre ne compte que le travail et nous-mêmes. Nous rappeler que nous sommes entourés d'êtres humains nous permet d'abandonner notre vision du monde négative, dans laquelle nous ne sommes qu'un être isolé. Et de rendre notre travail plus efficace.

La compassion pousse à agir

Nous montrer compatissants ne remet pas en cause notre capacité à remplir nos obligations envers nos clients, nos employés et nos actionnaires, et à faire de notre mieux au travail. La réputation et le respect des autres sont deux éléments essentiels à la constitution d'une clientèle fidèle. Et il existe des moyens d'être rentable sans user de pratiques qui nuisent à autrui.

En 2012, Jeff Weiner, P-DG de LinkedIn[LVII], a écrit un article sur la compassion qui a fait le buzz, avant de devenir une figure incontournable des débats sur ce sujet (alors très en vogue). En 2013, j'ai participé à un événement de Wisdom 2.0 pendant lequel il a parlé de la compassion au travail. Un des sujets les plus importants qu'il a abordés (selon moi) était la différence entre compassion et empathie :

En lisant L'art du bonheur – *les enseignements du dalaï-lama transmis à l'auteur du livre, Howard Cutler –, j'ai appris à distinguer la compassion, qui revient à nous mettre à la place de quelqu'un, de l'empathie, qui consiste à ressentir ce que l'autre ressent. Bien qu'elles soient souvent considérées comme synonymes dans la culture occidentale, le contraste entre ces deux notions est très important. Comme l'explique le dalaï-lama, si, en marchant en montagne, vous tombez sur quelqu'un qui s'est fait écraser par un rocher, votre empathie vous poussera à subir le même étouffement et la même sensation d'écrasement que lui, et vous rendra incapable d'agir. Tandis qu'une réaction compatissante de votre part vous permettra de vous mettre à sa place : vous vous direz alors que sa douleur doit être terrible et que vous allez faire tout ce qui est en votre pouvoir pour enlever ce rocher et soulager sa souffrance.*

En d'autres termes, la compassion nous donne la force d'agir, d'aider, et de résoudre les problèmes au lieu de nous contenter de partager les sentiments d'autrui. Dans un contexte professionnel, cela signifie être capable de voir la situation à travers le regard d'un autre, et de chercher à comprendre des opinions que nous ne partageons pas.

La distinction établie par Weiner entre compassion et empathie est confirmée par les dernières recherches en neurosciences de l'institut Max-Planck à Berlin. Les découvertes de Tania Singer prouvent en effet, à travers la détection des activités neuronales par des IRM, que la compassion et l'empathie se manifestent différemment dans le cerveau humain : leur « signature » neuronale est différente. La chercheuse principale de cette étude, Olga Klimecki, souligne l'importance de l'empathie pour comprendre les autres et leurs émotions, mais explique aussi que l'empathie a un inconvénient : si nous ressentons trop leur souffrance, nous finissons par souffrir nous-mêmes d'épuisement émotionnel. « En nous entraînant à être compatissants, déclare Klimecki, nous pouvons développer notre résilience et aborder des situations de stress avec un affect plus positif. »

Singer et Klimecki ont aussi constaté que la tendance à l'égocentrisme était innée chez l'homme, mais ont découvert qu'une partie du cerveau, le gyrus supramarginal droit, pouvait identifier un manque d'empathie et le corriger de lui-même. Cette zone du cerveau nous aide à distinguer notre état émotionnel de celui des autres, et est responsable de l'empathie et de la compassion. Quand elle ne fonctionne pas correctement, expliquent les chercheuses, ou quand nous devons prendre des décisions hâtivement, notre capacité à l'empathie est réduite de façon spectaculaire. Étant donné que dans le milieu professionnel notre prise de décision se doit d'être très rapide, on comprend facilement pourquoi cette partie du cerveau ne corrige pas notre égocentrisme comme elle le devrait, notre capacité à être compatissants devenant alors limitée.

J'ai invité récemment le milliardaire Scott Kriens, ancien P-DG de Juniper Networks, une société de télécommunications mondialement connue, à venir raconter à mes élèves comment il en est arrivé à considérer la compassion comme une compétence essentielle au leadership. Il a expliqué que l'idée de compassion avait commencé à émerger en lui après la mort de son père. Cette perte tragique lui a permis de mieux comprendre la souffrance d'autrui. Elle l'a aussi aidé à comprendre comment la souffrance peut nous pousser à faire face aux « grandes » questions sur l'authenticité et sur le sens réel de notre travail.

À la fin de son témoignage, un de mes élèves a rétorqué : « C'est facile de parler de l'importance de la compassion et du respect de la souffrance des autres quand on est P-DG, mais vous croyez vraiment que vous en seriez là aujourd'hui si vous vous étiez comporté comme ça depuis le début ? »

J'étais choquée par cette question, tant par la brutalité du ton que par celle du contenu. Je craignais que Scott soit offensé. Mais, au lieu de réagir sur la défensive, il a examiné la question et a répondu que, selon lui, la compassion n'était pas un luxe réservé à ceux qui avaient réussi. Il a expliqué que la compassion et la reconnaissance des talents étaient les ingrédients de la réussite d'une équipe et d'un chef d'entreprise. Il a fait remarquer qu'une entreprise comme Juniper Networks disposait de collaborateurs très talentueux, mais qu'il en était de même pour beaucoup d'autres entreprises concurrentes. Ce qui différenciait JN des autres, c'était la capacité des équipes à travailler ensemble pour résoudre les problèmes. Et cette attitude devait être impulsée par une direction respectueuse de ses employés.

Comme nous l'avons vu, la compassion ne se réduit pas à « être gentil ». Dans un contexte professionnel, elle peut prendre de nombreuses formes, mais elle véhicule toujours l'idée que le point de vue d'autrui est valide – mieux encore, qu'il est considéré comme égal ou prioritaire, par rapport à une analyse égocentrique d'une situation. Le cheminement personnel d'un individu, ses sentiments, ses besoins : tout cela doit être pris en compte quand nous interagissons avec lui ou quand notre action l'influence, directement ou indirectement. La compassion n'est pas toujours facile à mettre en pratique, et c'est une des raisons pour lesquelles elle va de pair avec la sagesse. L'expression bouddhiste traditionnelle de ce duo est la métaphore des ailes d'un oiseau. Les deux sont nécessaires, et sont des éléments clés du chemin vers l'éveil. Il est difficile de savoir ce qu'il y a de mieux pour quelqu'un, et il n'y a rien de pire que de justifier un mauvais comportement de notre part en disant que nous agissons pour son bien.

C'est au travail que nous passons le plus clair de notre temps. Si nous négligeons nos valeurs quand nous y sommes, elles ne réapparaîtront pas à la fin de la journée, quand nous rentrerons à la maison. Nos collègues font partie de notre entourage. Nous devons initier le changement que nous voulons voir survenir au travail ; que ce dernier devienne un environnement où on ne se contente pas de se tolérer, d'être poli ou de se supporter les uns les autres, mais où on fait réellement preuve de respect et de compréhension. Pour cela, nous avons besoin de trouver des moyens concrets et pratiques de surmonter les différences entre collègues. Nous ne pouvons rester confinés dans notre petit cercle d'amis. Pour mener nos projets à bien, nous devons sortir de notre zone de confort et travailler avec des gens qui nous mettent mal à l'aise, qui nous impressionnent, que nous avons peur d'agacer, voire qui nous blessent. Au-delà des bienfaits concrets de la compassion, j'ajouterais une autre raison, la plus importante, sans doute, d'introduire cette vertu au travail : la compassion est l'attitude juste à adopter, et, en tant qu'êtres humains, ne pas la pratiquer nous dessert. Quels que soient les exemples d'incivilité dont nous sommes témoins sur la scène politique, nous devons faire mieux, nous devons être un modèle pour nos enfants. Les valeurs ne servent à rien si elles ne guident pas nos actes. Notre éthique devient plus forte quand nous la pratiquons au quotidien. C'est seulement en nous exerçant que nous pourrons nous montrer à la hauteur lorsqu'un problème plus important se posera à nous. En attendant, nous pouvons nous féliciter de nos petits actes du quotidien qui rendent le monde meilleur.

La compassion peut être enseignée

Certains craignent de se montrer moins attentifs à leur entourage si, tout à coup, ils se mettent à ressentir de la compassion pour le monde entier. Mais la compassion pour les étrangers ne dilue pas l'amour que nous éprouvons pour nos proches. Après tout, ce n'est pas un jeu à somme nulle ; ni un conflit entre « ma famille et les autres ». Tout comme une mère de plusieurs enfants est capable de tous les aimer, nous pouvons apprendre, avec la pratique, à regarder de plus en plus loin et à étendre toujours plus notre compassion. Ce n'est pas un chemin sans compromis : il ne s'agit pas d'être soit Gandhi ou le dalaï-lama, soit rien ni personne.

Les chercheurs en neurosciences semblent s'accorder à dire que nos neurones ont un point commun avec nos muscles : plus nous les utilisons, plus nous les renforçons. Et il en est de même pour la compassion.

Quelles sont les compétences liées à la compassion ? Voici un aperçu de certaines aptitudes sur lesquelles j'insiste dans mes cours.

- Une meilleure conscience de nos ressentis et de nos besoins, ainsi que des besoins des autres.
- Une meilleure connaissance et une meilleure compré-

hension du fonctionnement de notre esprit, des raisons de nos sentiments, et de la façon dont nos schémas de pensée se transforment en opinions sur les autres et sur le monde.
- Une plus grande motivation à prendre soin de nous-mêmes et des autres, et à réduire la souffrance.
- Une plus grande curiosité et une plus grande acceptation de nous-mêmes et des autres, sans condamnation ni soumission.
- Une plus grande capacité à tolérer les émotions, souvenirs ou situations difficiles au lieu de les éviter.
- Ne pas nous accorder le bénéfice du doute face à nos préjugés ; ne pas être trop critiques envers nous-mêmes.
- Une plus grande attention, et la capacité à utiliser l'attention pour avoir une image de nous-mêmes qui soit compatissante et qui nous aide à avancer.
- La capacité à avoir un comportement compatissant qui nous pousse (et pousse les autres) vers nos (et leurs) objectifs de vie ; la compassion nous aide à nous épanouir.
- Le courage/la volonté d'adopter un point de vue compatissant, même quand cela défie toute logique ou quand nous préférerions faire autrement.

Nouer des liens dans la différence

Nous voyons et interprétons le monde différemment de notre voisin, et nos perceptions sont considérablement influencées par ce que nous sommes et ce que nous avons vécu. Nos différences agissent sur nos perceptions, nos interprétations, nos paroles et notre écoute. Nos expériences de vie, notre culture, notre sexe et nos origines… tous ces aspects interviennent et influencent nos conversations. Nous avons également l'habitude de stéréotyper les autres, que nous le voulions ou non, et ces images sont elles aussi influencées par notre culture et notre histoire personnelle. L'emploi de catégories pour interpréter le monde commence dès notre plus tendre enfance, et ne cesse pas automatiquement à l'âge adulte.

Nous savons pourtant que la diversité augmente les performances des entreprises. D'après une étude réalisée par McKinsey and Company, une entreprise d'expertise-conseil en gestion globale, les entreprises qui affichent une diversité des sexes ou une diversité ethnique ont respectivement 15 et 35 % de chances supplémentaires de dépasser leurs concurrentes. Et les recherches montrent que les organisations dans lesquelles la diversité raciale et des genres est plus grande ont un meilleur chiffre d'affaires, plus de clients, et font plus de profits. Au sommet de la hiérarchie aussi, la diversité a toute son importance : McKinsey a constaté que les entreprises où la diversité était la plus forte au sein du conseil d'administration avaient de meilleurs retours sur l'équité que celles où la diversité était la plus faible, et ce à hauteur de 53 %. De plus, d'après une analyse effectuée en 2016 de plus de 20 000 entreprises situées dans 91 pays, les organisations ayant le plus de cadres féminins sont les plus rentables[LVIII].

La plupart d'entre nous ont envie de nouer des liens avec des gens qui ne leur ressemblent pas. Mais nous ne savons pas toujours très bien comment nous y prendre, surtout quand les stéréotypes entravent notre jugement, ou quand nous avons peur d'être offensants ou d'avoir l'air ignorants sans le vouloir.

Il reste encore beaucoup à accomplir en matière d'égalité des sexes et de non-discrimination raciale au travail. L'enquête de 2016 intitulée « *Women in the Workplace*[LIX] » (Les femmes au travail) a révélé que, dans les sociétés sondées, les femmes n'occupaient que 19 % des postes les plus élevés (P-DG, directeur administratif et financier et directeur des opérations). Quand des femmes essayent de négocier une promotion ou une augmentation de salaire, elles ont 30 % de risques supplémentaires d'être considérées comme carriéristes ou « agressives ». Sans surprise, les résultats de l'enquête montrent également que, pour 100 femmes promues à un poste de cadre, 130 hommes le sont. Les hommes de couleur rencontrent des difficultés semblables, si ce n'est plus importantes encore. Ainsi, seuls 13 % des postes de cadre supérieur sont attribués à des hommes de couleur, contre 27 % à des femmes. Pour les postes de direction, les hommes de couleur suivent d'un peu plus près les femmes blanches, mais n'en occupent tout de même que 10 %, contre 17 % pour les femmes. Les femmes de couleur sont les moins bien loties, n'occupant que 3 % de ces postes clés et 8 % des postes de cadre supérieur. Dans la mesure où elles représentent 38,2 % de la population féminine des États-Unis, ces statistiques sont alarmantes.

Il y a effectivement des obstacles à la diversité au travail, des problèmes qui se posent bien avant les entretiens d'embauche, et qui remontent au moment où les enfants se demandent ce qu'ils feront quand ils seront grands. Et, même si une entreprise réussit à recruter des personnes ayant un profil différent, la difficulté suivante, qui a toute son importance, consiste à créer un environnement suffisamment sécurisant pour permettre aux gens de s'exprimer et de s'investir.

La pleine conscience ainsi que la compassion envers les autres et soi-même nous apprennent à prêter attention aux différences culturelles, notamment dans la manière de communiquer. Dans le cadre de mon travail auprès d'élèves qui suivent le cours « Touchy-Feely », j'ai pu constater qu'ils avaient du mal à ne pas pénaliser les personnes d'une autre culture que la leur, ne serait-ce qu'inconsciemment. Au cours d'un exercice sur l'influence interpersonnelle (par petits groupes d'une dizaine d'élèves), j'ai invité chaque membre à classer les autres en les mettant en rang, d'après sa perception de l'influence de chacun sur le reste du groupe. Invariablement, les étudiants étrangers et les femmes se retrouvaient à l'arrière – et en étaient naturellement très mécontents.

Et pourtant, quand on tente de faire le parallèle entre ce micro-environnement qu'est le groupe de travail et les schémas dominants de la société en évoquant la marginalisation des femmes et des personnes de couleur, les gens ont du mal à reconnaître ce problème, sans parler de le corriger. La bonne nouvelle, c'est que ce résultat peut être utilisé comme une illustration frappante des préjugés inconscients auxquels nous devons tous faire face dans la société : nous devons nous entraîner à communiquer, en permanence, et en nous exprimant avec honnêteté et empathie. Nous ne pouvons pas isoler l'identité professionnelle de nos collègues de leur vécu et de leur histoire personnelle. Les préjugés entravent notre capacité à interagir avec les autres.

Qu'est-ce qui nous pousse à croire que quelqu'un ne mérite pas notre compassion ? En 1973, les psychologues sociaux John Darley et Daniel Batson[LX] ont recruté 67 étudiants du Princeton Theological Seminary pour qu'ils participent à la désormais célèbre « étude du bon Samaritain », qui se penche sur la réactivité des gens lorsqu'ils sont pris dans une situation d'urgence. Les participants ont d'abord rempli un questionnaire de personnalité sur leur religion. Ensuite, les chercheurs ont demandé à certains d'entre eux de débattre sur les perspectives de carrière qui pourraient s'offrir à eux à la fin de leur cursus, et aux autres de discuter de la parabole du bon Samaritain. Une fois cette étape terminée, ils ont emmené tous les étudiants dans un bâtiment pour commencer des procédures expérimentales, avant de les conduire dans un autre immeuble pour la suite de l'expérience. Les chercheurs ont introduit comme variables le niveau d'urgence avec lequel les groupes étaient envoyés vers l'autre bâtiment, ainsi que la tâche qu'ils y accompliraient. Ils ont dit à certains participants qu'ils étaient en retard et devaient se dépêcher ; à d'autres, que l'assistant était prêt à les recevoir ; et à d'autres encore, qu'ils avaient quelques minutes devant eux, mais qu'ils feraient aussi bien de s'y rendre immédiatement. Les participants étaient donc soumis à un degré d'urgence variable.

Or, sur leur chemin se trouvait une personne pliée en deux, ravagée par la douleur. 40 % des participants lui ont proposé de l'aider. Parmi le groupe de participants qui avaient du temps devant eux, 63 % l'ont aidée ; parmi ceux qui étaient assez pressés, 45 % ; et, chez ceux qui étaient très pressés, seuls 10 %. Certains l'ont même enjambée. En résumé, le degré d'urgence ressenti par les participants a influencé leur décision d'aider ou non la personne en détresse. La nature de la tâche qu'ils devaient accomplir (même s'il s'agissait de donner un sermon sur la parabole du bon Samaritain) n'a fait aucune différence.

Il n'y avait pas de corrélation entre « le type de foi religieuse » et le comportement. La seule variable qui a eu un effet était celle de « percevoir la religion comme une quête ». Parmi les participants qui se sont penchés sur la personne en détresse, ceux qui considéraient la religion comme une quête offraient une aide moins substantielle que ceux qui se sentaient peu concernés par cette affirmation. Mais des analyses effectuées a posteriori ont révélé que cela n'était peut-être pas vraiment causé par des différences religieuses. La première condition à la compassion est de reconnaître la souffrance ; et il est possible que l'on ne reconnaisse pas la souffrance si l'on est pressé ou distrait. La première étape, donc, consiste à évaluer que quelqu'un a besoin de compassion et qu'il le mérite.

La décision prise par Hancock Bank après l'ouragan Katrina en 2005, à La Nouvelle-Orléans, illustre parfaitement comment la compassion peut se traduire en un acte concret, répondant à un besoin. Après le passage de l'ouragan, les habitants n'avaient aucun moyen de retirer de l'argent. La banque leur a donc distribué des reconnaissances de dette, à hauteur de 2 millions de dollars environ, pour qu'ils puissent subvenir à leurs besoins fondamentaux. En temps normal, le comité de direction n'aurait jamais approuvé une telle décision, même si elle était parfaitement justifiée ; mais, quand nous répondons aux besoins des autres, nous finissons par accomplir des actes que nous n'avions pas prévus. La majeure partie de cet argent a été remboursé. Imaginez l'esprit de solidarité que cela a suscité au sein de la banque comme dans la ville. Hancock Bank n'aurait pas pu s'offrir de meilleure publicité.

Prendre du recul, telle est la clé de la résolution des problèmes (tactiques et éthiques), du savoir-vivre, de l'empathie, et de la déconstruction des préjugés conscients et inconscients à l'égard des gens qui ne font pas partie de notre groupe. Prendre du recul, c'est pouvoir mettre notre perspective en suspens et (essayer de) voir une situation à partir du point de vue d'autrui. Cela implique parfois de prendre en compte ce qu'il pense et ressent, et, à un niveau plus subtil, *pourquoi* il le pense et le ressent. Nous agissons souvent ainsi sans nous en rendre compte – quand nous réfléchissons au meilleur moyen d'indiquer la route à un étranger, par exemple (nous lui donnons des indications plus détaillées que nous le ferions pour un habitant de la ville). En d'autres termes, l'aptitude cognitive consistant à prendre du recul sur une situation donnée n'est pas très éloignée de notre capacité holistique à penser, sentir et agir en prenant en compte le ressenti d'autrui.

Nous développons la capacité à prendre du recul vers l'âge de deux ans, quand nous comprenons que nos intentions (ce dont nous avons besoin et envie) ne sont pas les seules qui comptent. Celles de notre mère ou de nos frères et sœurs, par exemple – sur le menu du jour, ou les peluches avec lesquelles jouer –, peuvent s'écarter des nôtres. Il se trouve que cette capacité à appréhender le point de vue d'autrui séparément du nôtre coïncide avec le développement de l'empathie et de la capacité à donner un sens aux émotions des autres.

Comme les tout-petits, nous refusons parfois de changer de perspective pour inclure les expériences d'autrui. Au travail, la volonté de satisfaire nos propres envies et besoins semble souvent l'emporter. Les enfants qui apprennent à prendre du recul sont plus sociables et parviennent mieux à résoudre les problèmes. Et il en est de même pour les adultes : en considérant le point de vue de nos collègues, nous pouvons mieux les motiver, résoudre les problèmes, collaborer et offrir des feed-back constructifs. Nous pouvons créer un environnement professionnel plus sain[LXI].

5

Prendre soin de nous

« Trop de gens surestiment ce qu'ils ne sont pas et sous-estiment ce qu'ils sont. »

MALCOM S. FORBES

Il y a quelques années, après avoir suivi une formation traditionnelle tibétaine de quatre cents jours puis une autre de six mois pour devenir enseignante, j'ai traversé une période particulièrement difficile. J'étais au stade ABD (« *all but dissertation* ») de mon doctorat, c'est-à-dire l'étape qui précède la soutenance de ma thèse, où beaucoup de doctorants – certains bien meilleurs que moi – échouent. À côté de cela, j'avais un enfant de un an, je faisais le deuil de mon père, et je travaillais à plein temps au Centre de recherche sur la compassion de Standford comme première responsable pédagogique. J'ai passé ces deux années dans un tel stress que je ne m'occupais plus du tout de moi (j'ai pris vingt-cinq kilos et je dormais rarement plus de cinq heures par nuit). Un jour, je regardais mes mails sur mon téléphone en me rendant à une réunion budgétaire quand un message m'arrêta dans ma course. Un collègue m'écrivait que je lui avais manqué la veille, à la formation, et qu'il espérait que tout allait bien.

Mon cœur s'emballa. J'ouvris mon agenda, pour découvrir que j'aurais dû donner une conférence ce soir-là. J'avais complètement oublié d'y aller, ou même d'annuler. Je me sentis rougir, et mes peurs relatives à mon sentiment d'incompétence m'envahirent l'esprit. Je devais remonter sur mon vélo pour me rendre à la réunion de l'autre côté du campus, et ces sentiments me poursuivirent durant tout le trajet. Comment avais-je pu faire une chose pareille ? Comment cela avait-il pu arriver ? Comment avais-je pu être aussi étourdie ?

Quand je quittai la réunion une heure plus tard pour aller allaiter ma fille pendant la pause-déjeuner, le choc initial s'était estompé, mais j'étais encore perturbée. Ce n'est que lorsque ma sœur m'appela pendant sa pause, de l'hôpital ou elle travaillait, que l'ironie, et le comique de la situation, devinrent évidents. Je lui racontai ce qui s'était passé : j'avais oublié d'aller donner une conférence sur l'autocompassion dans le cadre d'un cours dispensé par Fred Luskin, l'expert mondial sur le pardon, et j'avais passé la matinée à me flageller pour cela.

Nous en avons ri jusqu'à l'hystérie. Après avoir raccroché, je me sentais quelque peu soulagée, et suffisamment calme pour écrire un mail à Fred et lui demander pardon. (Pour votre information, Fred a répondu qu'il comprenait.)

Nous avons tous des histoires de mortification comme celle-ci, où nous voulons que la Terre (jusqu'au noyau interne, ou au moins jusqu'au manteau inférieur) s'ouvre comme par magie pour que nous puissions nous jeter dedans et nous cacher, si possible à jamais. Cette anecdote m'a permis de me rendre compte que pratiquer la compassion envers soi-même dans un contexte professionnel revient à descendre les pistes de ski les plus extrêmes, et que, si je n'étais pas capable de maîtriser cet art, je passerais le reste de ma vie (professionnelle et privée) dans une misère noire.

À la conférence sur la compassion envers soi-même, j'ai partagé cette expérience personnelle avec la classe. Parce que c'est une chose de parler de l'autocompassion, mais c'en est une tout autre de la mettre en pratique quand tout va de travers.

Qu'est-ce que l'autocompassion ?

Quand je parle d'autocompassion, mes auditeurs commencent généralement par se montrer inquiets ou incrédules. Ils croient que la bienveillance envers eux-mêmes les rendra faibles ou indulgents ; ils pensent que l'autocritique leur permet d'être des personnes responsables ou d'améliorer leurs performances ; et ils craignent d'être moins compétents en abandonnant cette habitude. Mais ils ne savent pas que c'est tout le contraire : en se flagellant et en se fixant des objectifs irréalisables, ils ont toutes les chances de saper leurs performances.

De récentes études prouvent que l'autocritique mène à la dépression, à des comportements de fuite (liés à la peur de l'échec notamment), à un manque d'estime de soi, à un perfectionnisme destructeur (une forme de perfectionnisme inappropriée, qui nous dessert, qui n'entraîne pas de meilleures performances mais cultive la honte et l'anxiété), à la procrastination et à la rumination. Au final, l'autocritique compromet vos objectifs, qu'ils soient scolaires, de santé, personnels ou professionnels[LXII].

Les études sur l'autocompassion, en revanche, dévoilent son lien sans équivoque avec le bien-être mental, permettant entre autres une diminution du stress, de l'anxiété, de la dépression et du perfectionnisme. Le bonheur, la motivation, le sens des responsabilités, la capacité à choisir un mode de vie plus sain, et les relations interpersonnelles équilibrées sont tous renforcés par l'autocompassion. Dans le domaine de la santé, les recherches montrent que, dans un environnement où le taux de stress et de burn-out est extrêmement élevé, l'autocompassion a le pouvoir de diminuer le ressenti du stress (la perception du stress) et, de ce fait, améliore la qualité des soins. Autrement dit, si les inévitables expériences et émotions négatives que nous rencontrons dans notre vie ne s'envolent pas avec l'autocompassion, la réaction face à ces émotions et à ces expériences s'en trouve modifiée. En embrassant ces sentiments négatifs ou désagréables au lieu de les fuir, nous pouvons ressentir un plus grand bien-être.

L'autocompassion mène à la résilience ; elle permet d'être plus souple et réactif, de mieux identifier les problèmes, d'accepter les feed-back négatifs, et de se débarrasser de mauvaises habitudes devenues inutiles. (Dans le jargon de la Silicon Valley, on dit qu'elle permet de « pivoter ».) Cette ouverture au changement et cette résilience suite aux revers aide à grandir, à apprendre, à développer de bonnes habitudes et, au bout du compte, à réussir.

Pour beaucoup, l'idée selon laquelle l'autocompassion peut nous rendre plus compétitifs au travail est pour le moins contradictoire. Nous sommes si nombreux à avoir intériorisé la croyance que l'excellence est le fruit non seulement d'une discipline mais d'une autoflagellation qu'être « complaisants » envers nous-mêmes nous fait peur. Mais les recherches montrent que la méditation sur l'autocompassion renforce notre volonté et notre capacité à rester fidèles à nos objectifs. C'est ce que j'ai appris par mon amie et collègue du CCARE Kelly McGonigal, qui m'a fait découvrir la délicieuse « étude sur le donut », menée par Claire Adams (Louisiana State University) et Mark Leary (Duke University)[LXIII].

Dans cette étude, des jeunes femmes recevaient d'abord un verre d'eau, puis un « fruit interdit », en l'occurrence un donut. En deux groupes, elles regardaient une vidéo sur les forêts tropicales en buvant le verre d'eau et en mangeant le donut. Un texte écrit par une des chercheuses a été lu à un des deux groupes : « Vous vous demandez peut-être pourquoi nous avons choisi de vous donner des donuts pour cette étude. C'est parce qu'on mange parfois des sucreries en regardant la télévision. Nous avons pensé que si nous vous donnions une friandise, ou quelque chose à grignoter, cela ressemblerait plus à "la vraie vie". Mais plusieurs personnes m'ont confié leur culpabilité à manger des donuts pendant cet exercice ; alors j'espère que vous ne serez pas trop dures avec vous-mêmes. Ça arrive à tout le monde de manger des friandises, je ne pense pas qu'il y ait aucune raison de se sentir mal à cause de ça. Ce n'est qu'une petite quantité de nourriture, de toute façon. Attendez un instant, je vous apporte le questionnaire. » L'autre groupe de femmes n'avait reçu aucune recommandation.

On a ensuite demandé à toutes les participantes de goûter au moins une friandise des trois bols présentés (des tartelettes Reese's au beurre de cacahuètes, des Skittles, et des York Peppermint Patties) et de remplir un questionnaire sur leurs préférées. Elles avaient à leur disposition une grande quantité de bonbons, et pouvaient en prendre autant qu'elles voulaient pendant qu'elles répondaient aux questions. D'après vous, lesquelles ont consommé le plus de bonbons ? Celles à qui l'on a recommandé de ne pas culpabiliser en mangeant des cochonneries, ou celles qui n'ont pas entendu ce message ?

Vous l'avez sans doute deviné : les femmes qui avaient de

la compassion pour elles-mêmes face à leur péché gourmand péchaient moins. Celles qui ont entendu le message de la chercheuse ont mangé 28 g de bonbons en moyenne, contre 70 g pour celles qui ne l'ont pas entendu. Les femmes qui ne pratiquaient pas l'autocompassion en ont mangé plus du double.

Non seulement cette étude illustre clairement le lien entre volonté et autocompassion, mais elle suscite des questions intéressantes sur le rôle de l'autocritique et de l'autocompassion d'un point de vue managérial. Quels feed-back produisent les meilleurs résultats chez les employés, et quelle est la meilleure façon pour les managers de réagir face aux revers et aux échecs ? En normalisant les retours sur les mauvaises performances d'un collègue ou d'un subordonné, encourageons-nous d'autres ratés ou offrons-nous une opportunité de parler des erreurs et des moyens d'éviter que cela se reproduise ? La recherche suggère que la seconde approche est possible et payante.

Au final, l'autocompassion se définit comme une sous-catégorie de la compassion. L'attitude la plus saine consiste à ne pas nous exclure de notre compassion, à ne pas être plus durs avec nous-mêmes que nous le serions avec notre pire ennemi. L'autocompassion ne doit pas être confondue avec l'égoïsme. Il ne s'agit pas d'être obnubilé par nos souffrances au point de ne plus voir les autres. Comme pour tout ce qui est important dans la vie, un équilibre est nécessaire. L'autocompassion implique d'avoir autant de compassion pour nous-mêmes que pour les autres, de nous inclure dans l'équation, mais pas de nous accorder plus d'importance qu'aux autres. Rappelez-vous, la compassion nous relie à travers notre humanité commune. En fin de compte, nous sommes une personne vivant sur une planète qui en compte plusieurs milliards. Nier notre importance est une forme d'égocentrisme.

Dans le programme originel de formation à la compassion, l'autocompassion n'était pas une discipline à part entière. Le Dr Kristin Neff, de l'université du Texas à Austin, est la « *wonder-woman* » qui, la première, a mené des recherches empiriques sur l'autocompassion, et qui a élaboré l'outil utilisé aujourd'hui dans le monde entier pour la mesurer[LXIV]. Neff explique que l'autocompassion est un défi pour la plupart des gens, comme elle l'a été pour elle. Comprendre qu'on « a le droit d'être bienveillant avec soi-même », pour reprendre ses termes, fut pour elle une révélation. À partir de cette vision profonde, elle a mis en place une formation, ainsi qu'un programme de huit semaines, qui a apporté des bienfaits inestimables à des milliers de personnes.

Son échelle de mesure de l'autocompassion comprend trois éléments. Tout d'abord, l'autocompassion est basée sur la pleine conscience de notre propre souffrance. Cela inclut la reconnaissance de nos douleurs physiques, de nos maladies, de notre stress, de nos émotions et pensées négatives, des situations difficiles que nous rencontrons, de nos déceptions, ainsi que le besoin ou désir sous-jacent de bien faire, d'être en bonne santé, heureux, de nouer des liens avec les autres, de faire le bien. Le deuxième élément est notre humanité commune, ou la capacité de comprendre que ressentir de la souffrance ne signifie pas que quelque chose cloche dans notre vie, mais que cela fait tout simplement partie de la condition humaine. Nous avons tous des peines, nous sommes tous confrontés à l'échec de temps à autre, et nous sommes tous en construction. Faire preuve d'autocompassion élimine le réflexe d'être toujours trop durs avec nous-mêmes.

Quand j'enseigne cette matière en entreprise ou à des vétérans souffrant de troubles de stress post-traumatique, je mets l'accent sur le « *self-coaching* » plutôt que sur la bienveillance envers soi-même – le terme « *coaching* » semble davantage laisser le droit à l'erreur. Ce n'est pas pour minimiser l'importance de l'autocompassion, mais cette idée peut en rebuter plus d'un, et il nous est parfois nécessaire d'assumer pleinement notre part de responsabilité. Un exercice que mes élèves trouvent très utile consiste à choisir une situation qu'ils vivent malgré eux et à visualiser un ami dans cette même situation, qui vient leur demander conseil. Dans cette visualisation, ils imaginent en détail comment ils viendraient en aide à leur ami, à la fois par la parole et par les actes. Je leur demande ensuite de répéter ce processus, mais cette fois-ci vis-à-vis d'eux-mêmes. Oui, c'est artificiel et étrange… mais ça fonctionne à merveille. Le coaching consiste à rester présents, à nous épauler durant les épisodes douloureux. Nous devons aussi être à la fois tendres et fermes. Il est important de cultiver cet amour exigeant, mais en se rappelant qu'il s'agit d'amour – et non d'autocritique.

Les deux flèches

Une des nombreuses histoires de sagesse bouddhistes s'intitule « Les deux flèches ». Elle commence par une question du Bouddha, qui demande à ses moines et nonnes la différence entre un pratiquant de pleine conscience et un non-pratiquant. Les moines et les nonnes ne répondent pas, mais demandent à leur tour au Bouddha de leur donner la réponse. Le Bouddha explique alors que, quand un non-pratiquant est en proie à la douleur, il « pleure, se lamente, se frappe la poitrine, est désespéré. Il ressent donc deux douleurs : une douleur physique et une douleur mentale ».

Le Bouddha utilise l'image d'un homme touché non pas par une mais par deux flèches. La première est la douleur. Elle fait partie de la vie, elle est inévitable. La seconde est la résistance ou l'obsession que nous ajoutons à cette douleur. Nous sommes obsédés par elle, ou au contraire nous la fuyons, en nous distrayant pour l'éviter à tout prix. Il n'y a pas d'échappatoire à la première flèche ; mais la seconde peut être évitée. Le pratiquant de pleine conscience reçoit la première flèche mais pas la seconde.

Choisir de ne pas résister, de ne pas éviter la douleur mais au contraire d'y faire face, voilà comment faire dévier cette flèche. Comme l'a décrit un de mes élèves : « Je me mets dans tous mes états : quand une pensée négative me vient à l'esprit, je songe aux autres choses qui ne vont pas ou qui risquent d'aller de travers. C'est comme une cascade d'émotions négatives. » Nous sommes si nombreux à souffrir à force de nous pencher sur le négatif. Tout au long de la journée, nous sommes blessés par nos douleurs, nos regrets, nos déceptions, notre sentiment d'insécurité et nos échecs, qui nous criblent non pas d'une ou deux flèches, mais de dizaines, de centaines, de milliers de flèches. L'autocompassion est l'antidote à cette souffrance inutile. Nous sommes stressés, et pour éviter de ressentir ce stress nous nous lançons dans une activité moins importante, ou qui n'a rien à voir. Ou encore nous surfons sur Internet – oui, le fait de se distraire en surfant sur Internet en est devenu un sujet d'études, car il coûte des milliards de dollars de pertes de productivité[LXV].

L'autocompassion requiert une certaine vulnérabilité, ce qui est inconfortable pour beaucoup d'entre nous, surtout dans un contexte professionnel. Mais il est nécessaire de nous trouver dans l'inconfort pour aller de l'avant, dans notre vie personnelle comme notre vie professionnelle. Nous ne pouvons pas nous débarrasser des parties de nous-mêmes que nous n'aimons pas. Il est important d'accepter l'inconfort que nous ressentons quand nous nous penchons sur nos erreurs et ce qui les a provoquées.

Partir véritablement à la découverte de nous-mêmes requiert courage, responsabilité et vulnérabilité.

Beaucoup d'entre nous ont tendance à intellectualiser les coups durs ou à détourner les moments embarrassants par l'humour ou le cynisme. Mais la dérision et l'évitement ne nous permettent pas de nous ouvrir à de nouvelles expériences et aux processus de pensée qui nous permettront de grandir. Comme me l'a dit un de mes enseignants lors d'une retraite spirituelle l'année de mes dix-neuf ans : « Si tu as constamment peur d'être fleur bleue, tu ne peux pas être libre. » Et il avait raison – si nous passons notre temps à éviter de donner une mauvaise image de nous-mêmes, nous ne pouvons pas exprimer toutes nos émotions. Nous ne pouvons pas être sincères.

Pour beaucoup d'entre nous, oser vivre toute la gamme des émotions au travail dépasse l'entendement. Or, nous dépasser mentalement, comme physiquement, d'ailleurs, requiert d'aller au-delà de notre zone de confort pour nous aventurer sur un territoire inconnu et risqué. Il nous faut du culot pour nous rendre compte que nos anciens schémas de pensée nous font du mal. Mais être trop durs avec nous-mêmes, éviter les situations où nous risquons de ne pas être à notre avantage, ou cloisonner les émotions négatives, limitent notre conscience de nous-mêmes et notre épanouissement personnel. La vulnérabilité n'implique pas d'oublier toute prudence ou de laisser notre sens de l'humour à la porte ; elle nous autorise simplement à ressentir ce qui est là, même si c'est parfois désagréable ou inconfortable. Quiconque est sur un chemin de vérité, de connaissance de soi et de développement personnel fait face à ses propres limites, a l'impression de ne pas en voir le bout et de ne pas pouvoir revenir au début. Car, une fois que l'on voit quelque chose, on ne peut plus fermer les yeux. Une fois que l'on a fait un pas sur ce chemin, impossible de faire demi-tour.

On raconte souvent cette anecdote chez les pratiquants bouddhistes tibétains de Chögyam Trungpa, ce personnage controversé qui fut un pionnier du bouddhisme tibétain aux États-Unis dans les années 1960. Comme le veut la légende (et ainsi que le confirme Judith Simmer-Brown, professeure distinguée d'études religieuses et contemplatives à la Naropa University, et enseignante dans la communauté fondée par Trungpa), le maître tibétain commençait régulièrement ses enseignements en déclarant à la foule de hippies au parfum de patchouli rassemblée autour de lui : « Si vous venez d'arriver, rentrez chez vous ! Parce qu'une fois que vous êtes sur ce chemin le seul moyen d'en sortir est d'aller jusqu'au bout. »

Il entendait par là que les pratiques enseignées changent profondément notre façon de voir le monde. Et cette nouvelle perspective nous pousse à agir. Il est impossible de commencer puis de revenir en arrière. Une fois que nous développons notre capacité à être en pleine conscience, nous ne pouvons plus fermer les yeux devant nos habitudes comportementales. La seule façon de leur faire face consiste alors à les remanier – et, ça, ce n'est pas pour les âmes sensibles.

La première flèche : affronter la honte

Le travail est le lieu par excellence où la honte déferle sur nous. Le plus souvent, lorsque nous sommes confrontés à l'échec. Peut-être ai-je oublié de préparer un événement, ou l'ordre du jour d'une réunion. Peut-être ai-je oublié de commander un ingrédient pour la cuisine ou des fournitures pour la classe ; tout le monde arrive dans cinq minutes, et je me retrouve les mains vides. Peut-être ai-je oublié de donner une conférence sur l'autocompassion… La mortification peut prendre de multiples visages.

Jeanne Tsai, professeure de psychologie à Stanford et responsable du Culture and Emotion Lab, mène des recherches sur la honte en tant qu'émotion traduisant notre identité et notre santé mentale. Dans son travail, elle s'intéresse particulièrement à la façon dont notre culture influence ce sentiment de honte[LXVI]. Dans ses études comparatives entre l'Occident et l'Asie orientale, elle a pu constater qu'il existait différentes versions de la honte, en particulier une honte individuelle et une honte collective. La honte est un problème en Occident comme en Orient, mais souvent pour des raisons différentes, qu'elle attribue à des valeurs culturelles différentes. Pour Jeanne Tsai, en Occident, notre honte est la plus forte quand nous ne sommes pas à la hauteur en tant qu'individu. En Asie orientale, la honte est la plus frappante quand nous décevons notre famille ou notre entreprise.

Si le travail de Jeanne Tsai offre une compréhension profonde des différents types de honte en fonction des contextes culturels, l'idée essentielle que j'en ai retirée est que la honte peut revêtir plusieurs formes, qui se manifestent selon les circonstances et notre état d'esprit. Nous sommes vraiment bouleversés quand nous nous décevons ou quand nous décevons les autres. Mais il est insensé de vouloir se montrer à la hauteur de toutes les exigences et de toutes les attentes.

Au travail, en particulier, les opportunités de vivre ces deux types de honte sont nombreuses. Après tout, même dans l'environnement professionnel le plus concurrentiel et le plus individualiste, nous ne pouvons être focalisés à 100 % sur notre propre réussite. Si nous sommes payés pour le travail que nous effectuons, c'est que nos compétences sont utiles à quelqu'un qui estime notre contribution à l'entreprise. L'opinion que cette personne a de notre travail et de nous-mêmes est donc importante. Le travail est avant tout un échange, et par conséquent un effort humain, social, interactif, qui répond aux besoins d'autrui ainsi qu'aux nôtres. Nous sommes face à la réalité des résultats nets, de la qualité du produit fini. Nous voulons bien faire, apprendre, que davantage de responsabilités nous soit confiées et gagner plus d'argent. Et, lorsque nous n'atteignons pas ces buts (ou quand d'autres progressent plus vite que nous), nous ressentons un profond sentiment de honte.

Si nous travaillons dans un environnement centré sur les récompenses individuelles, telles que les primes et les promotions, nous aurons tendance à avoir honte quand nous échouons en tant qu'individu. Si nous travaillons dans un environnement qui insiste sur la réussite collective, notre attention sera dirigée vers les erreurs qui ont un impact sur la réussite du groupe. Dans cet environnement, c'est quand nous décevons le groupe que nous avons honte.

Lorsque nous ne nous sentons pas à la hauteur, quelle que soit la situation, nous avons tendance à nous comparer aux autres. C'est une réaction normale mais qui ne sert à rien, si ce n'est à accentuer notre honte. Un de mes élèves a décrit son instinct de se comparer aux autres par un dialogue intérieur formulé à peu près ainsi : « Tout le monde est tellement intelligent et talentueux, et tout le monde sait ce qu'il fait. Jamais je ne réussirai aussi bien qu'eux, quels que soient mes efforts. Je suis un imposteur. »

Si beaucoup d'entre nous s'imaginent que l'autocritique pousse à réussir, cette forme d'autocritique est contre-productive. Nous croyons que l'autocompassion revient à minimiser le problème quand nous ferions mieux de nous y attaquer. Nous pensons que c'est une excuse pour nous tirer d'affaire. Après tout, le désir de ne pas avoir honte n'est-il pas une motivation cruciale pour ne pas répéter notre erreur ? Cette émotion négative dévorante que nous ressentons après avoir fait une bévue n'est-elle pas un rappel viscéral de ce qui compte, un signal d'alarme important, qui réclame notre attention quand nous avons perdu de vue notre but ? Cette culpabilité qui fait petit à petit son chemin en nous et nous ronge de l'intérieur quand nous ne faisons pas de notre mieux n'est-elle pas une forme de feed-back essentiel ? Une boussole interne qui nous aide à rester sur la bonne voie ?

Notre entreprise n'a pas pour objectif premier notre développement personnel et notre introspection. Quand nous sommes au travail, nos actions ont un impact sur les autres, nos choix ne sont pas sans conséquence. (Ils ne le sont pas dans notre vie privée non plus, mais ce n'est pas là notre sujet.) Et cela ne résoudra rien de nous dire : « J'apprends de mes erreurs et j'avance », ou « J'arrive mieux à comprendre les blessures de mon enfant intérieur » face au travail qui nous attend. Nous devons livrer les livrables. Nous sommes responsables devant nos collègues et nos clients, et nous devons accomplir notre mission et fournir le travail demandé en bonne et due forme. N'est-il donc pas normal que nous nous sentions mal quand nous échouons ?

Il existe une distinction claire entre honte et culpabilité. La culpabilité, si elle est désagréable, peut nous aider à prêter attention à un engagement que nous avons transgressé ou rompu, et peut idéalement accélérer les réparations. La honte, en revanche, est une réaction émotionnelle qui se concentre sur nous-mêmes. Elle n'est pas productive. Elle nous maintient dans le vécu négatif de ce qui s'est passé et entrave notre capacité à réagir, à apprendre et à corriger. La distinction entre les deux est subtile mais importante, et, avec une intention et une attention claires, nous pouvons identifier les moments où nous basculons de l'introspection productive à l'égocentrisme.

Le bon côté de la culpabilité (que je préfère appeler « remords ») entre en jeu quand elle agit comme sens moral. Le remords est productif lorsqu'il sert à signaler que quelque chose va de travers. Il nous empêche de perdre de vue nos engagements et nos valeurs, notre intention et notre but. Il met au grand jour ces moments où notre intégrité nous fait défaut, nous permettant de la rétablir et de nous racheter vis-à-vis de nous-mêmes ou des autres. Le remords nous indique qu'il y a un problème.

Le remords peut également être le signe que nous réprimons le meilleur de nous-mêmes. Il fait ressortir ce que mon enseignante Lama Willa appelle notre « être pragmatique », cette partie de nous qui coupe court aux excuses et se retrousse les manches. À l'instar d'un entraîneur prodiguant des paroles d'encouragement avant un grand match, le remords peut nous bousculer, mais il est là pour nous soutenir, et au bout du compte nous motiver. Dans cette analogie, le coach nous représente en train d'accomplir notre tâche comme expression de notre but supérieur. Dans de nombreuses traditions de sagesse, il est incarné par un guerrier spirituel, l'archétype de celui qui passe à l'action et réalise les actes les plus difficiles, pour un monde meilleur.

En état de pleine conscience, nous pouvons nous rappeler que nous ne sommes pas nos pensées et nos sentiments. Si nous avons l'impression d'avoir mal agi, par exemple, cela ne signifie pas que nous sommes quelqu'un de mauvais. Nous pouvons aussi nous rappeler que notre volonté de faire face aux sentiments douloureux liés aux critiques constructives fait partie du processus de développement personnel, et est caractéristique d'un désir d'aller de l'avant. La compassion nous rappelle qu'il s'agit là d'émotions que tout le monde traverse face à des feed-back difficiles à entendre, et que nous aussi, nous sommes capables de les accepter, et de les traverser. Et à force de pratiquer cet art, d'acquérir plus de sagesse et de compétences, notre capacité à surmonter les épreuves s'en verra renforcée – et nous pourrons aider notre entourage à faire de même. En étant prêts à ressentir de l'inconfort, nous pouvons accepter que la situation n'est pas parfaite mais qu'elle peut être améliorée. Mais cela commence par une bonne évaluation de ce qui ne fonctionne pas correctement. Et c'est précisément dans ce domaine que l'autocompassion en tant qu'attitude, en tant que pratique, est si efficace.

La seconde flèche : les scripts négatifs

« Mon entreprise va mettre la clé sous la porte. Je suis pire qu'un imposteur. »

« Tellement de gens ont essayé ce que j'essaye moi-même de faire et ont échoué. Pourquoi y arriverais-je ? »

« Je ne suis pas assez intelligent pour cela ! »

« Comment ai-je pu être aussi stupide ? »

Comment vous êtes-vous senti en lisant les commentaires ci-dessus ? Certains ont-ils fait écho en vous ? Si la réponse est oui, alors vous connaissez la douleur de la seconde flèche. Ces discours-là s'insinuent souvent en nous quand nous nous sentons incompétents ou nerveux. Quand ils se transforment en pensées obsessionnelles, qu'ils nous enferment dans leur « déraison » circulaire, les psychologues les appellent des « scripts ». Dès notre enfance, nous assimilons ces scripts des personnes d'influence de notre famille (nos parents, nos frères et sœurs) et de notre entourage (enseignants et amis). Toute notre vie, nous les répétons sans jamais prendre un instant pour nous demander d'où ils viennent. La plupart du temps, nous n'en sommes même pas conscients.

D'un certain côté, tourner notre attention vers notre espace intérieur quand tout va mal est plutôt utile : il focalise notre attention sur le problème. Ceci dit, les scripts négatifs ne nous aident pas à apporter des solutions ou des améliorations. C'est une chose d'être trop durs avec nous-mêmes ; c'en est une autre de nous coacher de façon constructive pour comprendre ce qui est allé de travers afin de résoudre le problème (ou d'en atténuer le contrecoup) et d'éviter de répéter la même erreur.

La bonne nouvelle, c'est que, quand nous comprenons que nous rejouons un script, nous avons l'option de le réécrire. Cela demande du temps, de la patience, de la pratique – ça ne se fait pas en un clin d'œil. Mais le jeu en vaut la chandelle, car l'autre option consiste à continuer à jouer encore et encore ces scripts négatifs et destructeurs comme une mauvaise bande originale de notre vie.

À vous d'agir
Réécrire le script

Beaucoup d'entre nous ne se rendent pas compte des paroles qui se répètent en boucle dans leur tête. Ces scripts font partie de nous depuis si longtemps que nous nous sommes habitués à eux au point de ne plus les entendre. La prochaine fois que vous vous trouvez confronté à une situation de stress, prenez un moment pour observer où se dirige votre esprit. Observez les pensées et les croyances qui viennent et reviennent, encore et encore. Isolez ce discours obsessionnel, et, lorsque vous ferez face à un défi semblable, remplacez-le par des paroles positives – renversez le script ! Exercez-vous à avoir ce nouveau discours à l'esprit quand vous vous sentez frustré, embarrassé ou mal à l'aise.

Quand le script négatif passe en boucle, il est difficile d'avoir des pensées claires. Au lieu de nous coacher nous-mêmes pour traverser ce moment, nous nous tournons parfois vers un ami, un collègue, un coach de vie, un thérapeute, notre époux ou épouse, ou un parent pour nous soutenir. Mais demander de l'aide aux autres peut avoir des inconvénients : ils ne sont pas toujours disponibles quand nous avons besoin d'eux, et, si nous les sollicitons trop souvent, nous risquons de devenir un fardeau. Et puis ils sont parfois de mauvais conseil, ce qui a le don de nous agacer encore plus. En réalité, même si nous disposons d'un incroyable réseau de soutien et d'entraide qui nous offre des conseils avisés, au bout du compte, ce sera à nous d'agir. Et plus nous nous appuyons sur les autres pour nous guider et nous soutenir, moins nous serons capables de cultiver notre résilience et d'acquérir de nouvelles compétences.

Parfois, au contraire, la voix négative qui bourdonne dans notre tête est si forte qu'elle nous pousse à nous murer dans le silence. Nous confier aux autres devient synonyme de prise de risque et accentue notre honte. Nous préférons alors nous isoler, terrassés par la honte d'avoir prouvé, à nous-mêmes et au monde, que nos angoisses les plus profondes étaient justifiées. Nous pouvons prendre un congé de maladie, évitant ainsi de croiser les gens sur qui notre erreur a eu un impact, ou même changer d'emploi pour échapper à la honte. C'est un problème tellement répandu que les Centers for Disease Control and Prevention[1] le considèrent comme un véritable risque sanitaire. En 2015, les CDC ont rapporté que « les pertes de productivité liées à l'absentéisme coûtent aux employeurs 225,8 milliards de dollars par an aux États-Unis, soit 1 685 dollars par employé[LXVII] ».

1. Centres pour le contrôle et la prévention des maladies.

Le désir de nous terrer est compréhensible : c'est un réflexe normal que de chercher l'espace nécessaire pour nous apaiser et nous ressaisir. Il est différent de celui qui consiste à fuir les émotions difficiles et les retombées potentielles de l'erreur commise, ou à essayer d'étouffer le problème au lieu de s'y confronter. Paradoxalement, quand nous évitons une situation pour ne pas y faire face, nous accentuons la sévérité subjective du problème en question. Nous devrons de toute façon retourner au travail, et, s'il s'agit d'une dynamique interpersonnelle désagréable à laquelle nous contribuons, nous la retrouverons à notre prochain poste.

Même si nous ne nous enfuyons pas physiquement, nous pouvons fuir mentalement. Nous sommes au travail, mais nous n'en avons que faire ; nous ne nous investissons pas. Nous agissons comme des automates ; ou nous vivons dans l'expectative, à attendre nos prochaines vacances, en ignorant le quotidien et les personnes qui nous entourent. Il est tentant de nous insensibiliser à notre entourage et aux événements, mais cela dégrade à la fois nos performances et notre vécu. Nous devenons indifférents au travail, mais nous ne pouvons ensuite nous défaire de cette indifférence en rentrant à la maison : cette ambivalence nous poursuit.

La première flèche : se sentir submergé

Il s'agit là d'un problème douloureux et très fréquent dans le monde professionnel, qui va souvent de pair avec la honte. Les causes de ce problème sont diverses et variées : nous pouvons nous sentir submergés parce que nous n'avons pas fini ce que nous étions censés faire et que cela va bientôt se savoir, ou nous avons accompli notre tâche mais nous avons fait du mauvais travail. Ou encore parce que nous pensons à une échéance qui se rapproche. Ou par notre vie personnelle qui empiète sur notre travail : nous avons un impératif, et notre parent ou notre époux/épouse tombe malade. Ou encore par l'addition de la vie personnelle à la vie professionnelle et les millions de choses à faire dans ces deux domaines alors qu'il n'y a simplement pas assez d'heures dans la journée.

Si nous ne pouvons pas toujours réduire le nombre de tâches qu'il nous incombe de faire, nous pouvons changer notre manière de réagir à cette charge de travail. Et notre réaction peut déterminer quelle douleur supplémentaire nous nous infligeons et à quel point elle nous affaiblit.

La seconde flèche : l'accumulation

Nous sommes nombreux à ne pas trouver le temps de faire ce qui compte le plus pour nous. Nous n'arrivons pas à répondre à toutes les demandes et nous en sommes tétanisés, ou alors nous nous focalisons sur ce qui est le moins important. Nous écrivons un mail quand nous devrions écrire un rapport. Nous nous plaignons au lieu de nous contenter d'accomplir notre travail. Nous trouvons de nombreux moyens d'empirer la situation par un comportement contre-productif.

Par exemple : vous êtes à quelques jours d'une échéance importante qui ne peut être repoussée. Vous n'êtes pas prêt ; on peut même dire que vous en êtes loin. Que faire ? Quand nous sommes submergés par la masse de travail qui nous attend, il peut être tentant d'accomplir plusieurs tâches à la fois. Pourtant, comme il est impossible de faire plusieurs choses en même temps correctement, nous finissons par courir d'une tâche à une autre en étant incroyablement peu productifs, ce qui engendre un coût très important pour l'entreprise. Nous essayons de tout faire ; mais au final ce n'est ni fait ni à faire.

Nous pratiquons aussi l'autosabotage en nous plaignant, en racontant encore et encore à quel point nous sommes occupés. Ou bien quelqu'un nous propose de boire un café ou de nous promener avec lui, et nous gâchons ce moment en nous lançant dans une diatribe contre la longueur de notre liste de choses à faire. Généralement, cela ne fait qu'empirer la situation, en nous stressant encore plus. Et cela n'apporte rien de bon à notre interlocuteur. En nous plaignant, aux autres ou intérieurement, nous utilisons l'énergie qu'il nous restait pour accomplir nos tâches. De plus, ressasser le problème nous rend non seulement névrosés mais aussi égocentriques, ce qui est désagréable pour nous et rebutant pour les autres. Cela peut également nous rendre anxieux, voire hystériques. Et nous finissons parfois par rabâcher nos problèmes au point de sombrer dans la dépression.

Quand nous nous sentons submergés, nous commençons souvent à imaginer d'une manière saisissante les pires scénarios. Le terme technique de cette attitude est « le catastrophisme » ; c'est vraiment un mot à garder en tête. Cela va plus loin que l'inquiétude : nous nous mettons à prier pour qu'il arrive ce que nous redoutons. Quand nous sentons que le temps se fait rare, nous essayons en toute logique d'en créer en rognant sur ce que nous pouvons, et c'est ainsi que nous ne nous occupons plus de nous. Nous avons tendance à dormir moins. À faire moins de sport, à manger des aliments moins sains. Nous ne nous accordons pas les quelques secondes nécessaires pour verser notre déjeuner dans un bol, préférant le manger à même le carton pour « gagner du temps ».

Ou bien nous faisons des activités pour nous apaiser, qui ont l'air anodines sur le moment mais qui ne nous font pas vraiment de bien. C'est de là que vient la longue tradition du verre après le travail. Nous nous tournons vers quelque chose que nous croyons réconfortant, mais qui ne fait qu'empirer la situation à long terme.

Ce qui fonctionne : l'autocompassion

Nous cherchons tous des moyens de rendre notre vie meilleure, même si nous avons des vies et des métiers très différents. Tous les gens avec qui nous travaillons veulent subvenir à leurs besoins et à ceux de leur famille, être estimés, sentir que leur travail est important. Ils veulent tous éviter de tomber malades, et que leurs proches soient en bonne santé. En bref, en tant qu'êtres humains, nous partageons le même embarras.

L'identification de notre embarras commun est l'antidote à l'isolement, à l'égocentrisme, à l'autoflagellation et à la dépendance affective pathologique. C'est la reconnaissance que, malgré toutes nos différences, nous sommes très proches les uns des autres. Choisir de faire appel à cet état d'esprit nous évite de nous sentir isolés ou inférieurs aux autres. Au lieu de considérer nos erreurs comme des preuves de nos discours mentaux négatifs, apprenons à les voir comme des preuves de notre humanité. Nous pouvons faire face à nos erreurs en reconnaissant qu'effectivement nous les avons commises, mais que nous ne sommes pas les seuls. Nous pouvons prendre la responsabilité de nos actes. Nous pouvons résoudre le problème. Nous pouvons demander pardon. Mais nous n'avons pas besoin de nous cacher, parce que les autres peuvent nous comprendre. Ça leur est aussi arrivé d'oublier un rendez-vous, d'être exclu, de perdre un client… la liste est longue. Bienvenue au club.

Un des moyens de pratiquer l'autocompassion consiste à trouver des techniques physiques qui vous réconfortent. Quand vous avez honte ou quand vous vous sentez submergés, vous pouvez vous ancrer dans votre corps de façon à apaiser votre esprit et à réguler votre réaction physique au stress. Prêter attention à votre corps constitue un antidote au dérapage.

Les méthodes ne manquent pas. La stratégie que recommande Kristin Neff consiste à poser une main sur le cœur en récitant une phrase d'autocompassion. Ces phrases sont les opposés des scripts négatifs qui ont l'habitude de prendre le contrôle de notre esprit dans les moments de stress ; elles reconnaissent notre souffrance sans accusation ni récrimination. Entraînez-vous avec des phrases d'autocompassion comme :

C'est un moment de souffrance.
La souffrance fait partie de la vie.
Que je sois bienveillant avec moi-même.
Que je fasse preuve de compassion.

Si vous n'êtes pas prêt à aller « jusque-là » et à mettre une main sur le cœur, trouvez un rituel qui vous convienne. Quelle que soit la méthode que vous choisissez, soyez bienveillant envers vous-mêmes. Littéralement, *soyez là* pour vous, comme vous le seriez pour un ami. Les gens trouvent parfois qu'il est plus facile de développer de la bienveillance envers soi-même en se visualisant quand ils étaient enfants.

Développez votre propre méthode. Décryptez vos besoins et trouvez une action physique qui vous ressource. Cela peut se traduire par une séance de musculation pendant la pause-déjeuner, une promenade rapide, un pull douillet que vous gardez au bureau pour vous y emmitoufler, ou une bonne tasse de thé. Cela peut être aussi simple que de vous mettre un casque sur les oreilles et écouter votre playlist préférée sur Spotify – tant que cela vous réconforte et vous apaise.

À vous d'agir
L'autocompassion

Il est aussi important de pratiquer l'autocompassion que la compassion envers autrui. Quand l'autocompassion s'avère difficile, essayez les exercices suivants :

1. Faites du déjeuner un moment pour vous. Quand vous mangez, prenez le temps d'observer votre nourriture. Vous avez le pouvoir de choisir de consommer des aliments qui vous font du bien. Un bonus : la recherche montre que, quand vous choisissez de manger sainement, l'observation des sensations positives que cela entraîne renforce ce comportement, augmentant les chances de choisir à nouveau des aliments sains au repas suivant.

2. Rappelez-vous que nous croyons tous être des imposteurs. Quand vous vous retrouvez englué dans l'autocritique, à vous traiter de tous les noms, à vous dire que vous êtes incapable de faire quoi que ce soit de bien, et plus largement à vous malmener, rappelez-vous que la plupart des gens souffrent du « syndrome de l'imposteur » : ce sentiment de faire semblant, de ne pas vraiment faire partie du groupe, cette crainte d'être découvert, cette peur que notre véritable incompétence devienne une évidence aux yeux des autres. En réalité, toutes les personnes avec lesquelles vous travaillez, quelle que soit l'assurance qu'elles dégagent, connaissent le doute. Cela fait partie de la condition humaine. Et ce ne sont que des pensées, auxquelles vous n'avez pas besoin de croire.

3. Soyez un ami pour vous-même. Aussi bête que cela paraisse, c'est une astuce que mes élèves d'école de commerce ont trouvée incroyablement utile. Quand vous remarquez que vous êtes dur avec vous-même, imaginez un ami proche venir vers vous avec le même problème. Comment réagiriez-vous ? Comment lui offririez-vous votre soutien ? Que diriez-vous ? Comment considéreriez-vous votre ami ? Essayez ensuite de vous appliquer ces réactions à vous-même.

4. Demandez de l'aide. Beaucoup d'entre nous croient dur comme fer que nous devons être « professionnels », autrement dit que nous devons être stoïques et nous occuper de tout sans rien demander à personne. Avec cette attitude, nous ne pensons pas à demander confirmation et encore moins à demander de l'aide. En fait, nous aurions tendance à refuser tout ce qu'on nous propose. Avec le temps, toutefois, nous réalisons que nous ne pouvons pas travailler seuls. Faites un essai : permettez à quelqu'un de vous aider. Et, si cette idée vous est complètement étrangère, faites-le d'autant plus. Les gens aiment venir en aide ! Pensez à ce que vous ressentez quand vous avez l'occasion d'aider quelqu'un. Vous vous sentez utile. Alors, quand quelqu'un vous propose un coup de main, au lieu de répondre par automatisme : « Non merci » ou « Tout va bien, pas de souci », essayez de dire oui. J'ai attendu d'avoir mon troisième enfant pour accepter qu'une amie dresse ma liste de courses, parce que je n'étais pas prête à demander de l'aide. Ce fut une avancée capitale pour moi, et, lorsque j'ai repris le travail, j'étais plus apte à demander de l'aide quand je me sentais submergée. Ainsi, au moment où j'ai élaboré le cahier de laboratoire pour mon cours, une employée administrative s'est impliquée avec joie et a pris plaisir à m'aider, alors que j'étais terrifiée à l'idée de devoir tout organiser seule, sans parler du temps que cela m'aurait pris et dont je ne disposais pas.

L'autocompassion et l'estime de soi

J'ai fait la connaissance de Kristin Neff à l'occasion d'une conférence que j'étais invitée à donner avec elle et Kelly McGonigal, du CCARE, pour le Palo Alto Mothers Symposium. Kristin Neff a commencé sa carrière en faisant des recherches sur l'estime de soi lorsqu'elle n'était qu'une jeune doctorante à UC Berkeley, et elle a découvert que, malgré sa popularité, l'estime de soi n'était pas un sujet fréquemment étudié par les chercheurs. Avec le temps, les psychologues – en premier lieu, Albert Bandura dans les années 1960 – ont développé ce qu'ils ont appelé « l'apprentissage par observation » ou « théorie de l'apprentissage social ». Des expérimentations ont été menées auprès d'enfants qui imitaient le comportement d'un autre avant de s'évaluer en se comparant à lui. En résumé, l'estime de soi dépendait de la valeur arbitraire que l'on attribuait aux autres, et cette valeur était relative : « Je me sens bien si je suis meilleur que toi. » Pendant des décennies, l'estime de soi a été considérée comme un marqueur clé du bien-être chez les enfants et a eu un rôle central dans l'éducation et les stratégies parentales. Mais les recherches effectuées par Kristin Neff en 2003 ont révélé que l'estime de soi n'était pas le remède miracle dont on avait tant parlé – en réalité, ce principe central de notre système éducatif faisait peut-être plus de mal que de bien.

Et nous voilà à présent avec ce que l'on considère comme une épidémie de narcissisme chez les générations qui ont été le plus endoctrinées par cette théorie sur l'estime de soi. Des années 1980 à 2009, le taux de narcissisme parmi les jeunes en âge d'aller à l'université a doublé jusqu'à atteindre 30 %[LXVIII]. Le narcissisme est un trouble lié à l'égocentrisme, une vision du monde auto-référentielle, qui n'inclut pas les autres. Les étudiants narcissiques ne se concentrent pas sur leurs études mais sur leur image, et ne se sentent bien que lorsqu'ils sont à leurs yeux meilleurs que les autres. Ils sont emprisonnés dans une forme de compétition et s'observent de l'extérieur. Quand ils finissent par monter les échelons jusqu'à se retrouver entourés de personnes du même niveau qu'eux (à l'école, ou au travail), ils ne savent pas comment se différencier. Leur personnalité tout entière est bâtie sur l'idée d'être le meilleur, mais ils ne le sont plus (si tant est qu'ils l'aient déjà été). Il leur est difficile de s'ouvrir aux autres et de collaborer.

Cette identité fondée sur l'estime de soi, qui implique que « je ne peux être heureux que si je suis exceptionnel et surpasse les autres », nous suit de l'enfance à l'université, puis au travail et dans nos relations personnelles. Nous nous retrouvons dans une position intenable, sous la menace constante de nos amis, de nos collègues et de nos coéquipiers. La réussite est construite comme un jeu à somme nulle. Nous ne voulons pas y faire entrer les personnes les plus talentueuses ; elles risqueraient de nous humilier. Nous aurions plutôt tendance à leur donner un coup de couteau dans le dos qu'à nous associer à elles. Ce point de vue n'est pas propice au développement d'un réseau solide ou à la réussite collective, pierre angulaire de l'innovation. Il n'est pas bénéfique non plus pour notre santé psychique : d'après la psychologie actuelle, la comparaison sociale est le chemin le plus direct vers la souffrance. Quand nous trouvons que quelqu'un a mieux réussi que nous, qu'il est plus intelligent, plus riche ou « meilleur » en général, cela nous rend malheureux. Lorsque nous nous comparons aux autres, nous ne pouvons pas toujours l'emporter. Lorsque nous croyons être les meilleurs, nous nous comportons de manière détestable et nous nous isolons. Et, si nous nous croyons moins talentueux que les autres, cela génère de la tristesse et nous pousse également à nous couper des autres.

Se retrouver dans une impasse dès que l'on atteint le sommet, voici un problème bien connu à Stanford. Les étudiants intègrent cette université uniquement parce qu'ils étaient les meilleurs de leur classe dans leur ancienne école. Mais les voilà entourés d'autres étudiants qui, eux aussi, étaient les meilleurs. Ils ne peuvent plus *tous* être les meilleurs, et ils n'ont aucune idée du comportement à avoir au quotidien pour s'adapter à cette nouvelle situation. Ils se sentent malheureux, mais doivent faire semblant d'aller bien. On appelle cela le « syndrome du canard » : glisser sur l'eau en ayant l'air à l'aise alors qu'on patauge avec acharnement pour garder la tête hors de l'eau. Et la honte et l'autocritique alimentent justement ce combat intérieur.

Quand nous avons étudié l'estime de soi et l'autocompassion los de mes cours, un de mes élèves a raconté son expérience dans un devoir de réflexion :

D'après mon expérience professionnelle, les gens développent généralement davantage leur estime personnelle que l'autocompassion. Je pense que c'est le résultat de plusieurs facteurs. Premièrement, le monde du travail est un environnement plutôt concurrentiel. Il y a un nombre défini de promotions qui peuvent être attribuées, ou une somme définie qui peut être distribuée sous la forme de primes. De ce fait, les directeurs comme les employés sont poussés à utiliser un système individualiste qui les aide à se différencier de leurs pairs.

Deuxièmement, il semble que les personnes ayant une haute estime d'elles-mêmes aient plus tendance à être des leaders. Les collègues peuvent sentir qu'un individu a une haute idée de lui-même et cherchent alors à gagner son approbation. En outre, les personnes qui pratiquent l'autocompassion sont moins visibles dans le milieu du travail. Et, comme elles sont moins visibles, il est plus difficile pour les cadres et pour leurs collègues d'identifier leurs qualités de leader.

Si, comme l'a observé cet étudiant, l'estime de soi semble être valorisée au travail, l'autocompassion ne nous rend pas pour autant invisibles. Elle ne nous ferme pas les yeux sur nos erreurs et ne nous désintéresse pas des domaines dans lesquels nous devons nous améliorer. En fait, comme la recherche l'a montré encore et encore, l'autocompassion n'entraîne pas l'autosatisfaction. Mais elle nous rend moins égocentriques et plus aptes à coopérer, à apprendre des autres et à diriger les autres.

6

La sagesse des émotions

« Entre le stimulus et la réaction, il y a un espace. Dans cet espace se trouve notre pouvoir de choisir comment réagir. Et dans notre réaction reposent notre évolution et notre liberté. »

VIKTOR E. FRANKL, *Man's Search for Meaning*[LXIX]

Un de mes élèves, que j'appellerai John, m'a raconté cette histoire après un cours où nous avions parlé de la colère au travail. Il m'a expliqué que la pire explosion de fureur qu'il ait jamais connue a eu lieu il y a quelques années, alors qu'il était au téléphone avec son associé, à qui il avait confié la charge des opérations pour quelques jours, pendant qu'il prenait des vacances. John m'a décrit sa réaction lorsque son associé l'a appelé pour lui raconter une grosse mésaventure : « J'ai immédiatement attribué le problème à sa négligence et à sa paresse, avoua John. Je me suis mis dans une colère noire, j'ai prononcé des paroles très blessantes, et ce fut la fin de notre relation professionnelle. »

En fait, cela faisait quelque temps que John était à la fois mal à l'aise avec la direction que prenait le management de l'entreprise et très préoccupé par la dégradation du comportement de son associé. Pourtant, au lieu de se pencher sur ses émotions au fur et à mesure qu'elles se manifestaient, il les réprimait, ne les laissant s'exprimer que quand il rencontrait une situation difficile. Comme il l'a dit en cours, il s'est rendu compte, rétrospectivement, que c'était sa réaction habituelle face aux émotions inconfortables. Soit il les réprimait, soit il se distrayait pour éviter de s'y confronter : « Je crois que le mode de fonctionnement qui m'a amené à cette explosion de colère est lié à ma tendance à réprimer mes émotions dans la vie, et surtout au travail. En réfléchissant à cette expérience, je m'aperçois que si je m'étais autorisé à ressentir pleinement ma peur et ma colère quand elles apparaissaient, à être curieux et à chercher les racines de ces émotions, j'aurais pu aborder beaucoup plus tôt les différends que j'avais avec mon associé. »

Il se trouve que ce dernier livrait un combat contre la dépression. Mais, au lieu d'être compatissant envers lui et pleinement conscient de ses propres émotions, John avait laissé la situation se dégrader jusqu'à un point de non-retour. Il avait le sentiment que, s'il avait connu de meilleures stratégies de régulation des émotions, il aurait au moins pu sauver sa relation avec son associé et lui offrir le soutien émotionnel dont il avait besoin à ce moment-là.

John n'est pas le seul à avoir « explosé » au travail. Une de mes amies, victime de harcèlement pendant plusieurs mois, a fini par quitter une réunion en claquant la porte devant toute son équipe quand, pour la énième fois, son chef lui a crié dessus. Il y a aussi ce steward tristement célèbre de JetBlue qui, après une journée particulièrement mauvaise, a insulté les passagers, ouvert la sortie de secours alors que l'avion était encore sur le tarmac, et quitté son poste[LXX]. Et ce joueur de base-ball qui a donné un coup de poing dans le mur des vestiaires et en a perdu l'usage de son bras lanceur. Il existe des exemples de personnes ayant perdu leur sang-froid dans toutes sortes de contextes professionnels.

Au travail, les émotions négatives qui nous traversent sont trop nombreuses pour toutes être nommées. La colère, la jalousie, le manque, l'inquiétude, la crainte, la distraction ou le manque de concentration, l'ennui, le stress, la paranoïa, l'anxiété, le sentiment d'être submergé… la liste est interminable. En règle générale, l'« explosion » au travail s'accompagne d'une décharge émotive : on crie, on pleure, on claque des portes, on quitte la salle en trombe… Mais, dans les cas extrêmes, l'acte est plus problématique. (Comme lorsqu'on ouvre l'issue de secours d'un avion.) L'ennui, avec ces « explosions », c'est que, si elles permettent de décharger momentanément les tensions, elles s'accompagnent souvent de conséquences à long terme : être licencié, envoyé en conseil de discipline, se décrédibiliser auprès de ses collègues ou subordonnés, ou perdre un client important. Et bien sûr, dans les cas extrêmes, elles peuvent mener à la violence.

Habituellement, plus une émotion difficile ou négative est réprimée au quotidien, plus il y a de risques pour qu'elle jaillisse de façon explosive. Ce qui nous amène à la question suivante : pourquoi réprimons-nous nos émotions au travail ?

Plonger dans l'abîme

Le plus souvent, nous pensons qu'exprimer nos sentiments est une vertu dans certains contextes, et que nous pouvons nous permettre d'être vulnérables ou de perdre notre sang-froid avec nos amis, mais la plupart d'entre nous ont compris, et ce, depuis longtemps, qu'il était hors de question d'exprimer nos émotions à l'état brut au travail. Nul besoin d'études scientifiques pour savoir qu'il ne faut pas crier sur le patron, sortir d'une réunion d'équipe en ayant l'air désabusé, avoir le trac au point de s'arrêter de parler en pleine présentation, ou fondre en larmes ailleurs que dans des toilettes fermées à double tour.

Au travail, où piquer une crise n'est pas une option, le refoulement des émotions est le plus gros obstacle à notre but. Nous assimilons le professionnalisme et le leadership à la répression émotionnelle, et nous ne voyons pas où est le problème (autre que la difficulté à garder notre calme pendant une journée particulièrement stressante). Nous imaginons que la productivité, le professionnalisme et le respect dépendent de notre capacité à masquer nos émotions et qu'il nous incombe de les dissimuler ou de les nier au travail. Croyant que les sentiments sont le problème même, nous essayons de nous débarrasser d'eux ou de les ignorer complètement, sans voir les ressources que nous demande cet effort. Et ce dernier est stérile. Nous croyons qu'enfouir nos sentiments est la meilleure et la seule façon d'être performant au travail, mais, ce faisant, nous barrons le passage à une source d'informations vitale : nos émotions.

James Gross, parrain de la psychologie des émotions et professeur à Stanford, fut un pionnier dans le domaine de la régulation émotionnelle. Ses recherches ont démontré très clairement que plus nous essayons de nous détourner de nos émotions, plus nous y perdons[LXXI]. La fuite, la rumination et la répression entraînent plus d'anxiété, de dépression et d'émotions négatives, moins de mémoire de travail, plus de stress, un moindre sentiment d'authenticité et une plus faible capacité à passer des examens. Les gens qui emploient des stratégies répressives face à leurs sentiments sont aussi moins sympathiques aux yeux des autres.

Si nos émotions s'accrochent à nous avec tant d'obstination malgré nos tentatives répétées de les supprimer ou de les ignorer, il y a une raison à cela : elles sont nécessaires à notre survie. Nous sommes des créatures émotionnelles. Au fil de notre évolution en tant qu'êtres sociaux, les sentiments ont été encodés dans notre ADN. Ils ne sont pas là en option, mais représentent au contraire une partie essentielle de notre constitution en tant qu'humains. Nous sommes des créatures sociales, et nous avons développé une incroyable capacité à assimiler les normes de la société (la façon dont nos actions sont interprétées par les autres). À travers nos réactions émotionnelles, nous pouvons obtenir de précieuses informations sur une situation donnée. Notre capacité à inscrire efficacement les normes du groupe dans notre vécu est le cadeau que nous offre notre vie émotionnelle intérieure. D'après Gross, la première raison d'être des émotions est de nous pousser à l'action. Nous pouvons visualiser nos émotions comme des sonnettes d'alarme qui nous poussent à prêter attention à ce qui compte pour nous. Notre système de réaction émotionnelle est un mécanisme physiologique très sophistiqué qui rassemble des informations sur notre environnement. Ces informations nous permettent de distinguer plus clairement nos buts et nos besoins.

Ainsi, des émotions négatives comme la colère ou la jalousie signalent que quelque chose nous est cher. On dit parfois qu'on ne chercherait pas la bagarre avec quelqu'un qui nous est indifférent. Le même principe s'applique quand nous nous énervons contre un collègue de manière irrationnelle. Lorsque celui-ci nous rend fous, nous pouvons choisir de prendre du recul et nous rendre compte que, si nous sommes énervés, c'est parce que notre travail nous tient à cœur. Ce qui est plutôt positif.

Quand nous apprenons à écouter nos émotions, nous ne les voyons plus comme un problème à régler. Nous comprenons qu'elles sont notre source de sagesse la plus profonde. Les écouter est une technique de survie. Les éteindre ne nous aide pas à avancer. D'ailleurs, le détachement et le cynisme face aux responsabilités et aux relations professionnelles sont des signes révélateurs du burn-out.

Soyons clairs : je ne suis pas en train de suggérer que nous devrions arpenter le bureau en racontant à tout le monde nos impressions sur la journée, sur notre chef, ou sur les organisations pour lesquelles nous travaillons. Mais j'aimerais vous inviter à être attentifs à vos sentiments au travail, plutôt qu'à les ignorer ou à les réprimer. Le chemin qui mène à notre but traverse nos émotions – même (et surtout) les plus difficiles. Dans la tradition bouddhiste, nous utilisons parfois la métaphore du serpent piégé dans une tige de bambou : il est impossible de « contourner » nos émotions. La seule façon d'en sortir est de les affronter. Si, par exemple, un collègue de travail a un sens de l'humour qui nous met mal à l'aise, peut-être est-il préférable de ne pas ignorer ce sentiment. Le contraire serait non seulement néfaste pour nous, mais risquerait de s'avérer nuisible pour les autres également.

Les émotions au travail :
les disparités hommes-femmes

D'après une étude[LXXII] réalisée par Anne Kreamer aux États-Unis auprès de 200 actifs, les femmes seraient un peu plus nombreuses que les hommes à ressentir de la colère au travail – 51 % contre 42 %. Les hommes jeunes (42 %) ont plus tendance que les femmes (23 %) à croire que la colère est un outil de management efficace. 41 % des femmes ont admis avoir pleuré au cours de l'année écoulée, contre 9 % des hommes. Mais il y a un point sur lequel hommes et femmes tombent d'accord : 80 % des hommes et des femmes interrogés ont déclaré qu'ils aimeraient voir les émotions exprimées plus ouvertement dans le milieu professionnel.

Ce qui ne fonctionne pas

À la lumière de ces découvertes, nous devons remettre en question l'idée selon laquelle nous vivons surtout là-haut, dans notre tête, et nos émotions sont des détails superflus que nous laissons nous traverser par mégarde. La pleine conscience nous offre les outils permettant de décoder et de surmonter ces émotions, même les plus difficiles à vivre. Elle nous permet de reconnaître nos points sensibles et de comprendre comment réguler nos émotions ou nous adapter aux situations qui nous ébranlent. Avec l'autocompassion, nous pouvons vivre une émotion sans *devenir* cette émotion et sans la laisser nous pousser à avoir une réaction que nous regretterons plus tard. En posant des intentions et en gardant à l'esprit l'image de la boîte de notre puzzle, nous pouvons écouter la sagesse que nos émotions ont à nous offrir et prendre de meilleures décisions.

Quand nous réprimons nos émotions, nous obscurcissons aussi notre jugement, nous affaiblissons notre QI émotionnel, et nous engendrons du stress. Malheureusement, la perspective évolutionniste sur les sentiments se résume souvent à l'idée selon laquelle nos émotions, si elles étaient utiles du temps des tigres à dents de sabre et du gibier difficile à chasser, ne sont plus adaptées au monde moderne. Avec une telle théorie, les conseils sur la régulation des émotions se limitent généralement à considérer nos sentiments comme des sonnettes d'alarme inadaptées. C'est vrai, nos émotions ne reflètent pas toujours la réalité objective, mais nous ne devrions pas tomber dans l'extrême inverse et les ignorer de façon catégorique. Encore aujourd'hui, les sentiments sont empreints de sagesse ; ils peuvent émettre des signaux sur le comportement à adopter, si nous sommes disposés à les observer et à les écouter.

Réprimer les émotions (autrement dit : les enfouir)

Refouler nos émotions n'est pas la solution. Mon professeur de méditation utilise la métaphore du ballon. Nous sommes comme un ballon : si nous réprimons nos émotions d'un côté, elles vont ressortir de l'autre… et nous faire éclater.

La répression des émotions affaiblit

Comme l'explique James Gross, le contrôle exécutif est « la capacité à inhiber une réaction dominante pour activer une réaction sous-dominante ». Pour le dire simplement, cela consiste à choisir une réaction autre que celle qui nous est la plus familière. Sans cette capacité, nous ne pourrions pas aller bien loin sur la route qui mène à nos buts supérieurs. Et, si vous êtes comme moi, vous serez trop distrait par les gâteaux et les glaces en chemin. Cela dit, serrer les dents, rester de marbre et garder le contrôle nécessite de grands efforts, surtout si nous sommes en proie à une colère intense. Le cortex cingulaire antérieur, le cortex insulaire et les noyaux gris centraux de notre cerveau ont leurs limites ! Chasser nos sentiments les moins agréables pour ne pas avoir à les vivre nous entraîne dans un cercle vicieux, parce qu'ils ne s'en vont pas pour autant. Nous devons lutter jour après jour pour continuer à les étouffer. Les émotions restent présentes, et nous déployons des efforts intenses pour les réprimer. C'est de l'énergie que nous pourrions utiliser ailleurs, comme par exemple dans la poursuite de notre but, ou tout au moins dans l'accomplissement de nos tâches. Et, en raison de toute cette perte d'énergie, nous avons le sentiment de peiner à garder la tête hors de l'eau alors que nous pourrions être en train de nager.

La répression des émotions a un effet contre-productif

Nous voulons tous être heureux et avancer vers un but élevé, mais les émotions telles que la peur, la colère, la tristesse et la jalousie peuvent nous faire croire que nous rechutons. Il est tout à fait normal de vouloir se débarrasser de ces sentiments désagréables. Mais le paradoxe, c'est que cela ne fonctionne pas. Les études réalisées à ce sujet montrent toutes que combattre nos sentiments ne fait que les renforcer. Essayer de réprimer une émotion négative stimule notre amygdale. Notre cerveau interprète cela comme signal émotionnel, et travaille alors de plus en plus vite, jusqu'à entrer dans un cercle vicieux où toute la dynamique s'intensifie. La capacité à tolérer, à accepter ou à avoir de la curiosité pour des émotions désagréables est la porte de sortie de ce cycle.

D'après les psychologues, les émotions existent en premier lieu pour nous pousser à agir. Nous appartenons à un contexte social, à un environnement particulier, et les émotions constituent un moyen rapide d'obtenir des informations sur notre rapport au monde. D'un point de vue évolutionniste, elles sont conçues pour nous aider à rester en sécurité. Si nous pouvions les faire taire pour nous sentir mieux, nous ne serions pas vraiment en sécurité. Si nous nous rappelons que les émotions existent pour nous aider à mieux appréhender notre environnement, et pas nécessairement à nous sentir bien en permanence, nous les regarderons sous un autre angle. Nous les accepterons, au lieu d'essayer de les étouffer. Nous pouvons et nous devrions utiliser les émotions à notre avantage, comme nous le faisons avec le stress : si nous voyons qu'elles nous aident à nous adapter à l'environnement, elles deviennent un moyen d'obtenir des informations importantes qui peuvent nous permettre de réagir rapidement.

Enfin, exactement comme le stress, la répression des émotions est mauvaise pour notre corps. Par exemple, si je suis en colère contre un collègue qui m'a interrompue au milieu d'une phrase, mais que j'essaye d'étouffer ma colère, celle-ci va continuer de bouillonner en moi. J'arriverai peut-être à tenir jusqu'à la fin de la réunion, mais, la prochaine fois que je serai irritée par le comportement de ce collègue (ou parent, partenaire, ami ou enfant), je ferai sauter le couvercle. Comme dans la métaphore du ballon, quand nous repoussons une émotion d'un côté, elle ressort inévitablement de l'autre.

La répression des émotions est mauvaise pour la santé

Le génome (l'ensemble de notre matériel génétique) est constitutif de ce qui fait notre humanité. Comme il nous est indispensable de réguler nos émotions (par exemple, de faire des compromis pour le bien de la tribu même quand nous n'en avons pas envie, ou de ne pas tuer nos enfants même quand ils sont horripilants), le génome humain renferme des empreintes moléculaires nous permettant de nous maîtriser. Mais la répression des émotions va à l'encontre de ces empreintes, et notre vitalité en paye le prix. Des études menées sur le lien entre la répression des émotions et le risque de mortalité montrent qu'en étouffant nos émotions nous augmentons le risque de mourir prématurément, y compris d'un cancer. Des travaux plus poussés sont nécessaires pour mieux comprendre les mécanismes biopsychosociaux de ce risque et la nature des associations entre la répression et les différentes formes de mortalité.

Notre gestion des émotions a aussi une influence sur le développement des maladies cardio-vasculaires. Réprimer nos émotions nous demande un effort physique et physiologique soutenu, principalement sous forme de stress, qui entraîne une usure générale et une vulnérabilité accrue aux maladies avec le temps. À l'inverse, des études ont montré que des stratégies alternatives de gestion des émotions, basées sur l'attention, réduisent le risque de maladies cardio-vasculaires, et que les émotions négatives en tant que telles n'augmentent en rien ce risque. En d'autres termes, si nous sommes capables de réguler nos émotions non pas en les étouffant mais en étant conscients de leur présence, nous pourrons les ressentir, mais sans nous laisser submerger.

La répression des émotions détériore les relations professionnelles

Nos relations avec nos coéquipiers sont nos ressources les plus précieuses au travail. De bonnes relations avec nos responsables, nos subordonnés et nos pairs contribuent à notre productivité comme à notre plaisir de travailler. La répression des émotions met à mal nos relations de plusieurs façons. Premièrement, nous sommes perçus comme des personnes hypocrites, ce que notre entourage a tendance à prendre personnellement, à cause de l'erreur fondamentale d'attribution (c'est-à-dire de la tendance à expliquer le comportement de quelqu'un à partir de facteurs internes plutôt qu'externes). Deuxièmement, réprimer nos émotions implique de devoir constamment surveiller nos paroles quand nous sommes avec les autres. Chaque conversation devient alors un terrain miné qui menace de souffler notre façade, et tous les efforts que nous faisons pour nous protéger nous demandent une énergie folle, que nous n'avons plus pour résoudre d'autres problèmes et accomplir notre travail. Enfin, dans la mesure où nous ne pouvons pas accepter les faiblesses des autres sans reconnaître les nôtres, la répression des émotions nous isole des autres et nous limite à des bavardages sans intérêt – car que reste-t-il comme sujet de conversation ?

La répression des émotions détériore les relations personnelles

Refouler nos émotions nous prive du plaisir d'avoir des relations privilégiées, nous coupant des autres – de nos collègues, comme nous l'avons déjà remarqué, mais pas seulement. Quand des conflits minent notre journée de travail, nous avons plus tendance à être en colère ou à nous renfermer sur nous-mêmes en rentrant à la maison.

La répression des émotions nous prive des sentiments agréables

La répression des émotions est une stratégie qui ne fait pas dans le détail. C'est un peu comme la pêche au filet : en essayant d'attraper certaines émotions négatives, elle finit par tout prendre sur son passage. Et c'est ainsi que nous étouffons non seulement les émotions non désirées, mais aussi les sentiments les plus convoités, comme la joie, le réconfort, ou l'affection, et que nous nous coupons des autres.

Quand nous sommes indifférents, nous ne ressentons rien. En revanche, quand nous sommes investis dans notre travail, nous sommes traversés par des sentiments relatifs non seulement au travail en lui-même mais aussi à tout ce qui s'y rapporte de près ou de loin. C'est un signe d'engagement. Quand nous percevons quelque chose qui, à nos yeux, est lié à un de nos buts, nos réseaux de traitement des émotions se mettent à poser trois questions fondamentales : Est-ce que c'est bon pour moi ? Est-ce que c'est mauvais ? Quelle réaction adopter ? Donc, si au cours d'une réunion il y a une conversation sur un sujet qui nous est cher, nous aurons tendance à avoir plus de réactions émotionnelles. Nous serons en alerte renforcée, et nos émotions représenteront un des outils les plus importants pour rassembler des données.

L'ennui, pour reprendre la théorie évolutionniste populaire, c'est que nos émotions peuvent être inadaptées, et entraîner un comportement inadéquat. Nous pouvons interpréter une situation de travers, percevoir des intentions là où il n'y en a pas, ou reporter sur quelqu'un une irritation qui s'est manifestée lors d'un échange précédent. Nous pouvons par exemple mal évaluer le ton d'un mail, ou commencer une réunion en ayant encore en tête une dispute que nous venons juste d'avoir au téléphone. Pour utiliser à notre avantage les informations offertes par nos émotions, nous avons donc besoin d'intervenir dans l'interstice séparant l'émotion que nous ressentons et le comportement que nous adoptons instinctivement. C'est ici que la pleine conscience entre en jeu.

En 2014, Bill Gross[LXXIII] (aucun lien de parenté avec James Gross), alors gestionnaire d'actifs pour la Pacific Investment Management Co., a fait les gros titres après avoir violemment attaqué deux de ses collaborateurs, qui avaient parlé à la presse de son comportement prétendument abusif. Ils l'avaient décrit comme une personne lunatique, autoritaire et sujette à des colères explosives. Quand ce portrait est paru dans les journaux, Gross a tenté de faire licencier ses collègues. Au lieu de cela, c'est lui qui s'est fait renvoyer. Après cet incident, Bill Gross a intenté une action en justice et réclame aujourd'hui 200 millions de dollars de dommages et intérêts[LXXIV].

Bill Gross n'est pas le premier cadre haut placé à perdre son sang-froid. La *Harvard Business Review* a décrit dans un article le traitement sévère que le réalisateur James Cameron réservait à ses employés. Dish Network a été qualifiée par le *24/7 Wall St.*

comme « la pire entreprise pour laquelle travailler », expliquant que son patron, Charles Ergen, « admonestait ses employés publiquement ». Des chercheurs de Stanford ont étudié les comportements abusifs des hauts dirigeants pour comprendre comment une entreprise peut réagir le plus efficacement possible au mauvais comportement de son P-DG (ce qui montre que le problème est assez répandu pour justifier une étude).

La pleine conscience nous aide à « exprimer » nos émotions différemment. En pratiquant, nous pouvons par exemple reconnaître la colère à temps, et éviter de prononcer des paroles ou de commettre des actes que nous regretterons plus tard. La pleine conscience nous accorde une pause entre l'émotion et l'action. Dans cette petite fenêtre de temps, nous avons l'opportunité de rejeter cette partie de notre héritage de l'évolution qui n'est plus adaptée à la vie moderne, et de choisir consciemment une réaction plus appropriée. Nous pouvons observer la colère que nous ressentons, reconnaître ses risques et ses bénéfices potentiels dans une situation donnée, comprendre l'information qu'elle nous offre, et l'utiliser pour agir en accord avec notre but supérieur. Le sentiment de colère peut notamment nous indiquer que nous sommes maltraités. Grâce à la pleine conscience, nous pouvons canaliser cette énergie pour nous défendre avec plus d'assurance. Si nous avons la chair de poule en étant témoin d'un mauvais traitement réservé à l'un de nos collègues, nous pouvons utiliser cette « énergie » comme une impulsion pour exprimer notre compassion et prendre position. Ou si nous reconnaissons être submergés par l'émotion, nous pouvons attendre qu'elle se dissipe avant d'agir.

Avec de l'entraînement, nos schémas habituels de réactivité émotionnelle nous deviennent familiers – rappelez-vous, la traduction littérale du terme tibétain pour la méditation est

« familiarisation », car une pratique contemplative régulière nous familiarise avec nous-mêmes. Quand nous sommes attentifs, nous pouvons déceler des indices, ou ce que j'appelle des « tells émotionnels », qui (une fois encore, si nous sommes attentifs) nous informent d'une menace ou d'une réaction potentielle avant qu'elle se produise, afin que nous puissions réagir avec plus d'intentionnalité. Ces tells nous donnent un avantage au travail, exactement comme au poker. Par exemple, nous pouvons sentir la colère monter en lisant un mail peu flatteur d'un collègue envoyé à toute l'équipe. Plus nous remarquons notre réaction émotionnelle en amont, plus nous serons capables de prendre une pause avant de réagir. Si nous attendons trop longtemps, nos émotions risquent de nous submerger ou de prendre complètement possession de notre humeur, se cristallisant en jugements et en croyances. Une détection précoce des émotions nous permet de jouer la montre, faire des choix sur la façon de les interpréter et agir en conséquence. Prêter attention aux tells émotionnels nous donne aussi des clés de compréhension sur notre environnement et notre entourage, que nous pouvons utiliser pour prendre des décisions et déterminer notre mode d'action.

Dans son livre *Système 1/Système 2 : les deux vitesses de la pensée*[LXXV], l'économiste et lauréat du prix Nobel d'économie Daniel Kahneman raconte l'histoire d'un pompier expérimenté qui a donné l'ordre à son équipe de quitter un bâtiment en flammes juste avant qu'il s'effondre. Quand on lui a demandé comment il a su que le danger était imminent, il a évoqué la sensation de chaleur à ses oreilles. Il avait prêté attention à une sensation subtile qui était devenue un tell, grâce à son expérience et à sa familiarité avec les situations de danger. Nous aussi, nous pouvons bâtir un corpus de connaissances en nous familiarisant avec les situations qui touchent nos points sensibles et avec les sensations physiques, les pensées et les réflexes émotionnels qui signalent un danger. Nous pouvons remettre ces informations en question pour juger avec plus de justesse. La pleine conscience de nos émotions nous permet de ressentir l'équivalent émotionnel de cette chaleur à nos oreilles et d'agir en conséquence. La phrase de Kahneman « l'intuition est la reconnaissance » résume parfaitement ce que rapportent tant de pratiquants de la pleine conscience : nous devenons peu à peu capables de déceler des indices plus subtils. Ces derniers nous donnent rapidement accès à notre savoir, et nous ouvrent à plusieurs formes de connaissance.

Comme le montre la pleine conscience, il est illusoire de croire qu'un comportement pourrait être purement rationnel (idée qui est au cœur des théories économiques traditionnelles) ; et les innombrables recherches sur le comportement humain prouvent que les émotions, l'état d'esprit et le facteur social sont des éléments clés de la prise de décisions. Les économistes le reconnaissent depuis longtemps. Les émotions jouent un rôle essentiel dans la prise de décisions, et notre incapacité à prendre en compte cette variable explique en partie pourquoi les modèles économiques permettent rarement de prédire les comportements dans la vraie vie.

Émotions et décisions

Jonathan Haidt est psychologue social et professeur de leadership à la New York University Stern School of Business. Ses recherches portent sur la morale, les émotions et la prise de décisions[LXXVI]. Haidt se penche en particulier sur les prises de décisions éthiques et l'influence des émotions. Il affirme que notre internalisation des normes culturelles, qu'il nomme « facteurs d'intuition sociale », peut nous pousser à adopter des réactions automatiques et irréfléchies face à des questions morales. Il décrit ces réponses comme « des réactions instinctives de l'esprit ». En tant qu'êtres humains, nous utilisons ce qu'il appelle « l'intuition morale », et nous avons tendance à justifier ces réactions instinctives par des arguments logiques après coup. Par exemple, même si notre intuition nous indique que la plaisanterie d'un collègue est de mauvais goût, nous préférons utiliser la rationalisation pour expliquer ce ressenti.

L'approche de Haidt n'est pas sans rappeler le phénomène de « fines tranches » que Malcolm Gladwell a popularisé dans son best-seller *La Force de l'intuition*, s'inspirant de chercheurs tels que Kenney, Malloy ou Thorndike. C'est ainsi que nous croyons prendre des décisions rationnellement, alors que nous portons en fait des jugements hâtifs, fondés sur des émotions qui sont elles-mêmes des normes sociales et culturelles internalisées. Et tout ce processus est à la fois très rapide et en grande partie inconscient.

Notre comportement repose essentiellement sur nos émotions ou nos réactions à nos émotions, même si nous n'en avons pas l'impression. Comme l'ont montré des chercheurs comme Haidt, notre idiosyncrasie et notre histoire personnelle influencent nos réactions. Chacun de nous voit le monde à sa manière et appréhende chaque situation au travers d'un système de croyances et de suppositions implicites. De ce fait, nous tirons souvent des conclusions hâtives et agissons en fonction de ces suppositions, qui ne sont pas toujours « objectivement » correctes. (Nous supposons que les autres ont la même vision du monde que nous, alors que ce n'est bien sûr pas le cas.) Cette idée selon laquelle nous interprétons le monde qui nous entoure en fonction de notre expérience est parfois appelée l'« échelle d'inférence ».

L'échelle d'inférence

Il s'agit d'un processus par lequel nous passons de l'observation des données de notre environnement à leur interprétation. Savoir que cette échelle existe peut nous permettre d'observer notre façon d'y grimper. La pleine conscience nous aide à nous montrer attentifs à chacun des échelons sur lesquels nous transformons des données objectives en opinions subjectives – Untel a prononcé telles paroles, et nous en concluons qu'il essaye de se venger –, et à séparer nos observations des inférences de nos interprétations subjectives. Et être en pleine conscience implique de savoir ce qui se cache derrière nos suppositions, nos conclusions, nos émotions et nos actions. Quand nous sommes capables de nous observer en train d'agir, d'avoir conscience du métamoment, nous pouvons modifier notre réaction avant qu'il soit trop tard. Quand nous nous arrêtons pour écouter les scripts qui passent dans notre tête, nous pouvons nous demander s'ils sont véridiques. Quand nous apprenons à identifier nos émotions, nous pouvons distinguer celles qui sont véritablement fondées de celles qui pourraient être un effet secondaire de la deuxième flèche et nous induire en erreur. Observer d'où viennent nos idées et nos sentiments, telle est la première étape.

Il est important de garder en tête que, si nos émotions se déclenchent en réponse à des situations, les situations ne *créent* pas nos réactions. C'est notre façon d'interpréter ou d'évaluer une situation qui les suscite. C'est là qu'interviennent l'expérience et le jugement. La focalisation est un outil intéressant dans la régulation des réactions. Si nous parvenons à modifier notre angle de vue, nous pouvons prêter attention aux données observables. Et, quand nous nous rendons compte que nous sommes en train de grimper à l'échelle d'inférence, nous pouvons redescendre vers des informations moins subjectives. Par exemple, si un collègue prononce des paroles qui nous énervent, nous pouvons lui poser une question qui nous aidera à décrypter sa motivation. On peut lui demander tout simplement ce qu'il entendait par cette remarque, ou constater qu'il a l'air en colère et essayer d'en savoir plus.

À vous d'agir
Identifier l'échelle d'inférence

Être attentifs et reconnaître que nous sommes en train de grimper l'échelle d'inférence peut nous permettre de dévier notre attention vers des données objectives au lieu de réagir à des sentiments subjectifs. Pensez à un événement récent qui a eu lieu au travail et a provoqué en vous des émotions difficiles, et faites l'exercice suivant :

Écrivez ce que vous avez ressenti. Quelles étaient vos émotions les plus fortes ? La peur ? L'anxiété ? La panique ?

Prenez un moment pour écrire ou réfléchir aux faits. Que s'est-il réellement passé ?

Ensuite, prenez du recul. Qu'est-ce qu'un observateur objectif penserait de la situation ? Ce qui s'est passé justifie-t-il les émotions ressenties ? Le résultat final était-il aussi terrible que vous l'aviez imaginé ? Entraînez-vous à identifier ce que vous inférez par vos réactions émotionnelles, et ce que l'on peut démontrer en se basant sur les faits.

Stratégies de pleine conscience pour la régulation émotionnelle

Beaucoup de gens croient que « pleine conscience » signifie « pleine indifférence ». Ils s'imaginent que, s'ils pratiquent bien la pleine conscience, ils seront toujours calmes, ne ressentiront rien trop intensément, et auront l'esprit libéré de tous les brouhahas de la vie. Mais la pleine conscience des émotions n'est pas l'absence d'émotions. Malheureusement, cette perception erronée empêche souvent les gens de puiser dans la sagesse de leurs émotions. S'ils savaient à quel point elles pourraient leur permettre d'apprendre et de comprendre, ils n'auraient aucune envie de se débarrasser d'elles. Une des fonctions majeures de la pleine conscience est de nous aider à voir les émotions telles qu'elles sont : des feed-back sur le monde, ni plus ni moins.

Quiconque commence à pratiquer la pleine conscience, à prêter attention à son vécu intérieur au lieu d'utiliser la répression, ouvre les yeux sur beaucoup de choses – qui ne sont pas toujours très plaisantes. Là encore, nous sommes comme le serpent dans la tige de bambou. Nous voyons ce qui est présent, et, même si nous essayons de toutes nos forces de le contourner, il n'y a pas d'échappatoire. Le seul moyen de sortir du bambou est de le traverser. Les néophytes de la pleine conscience se plaignent souvent du bavardage mental qui ne leur laisse aucun répit. Ils le considèrent comme une conséquence de leur pratique de pleine conscience. Mais généralement, s'ils restent attentifs à ce qui se passe en eux, ils finissent par se rendre compte que ce bavardage mental était déjà présent ; ils essayaient seulement de ne pas l'écouter, comme un enfant qui met les mains sur ses oreilles en disant : « J'entends rien ! » Quand nous commençons à pratiquer la pleine conscience, nous ouvrons les yeux sur nos schémas de pensée destructeurs, mais nous n'avons pas encore développé assez de force mentale pour ne pas les laisser nous submerger.

La régulation des émotions nous donne des stratégies pour modifier notre relation aux émotions, en reconnaissant notamment leur nature et de quelle façon elles influencent notre comportement. Comment cela fonctionne-t-il concrètement, dans un contexte professionnel ? Voici quelques stratégies efficaces issues de recherches et de mes cours.

Réajuster/réexaminer

Nous avons tous développé des habitudes d'interprétation de nos émotions qui nous desservent, mais il est possible de les modifier. Plus vous serez conscient de vos émotions, plus vous parviendrez à les transformer efficacement, en vous appuyant sur votre pratique de la pleine conscience.

En reconnaissant que vous interprétez de façon subjective une situation donnée, vous pouvez la réévaluer et réagir plus sainement. Par exemple, si vous êtes en colère contre votre chef parce qu'il ne vous a pas donné les informations nécessaires pour accomplir correctement votre travail, vous pouvez avoir un comportement inadéquat et faire les cent pas en ressassant votre colère, ou vous pouvez réagir de façon plus appropriée en prenant conscience que c'est à vous d'aller chercher les informations dont vous avez besoin. Prévoyez une rencontre avec votre chef et allez le voir quand vous serez plus lucide.

Accepter

Pour accepter nos émotions, il faut être capable de les reconnaître, de les nommer et de les comprendre. En psychologie, pour enseigner l'acceptation des émotions, on utilise parfois des expressions comme : « surprenez-vous en train de réagir », « découvrez vos "déclencheurs émotionnels" et vos automatismes ».

La prochaine fois que vous vous retrouverez dans une situation difficile au travail, demandez-vous si cette difficulté est symptomatique d'un problème plus global. Avez-vous tendance à éviter les conflits ? À commencer quelque chose et à avoir du mal à le terminer ? À faire confiance aux gens et à être déçu quand ils ne sont pas à la hauteur de vos attentes ? À avoir des objectifs que vous arrivez rarement à atteindre ? Dans quelle mesure la situation actuelle ainsi que les problèmes auxquels vous avez prêté attention cette semaine font-ils écho à ces schémas répétitifs ? Quand votre colère est disproportionnée, quand elle se manifeste par exemple après un simple petit commentaire, quel est d'après vous le déclencheur ? Quels « tells » remarquez-vous quand on appuie sur vos points sensibles ?

Quand je travaillais avec des vétérans au département des Anciens combattants des États-Unis, j'étudiais un système appelé « la thérapie d'acceptation et d'engagement » (ACT en anglais). Cette application concrète de la régulation émotionnelle est cohérente avec la pratique de la pleine conscience. L'ACT se focalise sur trois tâches :

1. Accepter nos réactions et être présent.
2. Choisir une direction importante à nos yeux.
3. Passer à l'action[LXXVII].

La première étape, l'acceptation, consiste à ne pas éviter ni réprimer nos émotions. Ensuite, nous devons définir ce qui compte pour nous et nous relier à notre but. Nous pouvons alors agir en ayant une vision plus claire de nos émotions et en gardant nos objectifs en tête.

La thérapie d'acceptation et d'engagement propose une méthode en cinq étapes pour accepter les émotions :

1. Laisser les émotions ou les pensées apparaître sans agir ou réagir.
2. Observer ses faiblesses mais prendre note de ses forces.
3. S'autoriser à ne pas être bon partout.
4. Reconnaître les difficultés dans sa vie sans les fuir ni les éviter.
5. Réaliser que l'on peut contrôler sa façon de réagir, de penser et de ressentir.

L'ACT utilise également le concept de « défusion cognitive » pour nous aider à comprendre que les pensées et les sentiments ne sont pas des vérités factuelles gravées dans la pierre mais plutôt des réactions et des sensations qui passent avec le temps. Il y a aussi une expression chère aux Alcooliques anonymes qui traduit cette idée : « Les émotions ne sont pas les faits. » Le terme « défusion » vient de l'anglais « *to defuse* », qui signifie « désamorcer » : si nous ne prenons pas conscience de nos émotions, nous sommes comme une bombe à retardement, prêts à exploser.

Résoudre les problèmes

Quand nous rencontrons le même problème jour après jour, cela peut nous épuiser mentalement et physiquement. Elisa Jagerson, P-DG de Speck Design, a raconté que son retour à la maison, le soir, ne se passait pas bien, particulièrement avec ses enfants en bas âge. Dès qu'elle passait la porte, ses enfants lui sautaient dessus, et Elisa, déjà épuisée, se sentait submergée et stressée face à leur besoin d'attention. Elle a compris que sa façon de rentrer chez elle après une longue journée de travail nécessitait d'être réajustée. Le simple fait de changer de vêtements avant de quitter le bureau lui permettait d'être plus heureuse et plus à l'écoute de ses enfants. Au lieu de passer son temps à éviter qu'ils ne mettent leurs mains sales sur son tailleur, elle pouvait être pleinement présente, disponible, et prête à les prendre dans ses bras et à leur offrir l'attention qu'ils réclamaient.

Mettre en place un rituel concret pour le retour à la maison, qu'il s'agisse de changer de vêtements ou d'éteindre nos appareils électroniques, permet de marquer la fin de notre journée de travail, ou tout au moins de délimiter un laps de temps durant lequel nous sommes présents pour notre famille avant de reprendre plus tard nos activités professionnelles si besoin.

À vous d'agir
La méditation marchée

Il arrive parfois qu'une émotion nous envahisse au point de nous empêcher de nous poser calmement pour l'identifier et l'écouter. Dans ces moments-là, une des façons les plus rapides de déplacer notre attention consiste à nous concentrer sur notre corps. En ramenant l'attention au corps, vous pouvez détourner votre esprit des pensées qui vous perturbent.

Vous pouvez ainsi aller vous promener, ou pratiquer ce que l'on appelle « la méditation marchée ». Avec la méditation marchée, vous vous promenez, tout simplement. D'après la définition de Thich Nhat Hanh :

Vous n'avez aucun but à atteindre et aucune direction, ni dans l'espace ni dans le temps. Le but de la méditation marchée est la méditation marchée elle-même. L'important est de marcher, pas d'arriver. La méditation marchée n'est pas un moyen pour arriver à une fin ; c'est une fin en elle-même.

La méditation marchée consiste à réapprendre à marcher

avec sérénité. À l'âge de un an environ, vous avez commencé à marcher d'une démarche peu assurée. À présent, en pratiquant la méditation marchée, vous réapprenez à marcher.

Prêtez attention à la plante de vos pieds et sentez comme elle entre en contact avec le sol.

Restez sur un pied, et prenez conscience qu'il repose sur la Terre. En marchant, gardez les yeux baissés et regardez là où vous vous apprêtez à poser le pied. Et, quand vous le posez, soyez pleinement conscient de votre pied, du sol, et de la connexion qui s'établit entre les deux.

Faites cet exercice pendant quelques minutes. Si vous le trouvez apaisant, c'est parfait. Si vous le trouvez absurde, c'est parfait.

Savoir que nous marchons quand nous marchons... cela paraît si simple, mais c'est difficile à faire. Comme pendant la méditation sur le souffle, notre esprit a tendance à vagabonder. La méditation marchée a besoin d'être ajustée, surtout quand nos émotions sont exacerbées. Nous pouvons par exemple maintenir notre attention sur la plante de nos pieds qui foulent le sol pour nous calmer. Nous pouvons ensuite prêter attention à la partie de notre corps dans laquelle nos émotions se manifestent (notre poitrine, par exemple, ou notre abdomen), sentir les composantes physiques de l'émotion et nous focaliser sur elles plutôt que sur le scénario qui les a provoquées et qui a tendance à générer de l'anxiété. Pendant que nous marchons, nous devrions ressentir l'émotion comme une expérience physique et directe. La méditation marchée peut constituer un bref exercice de recentrage, ou une pratique plus longue si nous en sommes capables.

Vous pouvez également appliquer le principe de cette méditation au sport que vous exercez, surtout si vous faites des mouvements répétitifs et pratiquez le jogging, la marche, le cyclisme ou l'aviron.

Pleine conscience et sincérité : quelle est votre plus grande peur ?

Prendre conscience de la peur est un excellent moyen de mettre au jour nos scripts. Ces scripts peuvent devenir de véritables obstacles au changement. Vous devez donc commencer par vous rendre compte que la peur de vous exprimer n'est qu'un discours imaginaire, avant de comprendre de quel script il s'agit, et de décider de le remplacer par un autre.

Observez les moments où vous vous freinez et demandez-vous : « Quelle est ma plus grande peur ? » Avez-vous peur des désaccords ? Des critiques ? De dire un lieu commun ? Avez-vous peur que votre idée ne soit pas assez bonne et révèle à tout le monde que vous êtes un imposteur ? Ou avez-vous peur que votre idée soit retenue, et que l'on vous tienne ensuite responsable de tout ce qui ira de travers ? Avez-vous peur de mourir de honte ? Souvent, nos plus grandes peurs inexprimées sont saugrenues, et ne peuvent tout simplement pas devenir réalité (comme celle de mourir de honte). Au milieu d'une réunion, nous pouvons sentir notre cœur s'emballer, signalant au cerveau que nous sommes en danger. Si nous prenons une courte pause pour faire le point intérieurement, nous verrons que tout notre être formule une réponse « combat-fuite », alors qu'en réalité il est peu probable que nous soyons battus à mort au beau milieu de la salle de réunion. Voir les émotions comme des émotions (c'est-à-dire comme des sensations physiques plutôt que comme une raison de quitter la pièce en courant et en hurlant) et les scénarios que nous imaginons comme des scénarios (plutôt que comme des faits indéniables) nous donne l'occasion de transformer le moment de panique en un moment d'autocompassion (« Je suis seulement un être humain »), de connexion aux autres (« Nous sommes tous humains ») et même d'humour (« Ma première suée à mon nouveau poste ! C'est à noter dans les annales ! »). Grâce à ce dialogue intérieur, nous pouvons nous exprimer avec sincérité, même si la peur reste présente (quoique ces pauses aient tendance à agir comme une soupape de sécurité : elles font généralement baisser la pression de façon spectaculaire).

Prendre le contre-pied de nos habitudes

Parfois, nos schémas comportementaux sont un moyen d'éviter de parler en toute franchise. Si nous redoutons la confrontation, par exemple, nous pouvons tenir notre langue mais parler ensuite de notre frustration à un tiers. Reconnaissez cette tendance à l'évitement et essayez d'en prendre le contre-pied, ou tout au moins d'agir différemment.

Toute interaction peut être une occasion de chambouler nos habitudes par la participation consciente. Avez-vous tendance à prendre la parole en premier pendant les réunions, ou êtes-vous plutôt quelqu'un qui ne participe jamais ou qui attend le dernier moment ? Nous croyons parfois que notre comportement reflète simplement « qui nous sommes », mais ce n'est pas parce que les choses ont toujours été ainsi qu'elles doivent le rester. Essayez de modifier votre comportement. Si vous avez tendance à parler en premier, que se passe-t-il quand vous vous abstenez et quand vous laissez les autres s'exprimer ? Cela ne veut pas dire que vous ne devriez plus jamais parler, mais observez les changements qui se manifestent dans la pièce quand vous n'êtes pas le premier à prendre la parole. Changer d'attitude revient à soulever un nouveau pan de réalité ; nous attendons de voir ce qui apparaît. Et nous pouvons en apprendre beaucoup.

Si, au contraire, vous avez tendance à rester en retrait pendant les réunions, observez ce qui se passe quand vous vous exprimez plus tôt. Considérez cela comme une expérimentation : posez une question ou faites une remarque, et regardez l'impact de cet acte sur votre vécu du moment ainsi que sur l'échange dans son ensemble. Vous pouvez avoir remarqué d'autres habitudes, comme celles de couper la parole, d'exprimer des idées sous forme de questions plutôt que d'affirmations, ou de prendre une voix craquée, cette voix grave ponctuée de grésillements en vogue aux États-Unis mais très controversée. La simple observation ou pleine conscience de nos habitudes peut déjà les modifier. D'après le Pew Research Center, 69 % des adultes américains suivent l'évolution d'un ou plusieurs indicateurs de santé, tels que leur poids, leur alimentation, leur pratique sportive ou un symptôme physique, et le fait de relever des données sur ces indicateurs (sur papier ou via une application) a un impact sur le comportement associé à ces données[LXXVIII]. Le même principe s'applique à nos habitudes au travail.

Prévoir sa réaction

Il peut être utile, surtout si vous êtes souvent submergé par les émotions ou si vous avez un tempérament anxieux, de vous préparer un script pour que, sur le moment, vous puissiez réagir comme vous le souhaitez plutôt que par automatisme. Les techniques d'ancrage non verbales, comme la prise de conscience du sol sous ses pieds ou de la chaise sur laquelle on est assis, permettent de se sentir littéralement soutenu par ces objets tangibles, et peuvent avoir un effet semblable. Quand on appuie sur vos points sensibles (quand vous vous énervez, par exemple), cela a un impact sur votre corps, votre comportement et vos interactions. Apprendre quand, pourquoi et comment vous

vous laissez emporter par vos émotions, vous familiariser avec votre vécu et vos « tells », tout ceci augmentera votre capacité à coordonner vos réactions. Pensez à la dernière fois que vos déclencheurs ont été activés. Quel était le contexte ? Comment vous êtes-vous senti ? Quelle a été votre réaction ?

Déterminez le prochain événement stressant auquel vous devrez faire face et essayez de le voir comme une opportunité d'en savoir plus sur vos points sensibles. Armez-vous de scripts alternatifs et positifs. Quand vous vous rendez compte que l'on appuie sur vos déclencheurs, restez à l'écoute de ces sensations et admettez que votre logique et votre rationalité sont défaillants pendant ce laps de temps. Ce n'est pas le moment de réagir de façon irréfléchie, mais plutôt de focaliser votre attention sur ce que vous ressentez et sur votre vécu de la situation, et d'attendre le retour au calme avant d'entreprendre quoi que ce soit d'important.

Changer de perspective : l'autre n'est pas notre ennemi

L'autre n'est même pas vraiment « autre », en réalité. Avec un regard compatissant, vous pourrez vous rendre compte que la personne avec laquelle vous êtes en train de négocier, ou de vous battre (en réalité ou dans votre tête), ou qui vous exaspère, en ce moment ou en règle générale, cette personne-là est exactement comme vous : elle a une vie, des espoirs, des rêves et des peurs. Pensez à elle dans d'autres situations ou à une autre époque de sa vie. Pensez à elle quand elle était enfant et qu'on la dorlotait, lui donnait à manger, lui apprenait à lire ou l'aidait à faire ses lacets. Rappelez-vous que, si vous luttez au quotidien pour vous affranchir de vos démons intérieurs, il en est de même pour elle. Elle n'est pas votre ennemie.

Considérer les autres comme des ennemis est typiquement une

erreur d'attribution. Car la plupart de nos comportements (pour ne pas dire tous) dépendent des circonstances. Et, au travail, nous savons rarement de quoi la vie des personnes avec lesquelles nous travaillons est faite. Comme l'a expliqué David Foster Wallace dans son discours désormais célèbre prononcé lors de la cérémonie de remise des diplômes à Kenyon College[LXXIX] : « Les jours où vous êtes suffisamment attentif pour pouvoir faire des choix, vous pouvez choisir de regarder différemment cette grosse femme au maquillage outrancier et au regard éteint qui vient de crier sur son enfant à la caisse du magasin. Peut-être n'est-elle pas comme ça d'habitude. Peut-être cela fait-il trois nuits de suite qu'au lieu de dormir elle tient la main à un mari en train de mourir d'un cancer des os. Ou peut-être cette femme est-elle justement cette secrétaire sous-payée du service des immatriculations qui, pas plus tard qu'hier, a aidé votre conjoint à résoudre un problème administratif rageant par un petit acte de gentillesse. »

Un ami graphiste appelle cette façon de penser « être perspectiflexe ». Choisir de jauger différemment une situation, d'avoir une approche compatissante au lieu de condamner, voilà la solution pour sortir du conflit. Vous pouvez aussi adopter l'attitude que vous rêveriez d'avoir, dans le but de nourrir cette compassion : offrez un café à la personne qui vous exaspère, faites-lui un compliment sur ses chaussures, « faites comme si » non seulement vous pouviez la supporter mais vous la portiez dans votre cœur.

Rappelez-vous que le travail n'est pas tout

Si le pire finit par arriver (vous êtes couvert de honte, ridiculisé ou licencié), vous rappeler votre but supérieur vous permettra de voir le travail sous une nouvelle perspective. C'est une des raisons pour lesquelles il est essentiel de clarifier notre but quand nous ne sommes pas en crise : car, quand nous le serons, il deviendra un élément crucial de notre résilience.

Une étude effectuée sur des personnes qui ont perdu leur travail pendant la récession de 2004 a montré un rapport direct entre un but aux multiples facettes (qui inclut des relations, des valeurs et des rôles multiples) et la capacité à rebondir[LXXX]. Dans le bouddhisme tibétain, nous contemplons en méditation à quel point notre vie est riche et précieuse, et la souffrance, inévitable. Il s'agit de prendre du recul et d'avoir une image plus vaste de la réalité, image que nous pouvons nous entraîner à faire apparaître à tout moment. Comme le Guru Rinpoche, nous voulons avoir une vision aussi vaste que le ciel et des actions aussi fines que de la farine d'orge. Ainsi, pendant que nous accomplissons chacune de nos tâches avec soin, nous ne perdons pas de vue l'essentiel.

À vous d'agir
Accéder rapidement à la pleine conscience au travail

Entraînez-vous à modifier vos habitudes ; vous pourriez voir apparaître des changements dans votre vie.

Prenez les idées au pied de la lettre : distinguez-les des personnes qui les ont présentées.

Avant de vous confronter à une situation qui pourrait être anxiogène, élaborez un script auquel vous pourrez avoir recours en cas d'émotions difficiles.

Demandez-vous : « Quelle est ma plus grande peur ? » Identifiez les barrières qui vous empêchent de vous exprimer avec sincérité.

Faites une marche méditative avant d'aller au travail ou pendant la pause-déjeuner.

Prêtez attention à votre langage corporel ; apprenez le sens que certains gestes ou comportements peuvent véhiculer.

Réévaluez vos soi-disant ennemis pour ce qu'ils sont : des êtres humains qui font de leur mieux, exactement comme vous.

Entraînez-vous à vous réjouir du bonheur des autres.

Quand vous vous sentez marginalisé, prenez-vous en main, agissez, et évitez de sombrer dans ce sentiment d'incompétence ou de vous isoler.

Prenez du recul par rapport au travail : il n'y a pas que cela dans la vie.

Demandez sincèrement à vos collègues comment ils vont, et dites-leur sincèrement comment vous vous portez.

Même si vous suivez chacun des conseils de ce chapitre, vous continuerez à devoir relever des défis au travail, et vous n'arriverez pas forcément à accepter toutes les émotions difficiles qui les accompagneront. Et ce n'est pas grave. Mais vous pouvez commencer la journée avec l'intention de ressentir vos émotions sans réagir. Et, quelques heures plus tard, un de vos collègues vous fera sortir de vos gonds. Et vous réagirez maladroitement. Et, plus tard encore, vous vous rappellerez que vous vouliez accepter vos sentiments sans l'agresser. Et encore une fois ce n'est pas grave.

Rappelez-vous, tout comme avoir des émotions n'est pas un échec, réagir sous le coup de l'émotion n'est pas la fin du monde. Quant à enfouir nos émotions, eh bien… ça peut arriver. Sur notre chemin, il y aura parfois de grands écarts entre ce que nous souhaitons être et ce que nous sommes. L'échec consiste à ne pas se préoccuper de ces écarts. Car c'est dans cette prise de conscience que réside notre plus grand potentiel.

PARTIE III

Échec et réflexion
Les marques du succès

7

Échouer mieux

Comment la réflexion nous aide à apprendre et à grandir

« Déjà essayé. Déjà échoué. Peu importe. Essaye encore. Échoue encore. Échoue mieux. »

Samuel Beckett, *Cap au pire*

À un moment de l'histoire contemporaine, cette citation sinistre et quelque peu obscure du dramaturge existentialiste Samuel Beckett est devenue la devise du nouvel entrepreneurialisme. Est-ce le magnat du business Richard Branson, l'écrivain sur le développement personnel Timothy Ferriss, le joueur de tennis Stanislas Wawrinka (qui s'est fait tatouer « Échoue mieux » sur le bras) ou quelqu'un d'autre encore qui a adopté ce slogan le premier ? Quoi qu'il en soit, à un moment donné, le monde des affaires l'a fait sien. Peut-être parce que le terme « échec » est plus dramatique que celui d'« erreur ». Peut-être parce que tant de start-up qui ont commencé par échouer ont fini par devenir incontournables. En tout cas, cet extrait du roman de Beckett est devenu une formule populaire dans le monde de la technologie, avant de se propager dans quasiment tous les secteurs.

Nous faisons tous des erreurs et nous essayons parfois d'apprendre d'elles, mais, en adoptant la philosophie de cette expression, « échoue mieux », le monde entrepreneurial pose soudain la défaite sur un piédestal, la transformant en une source de réjouissance. D'innombrables exemples et anecdotes ont été dénichés pour illustrer cette pensée : Winston Churchill a échoué en sixième. Les inventions de Benjamin Franklin n'ont pas toujours fonctionné. Au début de sa carrière de journaliste de télévision, Oprah Winfrey s'est fait licencier. L'histoire est pleine de héros persévérants qui ont échoué sur le chemin de la réussite.

Dans un récent article posté sur LinkedIn[LXXXI], le cofondateur de Microsoft Paul Allen a écrit que Microsoft n'existerait peut-être pas si Bill Gates et lui-même n'avaient pas connu l'échec avec leur première entreprise (un projet d'analyse de données de la circulation routière appelé Traf-O-Data). « Si Traf-O-Data a techniquement constitué un échec professionnel, explique-t-il, la compréhension des microprocesseurs que nous avons développée fut cruciale pour notre réussite à venir. Et l'émulateur que j'ai conçu pour la programmation nous a donné une sacrée longueur d'avance sur nos concurrents à l'époque. Sans cette aventure du Traf-O-Data, sans tout ce temps passé sur ces ordinateurs de la Washington University, on peut dire que Microsoft n'aurait peut-être jamais vu le jour. J'espère que ce que l'on retiendra de cette histoire, c'est qu'il y a peu de véritables impasses en informatique. Parfois, faire un pas dans une direction vous propulse vers une autre. »

En devenant un *mème* dans la Silicon Valley, où elle incarne cet optimisme agressif et cette pensée « perturbatrice » chers à la culture d'entreprise des start-up, l'expression « échoue mieux » a perdu en chemin l'ironie de son créateur, un écrivain original et connu pour son pessimisme. Parmi ses détracteurs, toutefois, certains considèrent ce slogan comme un vœu pieux, voire une idée imprudente. La pleine conscience embrasse ces deux points de vue. D'un point de vue bouddhiste, « échouer mieux » signifie reconnaître l'imperfection humaine et accepter l'échec comme partie intégrante du processus d'apprentissage – à condition de donner aux gens l'espace d'apprendre. « Échouer mieux » signifie essayer et essayer encore, mais chaque fois différemment. La réflexion fait toute la différence, et pas uniquement dans la Silicon Valley.

Francesca Gino, professeure à la Harvard Business School, a étudié le rôle de la réflexion au travail, et a découvert qu'elle en valait vraiment la peine, non seulement en termes de sagesse mais aussi en termes de productivité. Dans une de ses études, réalisée auprès de l'entreprise informatique Wipro à Bangalore, en Inde, elle a observé comment la mise en place d'un cadre de réflexion et d'échanges sur le travail influençait l'évolution de certaines tâches[LXXXII]. Les chercheurs ont étudié plusieurs groupes d'employés durant leurs premières semaines de formation pour le compte d'un client particulier, et les ont séparés en trois groupes : le groupe de contrôle, le groupe de réflexion et le groupe d'échanges.

Dans le groupe de réflexion, à partir du sixième jour de formation et jusqu'au seizième, les employés passaient les quinze dernières minutes de la journée à écrire et à réfléchir aux leçons apprises ce jour-là. Les participants du groupe d'échanges faisaient de même, mais ils passaient ensuite cinq minutes de plus à expliquer leurs notes à un de leurs collègues. Quant à ceux du groupe de contrôle, ils continuaient simplement à travailler, sans recevoir de formation supplémentaire.

En l'espace d'un mois, les performances des membres des groupes de réflexion et d'échanges se sont nettement améliorées comparativement à celles du groupe de contrôle. En moyenne, les résultats au test de fin de formation des groupes de réflexion et d'échange dépassaient respectivement de 22,8 % et de 25 % ceux du groupe de contrôle. De plus, les participants au groupe de réflexion « ont augmenté leurs chances de faire partie des mieux notés de 19,1 % » (comparativement au groupe de contrôle). Les chercheurs ont également observé dans quelle mesure le pouvoir de la réflexion était apprécié de ceux qui l'avaient pratiquée. Ils ont appris que, s'ils avaient le choix, 210 des 256 participants préféreraient utiliser leur temps pour acquérir plus d'expérience, et seuls 18 % aimeraient disposer d'un temps de réflexion. Ainsi, bien que la réflexion soit estimable, elle n'est pas nécessairement estimée.

Tout comme la pause qui précède l'action (quand nous exprimons une intention, par exemple), celle faite *après* ne prend qu'un instant, mais a un impact profond sur notre travail. Nous faisons une pause, pas nécessairement pour ralentir le rythme, mais pour avoir une nouvelle perception de nos pensées, de nos émotions et du contexte, avec un regard neuf. Si c'est en forgeant qu'on devient forgeron, c'est aussi en forgeant qu'on se rend compte à quel point on est loin d'être le parfait forgeron. De même, quand nous essayons d'être plus compatissants, envers les autres ou nous-mêmes, nous remarquons à quel point nous pouvons manquer de bienveillance ; et, quand nous voulons réduire la souffrance au travail, nous réalisons que très souvent nous ne savons pas comment améliorer la situation. C'est un peu comme le bilan que vous réalisez avec votre entraîneur avant la première séance de musculation : les exercices que vous effectuez pour connaître vos points faibles font partie intégrante de votre entraînement. Les apprentissages physiques, émotionnels et mentaux dépendent tous de ces moments de réflexion qui nous permettent de réévaluer la situation avec réalisme, de revenir à nos intentions en pleine conscience, et de nous dévouer à nouveau à notre but. Parfois, nous préférerions ne pas avoir à nous confronter à nos points faibles. Mais, au lieu de considérer nos échecs comme des preuves de notre incompétence, nous pouvons choisir de les voir comme le signe que nous nous attelons à la tâche, que nous y travaillons, et que nous y arriverons.

À force de parler de l'importance d'accueillir l'échec, nous évoquons moins la réflexion dans la culture d'entreprise, mais c'est exactement le sujet qu'aborde Severin Schwan, P-DG du géant pharmaceutique Roche, dans une interview menée par Reuters en 2014, intitulée « Pour le P-DG de Roche, fêter l'échec est la clé de la réussite[LXXXIII] ». Dans cet article, il insiste sur le besoin d'encourager l'acceptation de l'échec, une étape nécessaire à l'innovation : « Nous avons besoin d'une culture où les gens prennent des risques, parce que, si vous ne prenez pas de risques, vous ne pourrez pas faire d'innovation capitale. » Mais il explique ensuite l'importance de féliciter ses employés pour les neuf fois où ils ont échoué, et pas seulement pour la fois où ils ont réussi. Schwan invite même ses employés au restaurant pour fêter leurs échecs. De tels rituels sont de véritables invitations à la réflexion.

La personne qui m'a encouragée à effectuer ma toute première retraite de méditation, une mentor que je connais depuis mon enfance, m'a dit que les moments de transition étaient ceux auxquels il fallait être le plus attentif : quand on passe du matin à l'après-midi, par exemple, ou d'un projet à un autre, ou que l'on rentre à la maison après une journée de travail. Elle m'a dit de ne pas réfléchir aux méditations effectuées sur le coussin, mais plutôt d'observer les pensées et habitudes qui émergent quand je ne suis pas en train de méditer. Lorsque nous prêtons attention aux transitions, ces espaces deviennent de véritables enseignements.

Qu'est-ce que la réflexion ?

L'idée de réflexion n'est pas nouvelle. Il y a plus de deux mille ans, Socrate déclarait déjà : « Une vie sans examen ne vaut pas la peine d'être vécue. » Les philosophes ont longtemps affirmé que notre capacité de réflexion était ce qui nous différenciait des autres espèces vivantes. La réflexion est une pratique ancienne, adoptée dans les domaines de la psychologie, de l'éducation, du développement du leadership, ainsi que par les traditions de sagesse, pour une simple et bonne raison : ça marche.

Quand nous menons une vie trépidante, en permanence exposés à la promesse de nouvelles informations, acquisitions et expériences toutes aussi alléchantes les unes que les autres, il nous paraît impossible de prendre le temps de vivre pleinement ce qui est en train de se passer, et d'y réfléchir ensuite. Mais prendre du recul nous permet de voir nos expériences ainsi que notre comportement et celui des autres sous un angle nouveau. Malgré cela, la réflexion a souvent la réputation d'être trop passive, trop ouverte et trop éloignée d'une approche productiviste.

Le terme « réflexion » a deux acceptions qui, à première vue, semblent n'avoir aucun lien. La première est « changement de direction de la lumière, de la chaleur ou du son qui rencontre un corps ou une surface ne l'absorbant pas ». La seconde est

« pensée ou une considération sérieuse ». Comme vous pouvez le constater, la première définition est en fait très utile pour comprendre la seconde. L'effet miroir de la réflexion implique la capacité de reconnaître comment nos scripts, nos peurs et nos projections déguisent les événements, afin de voir ces derniers plus clairement et d'y répondre plus habilement. C'est un point important, parce que, quand la réflexion se transforme en rêvasseries qui ne reflètent pas correctement ce qui se passe, elle devient inutile. Nous devons être en mesure de reconnaître les situations où nos perceptions sont erronées. La réflexion nous relie à la réalité. Grâce à elle, nous nous rapprochons de notre vécu objectif, délaissant notre habitude de vivre dans le jugement, les a priori, et une forme de semi-conscience. Quand nous regardons quelque chose minutieusement et en profondeur, nous y voyons plus clair.

Un de mes enseignants bouddhistes, Charles Genoud, utilise le terme « intimité » pour évoquer cette idée de nous rapprocher de notre vécu en y prêtant une attention soutenue et précise, sans l'altérer avec nos idées. La réflexion nous permet de devenir intimes avec notre façon de penser, d'agir et d'être. Si nous ne prenons pas le temps de réfléchir, nous ne pouvons rien apprendre, nous ne pouvons absorber aucune nouvelle information. Or, la plupart d'entre nous ne savent pas réfléchir. Nous n'avons pas appris à le faire, ou cela ne fait pas partie de notre façon de travailler.

Dans un contexte professionnel, cette « intimité » est liée à la capacité à différencier les faits des interprétations. Comme nous voyons généralement ce que nous nous attendons à voir, c'est plus facile à dire qu'à faire. Par exemple, si une collègue nous interrompt pendant une réunion importante, nous pourrions avoir tendance à être sur la défensive. Nous supposons que cette collègue essaye de nous réduire au silence, alors qu'elle est peut-être tout simplement distraite (et non malveillante), ou fatiguée d'avoir veillé sur son enfant malade toute la nuit. Au lieu de vous mettre en colère, envisagez les autres raisons possibles de son intervention.

À vous d'agir
Changez d'interprétation

Parfois, quand nous sommes face à une situation délicate, nous nous imaginons le pire : que nous avons raté une présentation cruciale, ou fait une erreur qui pourrait bien nous coûter notre poste… La prochaine fois que vous vous retrouverez dans une telle situation, envisagez la possibilité que votre interprétation du problème soit erronée. Je vous propose d'essayer un exercice très rapide conçu pour remettre en question nos perceptions.

Prenez un papier et un stylo. Au recto de la feuille, racontez ce qui s'est passé ou ce qui est en train de se passer – restez-en aux faits objectifs (par exemple : ma chef a toussé pendant ma présentation). Au verso, écrivez le sens que vous leur avez donné (par exemple : elle m'a fait comprendre que je ne sais pas faire de bonnes présentations, et plus précisément que je devrais conclure pour que le groupe puisse poursuivre la réunion). Regardez la situation telle qu'elle est, puis réfléchissez à votre interprétation. Serait-il possible que d'autres explications soient tout aussi valides (par exemple : il fait froid et il y a une épidémie de grippe) ? Écrivez-les également. Continuez d'écrire toutes les interprétations possibles (par exemple : peut-être ne toussait-elle pas parce que ma présentation était mauvaise, mais parce qu'elle est malade ou qu'elle a des allergies). Une fois encore, êtes-vous certain que votre interprétation est correcte ?

Le silence, l'introspection, l'expression de ses pensées et les feed-back font tous partie du processus de réflexion. Celle-ci peut se pratiquer de nombreuses façons différentes : en silence, en méditant, en parlant avec d'autres, en écoutant les autres, en s'écoutant soi-même, en priant, en étudiant, ou en n'importe quelle autre circonstance.

Chaque tradition de sagesse propose des rituels autour de la réflexion. Par exemple, dans le judaïsme, Yom Kippour est un jour réservé à la réflexion sur l'année écoulée, qui nous prépare à faire des choix conscients pour l'année à venir, nous permettant ainsi de commencer la nouvelle année en nous reposant sur la sagesse puisée dans cette réflexion. Dans le christianisme, les prières et les retraites sont considérées comme des opportunités de réfléchir à nos actes et à notre comportement. Dans l'islam, la prière jalonne la journée de ces moments de réflexion. Et les quakers se rassemblent et s'assoient en silence pour réfléchir.

Colleen Griffith, une de mes mentors, théologienne au Boston College, est experte en spiritualité chrétienne. À travers ses recherches, ses écrits et ses enseignements, elle aide les gens à analyser les interprétations traditionnelles de la doctrine chrétienne, afin qu'elles soient pertinentes dans le monde d'aujourd'hui et puissent enrichir leur vie et renforcer leur foi. Un des sujets qu'elle aborde est la notion de réflexion à travers les images religieuses. Les images, explique-t-elle, peuvent aider les gens à puiser dans leurs valeurs authentiques et leur permettre de transcender les préoccupations matérialistes qui monopolisent leur attention. Le processus de réflexion qu'elle décrit nécessite de ralentir le rythme, de focaliser notre attention sur une image qui évoque quelque chose en nous (peut-être un lieu inspirant que nous avons visité), de nous débarrasser de nos conceptions antérieures de l'image, et de voir ce qu'elle fait émerger en nous.

Dans la tradition bouddhiste, la réflexion consiste à créer un cadre propre à la pensée et à l'exercice de la compréhension, en pratiquant encore et encore, quand des pensées viennent entraver le chemin vers nos buts. Dans *L'art du bonheur au travail*[LXXXIV], le dalaï-lama propose de nombreux moyens de pratiquer la réflexion au travail. Il parle de l'importance de faire tous les efforts possibles pour trouver et exercer la profession qui nous convient le mieux. Il affirme aussi que : « Si vous échouez, au lieu d'être frustré ou de vous mettre en colère, ne cessant de vous répéter "j'ai essayé mais je n'ai pas réussi", dites-vous : "OK, je vais continuer." » Il nous invite à nous satisfaire du travail que nous avons et à considérer les difficultés autrement. Ce type de réflexion est d'une importance capitale dans la tradition de l'entraînement de l'esprit. Cet entraînement peut éliminer la colère et la frustration, et nous amener à avoir une attitude plus positive. Nous avons plus de pouvoir sur notre vécu que nous le croyons. Nos interprétations habituelles nous maintiennent dans les mêmes schémas. C'est comme dans *Un jour sans fin* : nous revivons encore et encore la même expérience. Donc, même si cela vous paraît artificiel au début, et jusqu'à ce que vous maîtrisiez cette méthode, au lieu de rester coincé dans le même schéma d'action-réaction, entraînez-vous à avoir un nouveau regard sur la situation. Posez une question qui remet en cause votre supposition. En termes de *dampa sum* (« bien au début, bien au milieu, bien à la fin »), la réflexion vous permet de passer d'une pratique qui vous aide à vous sentir mieux de façon temporaire (à être plus détendu, par exemple) à une pratique réellement transformative (atteindre l'éveil, dans la tradition bouddhiste).

À l'instar des rituels, les devises peuvent vous rappeler d'examiner vos suppositions. Par exemple, des formules telles que : « Mon interprétation est-elle correcte ? » ou « La prochaine fois, fais le contraire/ne sois pas aussi prévisible » peuvent nous aider à identifier les moments où nous sommes embourbés dans un schéma de pensée nuisible, souvent sans même le remarquer et simplement par habitude. J'ai hérité d'une forte propension à râler à propos de tout et n'importe quoi, et la devise « N'en fais pas tout un fromage » m'a énormément aidée au début de ma formation à arrêter de me plaindre ou de faire des remarques désobligeantes. Cette devise ne nous empêche pas de chercher à améliorer une situation et d'offrir des critiques constructives, mais elle peut nous faire prendre conscience du fait que nous nous plaignons inconsidérément et que cela impacte négativement nos proches, ce qui ne sert en rien notre but supérieur.

Du point de vue de la psychologie, la thérapie cognitive et comportementale (TCC) – une forme de psychothérapie très efficace, développée par le psychologue américain Aaron Beck dans les années 1960 – inclut de nombreuses techniques de réflexion. La TCC a permis de soigner des patients atteints de troubles mentaux, allant de la dépression à la schizophrénie, mais aussi de cancer, de diabète, de maladies cardiaques et de migraines.

Sur le fond, la TCC est une approche de résolution des problèmes dans laquelle la personne en cours de traitement explore l'impact de ses pensées en pratiquant de façon systématique une analyse de ses réactions habituelles. Ce type de réflexion nous permet de modifier notre comportement pour essayer d'intervenir sur nos cycles de réactions-actions-interprétations. Plus récemment, des thérapies sur la pleine conscience (la thérapie d'acceptation et d'engagement [ACT], la thérapie comportementale dialectique et la thérapie cognitive basée sur la pleine conscience) ont aussi gagné en popularité.

La réflexion sur les pensées automatiques et sur les habitudes comportementales est la clé de toutes ces méthodes. Quand un collègue commente votre travail et que votre réaction automatique consiste à croire qu'il vous critique implicitement, qu'il vous croit incompétent, ou encore qu'il se croit meilleur que vous, ces techniques peuvent vous aider. Isolez la pensée qui vous fait du mal et écrivez les arguments qui la soutiennent, et ceux qui prouvent au contraire qu'elle est fausse. En examinant nous suppositions et nos pensées, nous prenons du recul. Cette réflexion authentique nous permet d'apprendre et de grandir. Donc, la prochaine fois que quelqu'un vous interrompt dans une réunion, essayez de donner un autre sens à cet événement. Poussez-vous à être curieux, en posant par exemple une question sur l'idée que cette personne a tellement envie d'exprimer.

La réflexion est aussi considérée comme un élément essentiel d'une éducation efficace. Dans son livre *L'art comme experience* publié en 1934, John Dewey, peut-être l'éducateur le plus influent du vingtième siècle, écrit que nous vivons de nouvelles expériences à chaque instant, mais que nous n'apprenons pas toujours d'elles. Dewey considérait la réflexion comme fondamentale à l'éducation, en voyant qu'il y a tellement de gens qui prennent de l'âge sans pour autant devenir plus sages. L'expérience seule ne garantit pas tout.

La philosophie de Dewey était l'antithèse du modèle d'enseignement répandu alors, fondé sur la hiérarchie traditionnelle enseignant-élève, dans lequel l'enseignant transmettait son savoir et l'élève se contentait de mémoriser les informations. Dewey rejetait cet apprentissage par cœur, et défendait l'idée que le contenu des leçons devait parler aux élèves, faire résonner quelque chose en eux. Il suggérait que l'adéquation entre la leçon et l'élève était une pièce essentielle du puzzle, et soutenait l'apprentissage par l'action (plutôt que par l'écoute et la mémorisation).

Dewey trouvait aussi que le modèle éducatif traditionnel se focalisait trop sur la préparation à l'avenir et négligeait de reconnaître l'importance du présent. Selon lui, vivre pleinement le présent était la meilleure façon de préparer le futur – ce qui rappelle beaucoup le point de vue bouddhiste. Dewey intégrait la réflexion dans cette notion de vivre pleinement le présent. L'idée d'extraire le sens plein et entier de l'expérience présente, ce qui était à ses yeux indispensable en éducation, correspond précisément au processus de réflexion qui nous enseigne à voir les liens de cause à effet, à déterminer nos actions futures et à anticiper leurs conséquences.

La réflexion occupe une partie importante de la journée de travail de tout un chacun, y compris de ceux qui sont au sommet de la hiérarchie. Adopter un état d'esprit d'apprentissage ou de développement est une compétence essentielle pour les dirigeants. Carol Dweck, psychologue et auteure de *Changer d'état d'esprit. Une nouvelle psychologie de la réussite*[LXXXV] a effectué de nombreuses recherches et écrit sur les conditions qui permettent d'adopter un état d'esprit axé sur le développement personnel. Selon elle, les gens adoptent soit un état d'esprit de performance, soit un état d'esprit d'apprentissage. Le premier consiste à se focaliser sur la réalisation du travail et sur les actions qui prouvent notre valeur. Dans ce contexte, avoir une bonne image, paraître plus intelligent que les autres ou cultiver un semblant de perfection deviennent des objectifs à atteindre. Un état d'esprit d'apprentissage, en revanche, nous permet de changer et de grandir par l'expérience. Il permet d'apprendre de nos erreurs et de stimuler l'innovation et la prise de risques. Au lieu d'être motivés ou paralysés par la peur, nous pouvons nous affranchir de nos schémas comportementaux, repousser nos limites, gagner ainsi en résilience et en force de caractère et développer nos compétences.

Dans la mesure où les entreprises dépensent plus de 70 milliards de dollars rien qu'aux États-Unis (et 130 milliards dans le monde) pour la formation de leurs employés, il est important de savoir quelles formations sont les plus utiles. Les études montrent qu'il est plus efficace de proposer des formations intégrées à un contexte particulier (des lectures, des recherches, des documents sur un sujet précis), ainsi qu'un espace pour exprimer ce que l'on fait et ce que l'on apprend, que de mettre en place des formations sans espace de réflexion. S'il est vrai que cela peut être inconfortable ou contre-intuitif pour certains – la plupart d'entre nous semblent préférer agir plutôt que réfléchir –, c'est la réflexion et non l'action qui permet une amélioration des performances.

À quoi sert la réflexion dans un contexte professionnel ? Elle repose essentiellement sur la création d'un système ou d'un *workflow* qui permette aux employés de réfléchir à leurs expériences et d'en tirer des leçons. Quand nous courons d'une tâche à une autre, nous n'apprenons pas nécessairement de nos expériences. Le Michigan Model of Leadership, de la Ross School of Business University of Michigan, est décrit comme « un processus actif d'examen des liens de cause à effet, de questionnement des suppositions et d'analyse du sens de l'expérience ». La Ross School a mis au point un processus appelé « l'analyse post-action » (en anglais, AAR ou « *after-action review* »). Après un événement, il s'agit de réfléchir à ce qui s'est passé et se pencher sur les faits plutôt que sur des suppositions élaborées en grimpant inconsciemment l'échelle d'inférence. Ce processus peut être réalisé seul, en *peer coaching* ou en équipe.

Les recherches ont montré que cette analyse post-action permettait d'améliorer de 8 % l'efficacité du leadership, d'augmenter de 9 % les offres d'emploi et d'accroitre de 10 % le salaire de départ[LXXXVI]. Ce processus repose sur un désir d'apprendre, sur l'expérimentation, la recherche de feed-back, l'attention aux émotions et la réflexion pour tirer des leçons des expériences. Dans un état d'esprit d'apprentissage, nous pouvons nous sentir capables de changer et de mieux réagir face à certaines situations professionnelles. Par exemple, au lieu de nous quereller avec un collègue pendant la réunion hebdomadaire, comme nous le faisons à chaque fois, nous pouvons prévoir de lui poser une question pour mieux comprendre son propos ou de réagir différemment à ses attaques. Nous pouvons ensuite observer comment nous nous sentons, et même demander l'avis d'un collègue qui nous est proche, pour savoir comment il a perçu cet échange. Enfin, nous utilisons toutes ces informations comme matière à réfléchir.

Beaucoup de gens voient de grands bénéfices à la réflexion en *peer coaching*. L'idée de *peer coaching* est basée sur le postulat que fournir une structure aux gens pour qu'ils puissent réfléchir ensemble à une question précise s'avère être une grande opportunité d'apprentissage. Le Arbuckle Leadership Fellows Program de Stanford, qui enseigne aux étudiants en MBA comment contribuer efficacement au développement personnel d'autrui par le coaching et le tutorat, est fondé sur cette approche. Je me rappelle avoir été surprise de voir à quel point le programme était structuré autour de ces discussions entre étudiants. Je m'étais demandée : « Ces étudiants payent-ils vraiment 100 000 dollars par an pour bavarder avec leurs camarades de classe ? » Mais en réalité cette méthode s'avère plus efficace que les modèles traditionnels. Et qui plus est, dans ma classe, les élèves payent ce même prix pour se contenter parfois de rester assis en silence !

Je me sers moi aussi de ce processus de réflexion entre élèves pour chaque module d'apprentissage. Ainsi, durant mon cours sur le but, je propose à mes élèves d'effectuer l'exercice dit « de la vie en trois parties », au cours duquel ils passent quelques minutes à raconter leur histoire en trois parties (l'enfance, un deuxième tiers de leur vie, et le dernier tiers, plus récent). Les membres de leur groupe énoncent ensuite les valeurs qui, à leurs yeux, se sont dégagées du récit de vie de leur camarade. Les conclusions tirées de ce simple exercice peuvent s'avérer très profondes. Mes élèves sont souvent ébahis de découvrir la facilité avec laquelle leurs coéquipiers ont compris qui ils étaient et quelles étaient leurs valeurs.

Thinkers50 a classé Umair Haque[LXXXVII], directeur de Havas Media Labs et auteur de *Betterness : Economics for Humans* et *The New Capitalist Manifesto. Building a Disruptively Better Business*, comme un des penseurs du management les plus influents. Il déclare qu'aujourd'hui, nous avons la chance de pouvoir nous consacrer à des activités qui sont importantes à nos yeux. Comme la réflexion. Nous ne pourrons pas dépasser les limites surannées de l'âge industriel en continuant dans la même direction. Pour reprendre les termes employés par le coach en business mondialement célèbre Marshall Goldsmith : « Ce qui vous a amené jusqu'ici ne vous amènera pas là-bas. » Évoluer signifie investir non seulement dans l'action mais dans une réflexion profonde, soutenue et prolongée. Cela ne veut pas dire que vous résoudrez instantanément tous les problèmes majeurs en vous contentant de réfléchir, mais vous pourriez avancer un petit peu, et ce sont ces petits pas qui font toute la différence.

Ce qui ne fonctionne pas

Apprendre de nos échecs est précieux, mais ce n'est pas facile. Les recherches effectuées par Barbara Fredrickson suggèrent que les émotions négatives qui accompagnent erreurs et échecs peuvent interférer avec le processus d'apprentissage[LXXXVIII]. Quand les échecs sont douloureux, nous avons moins envie d'en parler, et il est plus difficile d'apprendre de ces expériences.

Ce peut être dû notamment à notre réaction combat-fuite, qui est déclenchée dans les situations terrifiantes. Cette réaction physiologique peut nous amener à éviter de nous confronter à l'échec, ou à choisir de l'ignorer. Elle peut aussi nous pousser à le combattre – c'est-à-dire à le rationaliser, à rejeter la faute sur quelqu'un d'autre, ou prétendre qu'il n'a pas eu lieu. Si nous sommes continuellement agressés par le stress ou par des événements négatifs, nous pouvons rester prisonniers de ce système, qui est nocif pour notre esprit, notre système nerveux et notre santé.

N'oublions pas que, malgré le mantra « échouez mieux », l'échec en lui-même ne garantit pas nécessairement une réussite à venir. Cela dit, certains facteurs peuvent nous aider à apprendre de nos échecs et à aller de l'avant. Yamakawa, Peng et Deeds, professeurs en école de commerce, ont fait de cette assertion le thème de leurs recherches. Ces trois professeurs ont étudié des entreprises japonaises qui avaient connu l'échec et ont interviewé leurs dirigeants pour découvrir les facteurs mentaux permettant d'évoluer ensuite de façon positive[LXXXIX]. Ils ont découvert que la perception de l'échec chez ces entrepreneurs était un facteur clé de leur réussite ultérieure. Il n'y avait pas de corrélation directe entre le type d'entreprise qui avait échoué et la réussite d'une nouvelle entreprise. D'après les chercheurs, la différence résidait dans la capacité de l'entrepreneur à accepter sa part de responsabilité et à se sentir maître de la situation. Ces qualités activaient ce que l'on appelle « la pensée contrefactuelle », ou la prise en compte d'autres possibilités. En d'autres termes, le processus d'analyse de l'échec doit émerger d'un désir fondamental de prendre ses responsabilités, et de ne pas se contenter d'attribuer l'échec aux autres ou à la mauvaise fortune. Alors, seulement, la réflexion sur le scénario et ses possibles alternatives permettra à l'entrepreneur d'assumer des responsabilités à venir avec succès.

L'autocritique

Dans mes cours, je donne à mes élèves un exercice inspiré du *design thinking*. Armés de marqueurs, ils viennent tous ensemble au tableau pour y décrire leurs réactions face à un échec. Ils reculent ensuite pour lire les écrits des autres, et les commenter. Par exemple, un de mes élèves avait dessiné le symbole de l'infini à côté de Netflix ; et un autre avait raconté qu'il voulait démissionner après s'être trompé de date lors d'une présentation. Leurs camarades de classe ont ensuite dessiné des bulles à l'intérieur desquelles ils indiquaient par une croix qu'eux aussi avaient traversé un épisode similaire – et à partir de là nous avons commencé à échanger. Ce qui est intéressant, c'est que, sur une dizaine de commentaires écrits au tableau, il n'y en a généralement que deux qui sont positifs, ou même neutres, sur l'échec. La majorité des commentaires expriment de la honte, de la colère ou du stress. La plupart du temps, les étudiants sont surpris (et soulagés) de découvrir que les meilleurs aussi se sont sentis seuls et incompétents face à leurs échecs.

Pour apprendre à réagir et à réfléchir de façon plus constructive sur nos échecs, nous devons désapprendre ces habitudes d'autocritique qui nous empêchent d'ouvrir notre cœur et de changer de comportement. Une attitude dénuée de jugement semble impossible dans le monde professionnel, où les résultats comptent, où les performances sont examinées, et où le perfectionnisme est secrètement (ou pas si secrètement que ça) valorisé. Nous avons tous une petite voix intérieure critique et cruelle, qui nous répète à chaque échec : « Je savais que j'allais tout foutre en l'air » ou « Maintenant, tout le monde doit penser que je ne suis qu'un idiot. » Cela me rappelle une histoire que mon mari m'a racontée un jour sur un de ses collègues de son cabinet d'architectes à Boston. Cet homme passait ses journées à murmurer « Merde, merde, merde ! » pendant qu'il travaillait. Nous en avons ri à l'époque, nous disant que son attitude était vraiment extrême, mais en réalité il disait peut-être tout haut ce que beaucoup de gens pensent tout bas.

La rumination

Les élèves éclatent souvent de rire quand je leur explique que la définition littérale de « rumination » est « action de mastiquer les aliments revenus de l'estomac ». J'aime beaucoup cette définition, parce que, si elle semble plus adaptée aux vaches qu'aux êtres humains, elle va droit au but : ruminer consiste à ressasser sans réfléchir.

En psychologie, la rumination est la pensée répétitive sur des sujets négatifs (généralement centrés sur soi), et fait partie intégrante de la dépression et de l'anxiété. Dernièrement, elle a aussi été reliée à des problèmes de santé tels que les troubles cardio-vasculaires[XC]. La rumination (qu'il s'agisse de colère ou de tristesse) prolonge la réaction du cœur face au stress. Elle a été décrite comme addictive. Une de mes élèves a même employé le terme de « recyclage » pour la décrire. Contrairement à la réflexion (un processus au cours duquel on examine attentivement une situation sans la juger), la rumination a tendance à se focaliser uniquement sur ce qui s'est mal passé et ce qui prouve que c'est notre faute. La rumination est une réflexion qui a mal tourné.

Les neurosciences de la rumination, établies à partir de la synthèse de nombreuses études, ont été décrites en 2015 dans *Biological Psychiatry* et à l'Académie nationale des sciences par le psychologue de Stanford Paul Hamilton. D'après Hamilton, quand nous sommes rattrapés par un cycle de rumination, les schémas neuronaux habituels sont perturbés[XCI]. Généralement, lorsque nous ne sommes pas concentrés sur une tâche – quand nous rêvassons ou que nous sommes simplement en train de nous détendre –, une boucle particulière se crée de façon automatique dans notre cerveau. Dans le cas de la rumination, cette boucle se relie de plus en plus à une zone du télencéphale connue sous le nom de « cortex préfrontal ». Ces dernières années, les recherches ont révélé que la pensée ruminante suivait un parcours très clair. Les scientifiques ont observé un afflux sanguin dans cette région du cerveau chez les personnes dépressives. La rumination maintient cette zone cérébrale très active, créant un circuit neuronal. C'est le schéma neuronal des ruminants, qu'ils soient dépressifs ou non.

D'après la théorie de Hamilton, cette connexion plus importante entre le cortex préfrontal et le réseau qui fonctionne par défaut dans les grands troubles dépressifs est la conséquence de schémas répétitifs de pensées égocentriques. Avec ce cycle neuronal émerge une tendance au retrait et à la négativité. Cela a été constaté dans des recherches sur les pensées répétitives liées à la honte, à la colère, au regret et au chagrin. À cause de cette pensée répétitive, nous devenons obnubilés par nos erreurs au lieu d'être poussés à les comprendre, à apprendre d'elles ou à les réparer. Des études ont montré que la mémoire opérationnelle était réduite chez les personnes dépressives, ce qui pourrait être une conséquence du détournement de leur cerveau par ce cycle infernal.

Quand j'ai commencé à méditer, j'ai réalisé que tard dans la nuit, quand j'essayais de dormir, je restais bloquée dans ces cycles de rumination, à ressasser tout ce que j'avais fait de travers la veille, tout ce que je n'aimais pas chez moi, et tout ce que je ferais sans doute de travers ce jour-là. J'avais un sommeil agité : je m'endormais et me réveillais encore et encore avec ces pensées. C'était épuisant et très difficile à vivre.

Quand j'ai commencé à réfléchir à ces moments pendant ma pratique de méditation, je me suis rendu compte que cette rumination était le symptôme d'une profonde anxiété. Quand j'ai demandé à mon enseignant comment y faire face, je m'attendais à entendre une réponse profonde. Son conseil ? Lève-toi et cours, puis reviens méditer – dans cet ordre. Fais des mouvements, va faire un tour, brise physiquement ce cercle vicieux. *Ensuite*, reviens méditer.

Réfléchir signifie aérer notre expérience, l'oxygéner, pour pouvoir briser ces schémas répétitifs. Réfléchir nous aide à apprendre de nos échecs et à les surpasser, au lieu d'être obsédés par eux. C'est de la métacognition. La pleine conscience nous donne la capacité d'observer notre cheminement de pensée. Elle nous permet de voir que nous sommes en train de ressasser une idée et que nous avons glissé de la réflexion à la rumination. C'est ainsi que nous pouvons briser ce schéma de répétition en orientant notre attention (et notre corps) dans une autre direction.

L'autocompassion peut nous aider à apaiser la douleur qui nous a enfermés dans ce cycle de rumination. Nous ravivons encore et encore cette douleur pour essayer d'aller mieux. Malheureusement, ruminer ne nous aide pas à nous sentir mieux ; cela accentue notre mal-être. Mais l'autocompassion peut contacter cette douleur, et, en nous connectant à elle, nous permettre de commencer à guérir.

Le perfectionnisme

Comment avoir très à cœur notre travail, notre famille, notre but, notre empreinte sur le monde, sans tomber dans le piège du perfectionnisme ?

Le perfectionnisme est la croyance selon laquelle nous devrions tout comprendre facilement et être capables d'atteindre nos objectifs dès la première tentative. Il recouvre deux dimensions. La première consiste à définir des objectifs très ambitieux et à déployer de nombreux efforts pour les atteindre. La seconde est la peur des jugements ou des résultats négatifs après avoir accompli tous ces efforts.

Les attentes irréalistes nous empêchent de vivre ces étapes progressives qui nous permettent de grandir et de changer. Le perfectionnisme est l'ennemi du changement. Quand nous avons des critères trop élevés concernant ce que nous sommes censés faire ou être, des objectifs que nous ne pouvons atteindre, cela nous empêche d'avancer de manière constructive en nous fixant des objectifs moins ambitieux mais plus réalistes.

Dans une méta-analyse des recherches sur le perfectionnisme dans différents contextes, un des points clés était extrêmement clair : le perfectionnisme et le burn-out sont étroitement liés, particulièrement au travail[XCII]. D'après les auteurs de cette étude, le perfectionnisme alimente le stress, et le burn-out est la réponse à cet état de stress chronique intense.

« Parfait » est l'ennemi de « débutant », « en évolution », et « en apprentissage ». D'après mon expérience, aider les gens à reconnaître et à surmonter leurs tendances perfectionnistes par une réflexion bienveillante les amène souvent à faire des découvertes capitales qui leur permettent de se relier à la réalité de leur vie et de leur parfaite imperfection. Cela rend leur vie et leur travail plus agréables (et les rend aussi beaucoup moins désagréables !). Ainsi, montrer à nos coéquipiers ou collègues des brouillons de notre travail plutôt que des versions définitives peut nous aider à évacuer la pression de devoir créer quelque chose de parfait. « Parfait » est intimidant.

Ceci dit, la réflexion et l'apprentissage sont des processus – il n'y a pas que des grandes découvertes et des « eurêka ! ». Si nous nous attendons à une catharsis à chaque moment de réflexion, nous ne pourrons qu'être déçus. Évoluer est inconfortable. Mais si nous pouvons montrer que ce que nous faisons nous tient à cœur non pas à travers le perfectionnisme mais en nous efforçant de résoudre les problèmes, seuls ou en groupe, nous parviendrons beaucoup mieux à apporter des changements fondamentaux cohérents avec notre but et nos valeurs.

Qu'est-ce qui fonctionne ?

Je répète souvent à mon aînée : « Ne dis pas seulement à tes petits frères qu'ils ont fait des bêtises. Explique-leur aussi comment se rattraper. » Alors, que *pouvons*-nous faire pour réfléchir et apprendre de nos échecs, quand nous nous retrouvons à ressasser des erreurs perçues ou avérées ? Nous pouvons invoquer notre humanité partagée.

Cela commence par l'attention. Prenez conscience que vous

êtes trop dur avec vous-même, et attelez-vous plutôt à prendre vos responsabilités et à résoudre le problème. La réflexion nous aide à clarifier au quotidien ce qui fonctionne, ce qui ne fonctionne pas, ainsi que les conséquences de nos actions. Nous pouvons mettre en place des rappels pour nous souvenir de nous exercer afin de dépasser (ne serait-ce qu'un tout petit peu) nos schémas comportementaux.

Par exemple, vous pouvez demander l'avis de quelqu'un sur une situation donnée en lui confiant une partie des difficultés que vous rencontrez et observer ce qui se passe. Est-ce que la Terre s'arrête de tourner ? Est-ce que vous êtes considéré comme un imposteur, ou est-ce que vous vous faites licencier ? Si non, que se passe-t-il ? Peut-être apprendrez-vous un moyen de résoudre un problème récurrent, ou aurez-vous hâte de vous rendre à cette réunion hebdomadaire que vous craigniez auparavant.

Cela fait partie de la curiosité, de cette attitude qui consiste à être vraiment intéressés par le monde et les gens qui nous entourent, et investis dans notre développement personnel. C'est un changement de perspective très profond, qui nous aide à être meilleurs au travail, mais dépasse largement les indicateurs de productivité.

L'autosuggestion positive

J'ai déjà réservé tout un chapitre à l'autocompassion, mais, dans le contexte de la réflexion et de l'apprentissage par l'expérience, il est essentiel de retenir que nous devons arrêter d'être trop durs avec nous-mêmes et prendre nos responsabilités de manière radicale. Observez le ton sur lequel vous vous parlez quand vous êtes mort de honte. Est-ce que vous vous criez dessus ? Est-ce que vous vous insultez ? Est-ce que vous retroussez vos manches pour résoudre le problème, ou avez-vous tendance à ruminer en pestant ?

Nous pourrions croire au premier abord que le regard que nous portons sur nous n'a aucune d'importance. En réalité, cela change tout ! Si nous nous maltraitons du matin au soir, avec des remarques cinglantes et haineuses et un ton plein de reproches, en étant plus durs avec nous-mêmes que nous le serions avec n'importe qui d'autre, nous en serons forcément affectés. Et, quand nous le reconnaissons grâce à la pleine conscience, cela peut engendrer encore plus de douleur – en tout cas, jusqu'à ce que nous réalisions qu'un changement est possible. Et ce changement, nous pouvons le provoquer en apprenant à avoir une attitude compatissante envers nous-mêmes.

La responsabilité radicale

Pour avoir un état d'esprit de développement, vous devez assumer la responsabilité de la situation autant que cela vous est possible. La première étape consiste à ne pas faire de reproches aux autres quand l'origine de l'erreur n'est pas clairement établie. Quand un problème survient au travail, les gens ont tendance à se retrancher dans leur service et à se cacher derrière leur fonction. C'est ce qu'on appelle « ouvrir le parapluie ». Tout le monde a tellement peur que sa réputation soit ternie par un échec qu'on en vient presque à souhaiter qu'un projet n'aboutisse pas. Mais ne pourrions-nous pas plutôt avoir un regard compatissant et considérer le problème comme un défi à relever ensemble ? Au lieu de désigner des coupables ou de répéter à tue-tête : « C'est pas ma faute ! », si nous nous donnions la main pour trouver une solution ? Revenez à cette idée de but : votre but au travail est-il de bien faire les choses ou de paraître compétent ? Qu'est-ce qui compte le plus ?

Si le chiffre d'affaires de l'entreprise a diminué, vous en prendre à l'équipe d'analystes pour leur mauvais rapport, ou à l'équipe marketing pour ne pas avoir suffisamment étudié le marché n'aidera pas à résoudre le problème, et déstabilisera tout le monde. Cherchez plutôt ce que vous pouvez contrôler (parce qu'il y a toujours quelque chose que vous pouvez contrôler) et concentrez-vous dessus. Se décharger de toute responsabilité affecte notre capacité à résoudre les problèmes. Chaque fois que nous nous surprenons en train d'accuser les autres, nous devrions nous rappeler le slogan *lojong* : « Ramène à toi tous les blâmes. » L'accusation est le rappel qui nous pousse à nous focaliser sur un mode de pensée égocentrique. Quand nous inventons des histoires de toutes pièces pour appuyer notre récit accusateur, non seulement nous construisons des vérités partielles, mais nous sapons notre capacité à bien travailler. De plus, si nous faisons porter le chapeau aux autres alors que nous sommes responsables, cela finira pour nous revenir en pleine figure. Et, entre-temps, nous serons rongés par le remords pour ne pas avoir agi en accord avec nos intentions.

Reconnaître ses erreurs

Cette démarche demande beaucoup de courage. Quand nous réalisons que nous avons commis une erreur, nous éprouvons (pour la plupart) tellement de honte que nous aimerions pouvoir nous cacher, ou au moins dissimuler notre erreur. Mais, à long terme, cela nous affecte psychologiquement, sans compter que cela ne nous aide pas à gagner le respect de nos collègues, dont nous avons besoin pour accéder à la réussite.

Comment nous y prendre pour avouer nos erreurs quand nous ne sommes pas dans un environnement compatissant ou que notre patron n'est pas très indulgent ? Nous pourrions par exemple faire le point sur le travail chaque semaine, donner des feed-back honnêtes mais bienveillants, tenir des réunions annuelles qui seraient des opportunités d'apprendre, encourager les équipes à se retrouver après la réalisation d'un projet pour décortiquer les événements, ou parler de l'évolution du projet à certaines étapes clés.

Le feed-back correctif

Beaucoup d'entre nous ont du mal à fournir des feed-back correctifs à leurs collaborateurs ou collègues, alors qu'en réalité la plupart des gens ont envie d'en recevoir. Dans une étude réalisée auprès de 900 employés, les chercheurs ont demandé aux participants si, au travail, ils préféraient recevoir des feed-back correctifs ou des félicitations. Une grande majorité des employés (57 %) a répondu préférer les feed-back correctifs. On leur a également demandé ce qui serait le plus utile à leur carrière : 72 % des employés ont répondu qu'ils pourraient améliorer leurs performances si leurs cadres leur fournissaient des feed-back correctifs.

Les gens comprennent que les critiques constructives sont essentielles à l'évolution de leur carrière ; ils en demandent. Mais leurs supérieurs se sentent rarement à l'aise pour leur en donner. On peut donc en conclure que la capacité à donner des feed-back correctifs de manière constructive est une clé essentielle du leadership, un savoir-faire fondamental pour augmenter les performances de l'équipe, et qui pourrait distinguer quelqu'un.

Mais n'allez pas croire que tous les employés ignorent leurs faiblesses. Jack Zenger et Joseph Folkman, qui dirigent une entreprise d'expertise-conseil, ont écrit dans un article pour la *Harvard Business Review* qu'ils avaient « demandé à 3 875 personnes ayant reçu des feed-back négatifs ou correctifs si elles avaient été surprises, ou si elles ignoraient le problème soulevé. Nous avons été pris de court en découvrant que 74 % d'entre elles en étaient *déjà* conscientes et n'étaient *pas* surprises[XCIII]. »

Le ratio entre les feed-back positifs et les feed-back négatifs a son importance au travail comme dans le mariage. La chercheuse Emily Heaphy, du Rhode Island College of Business, s'est penchée sur des équipes de travail pour comprendre le rôle du feed-back dans leurs performances, et ses découvertes coïncident de manière troublante avec l'analyse du psychologue John Gottman[XCIV] sur la probabilité qu'a un couple marié de divorcer ou de rester marié. Le seul déterminant clé de la réussite était le rapport entre les commentaires positifs et les commentaires négatifs. Et le ratio optimal est incroyablement semblable : cinq commentaires positifs pour chaque réflexion négative. (Pour ceux qui ont fini par divorcer, le rapport était entre 0,77 et 1 – soit environ trois commentaires positifs pour quatre négatifs.)

Les recherches suggèrent également que la sécurité psychologique est une condition nécessaire à l'acceptation des feed-back. Les gens ont besoin de se sentir suffisamment en sécurité pour écouter, travailler sur leurs points faibles, montrer leur vulnérabilité quand ils s'ouvrent sur leur processus d'évolution ou demandent du soutien face à un problème rencontré. Le feed-back nous sert à apprendre et à nous améliorer. Mais, pour pouvoir l'accepter et y réfléchir, nous avons besoin de nous sentir suffisamment en sécurité. Si nous faisons confiance à la personne qui nous fait un retour, et si nous sentons qu'elle souhaite nous aider à nous améliorer et non nous blesser ou nous faire porter le chapeau, nous serons en mesure d'apprendre et d'évoluer.

À vous d'agir
Appliquer des pratiques de réflexion

Les pratiques suivantes sont toutes des formes de réflexion. Certaines peuvent fonctionner mieux que d'autres en fonction du moment ou de la situation, mais toutes peuvent être intégrées à votre quotidien.

- **Mener une enquête.** Quand une pensée désagréable se manifeste, vous pouvez vous pencher sur la nature de la pensée elle-même. À l'instar d'un détective, posez-vous des questions pour comprendre ce qui est vraiment en train de se passer. Qui est en train de penser ? Où se manifeste la pensée ? Cette forme de réflexion oriente notre attention vers nos mécanismes sensoriels, leur fonctionnement, et la façon dont les pensées et les perceptions sont formées.
- **Tenir un journal (sur papier ou non).** Avoir un journal est un merveilleux moyen de réfléchir à la situation, et le journal intime traditionnel n'est pas une condition nécessaire à la réflexion. Nous pouvons tenir notre journal mentalement n'importe où et n'importe quand : pendant nos trajets quotidiens, en sirotant notre café du matin, en préparant le dîner ou en faisant la vaisselle. Mais cela demande de l'implication. Avoir un cahier et un stylo et mettre en place un rituel pour y consigner leurs pensées aide certains à s'y tenir. D'autres préfèrent discuter régulièrement avec un ami en particulier, faire le point avec lui et partager leurs réflexions.
- **L'écriture libre et naturelle.** Contentez-vous d'écrire. Mettez sur le papier ce que vous avez en tête pour faire de la place à de nouvelles expériences et de nouveaux apprentissages. Une fois que les pensées sont sorties de

votre tête, vous pouvez même chiffonner le papier et le mettre au recyclage. Jeter le papier est un symbole puissant, et procure un grand soulagement. Cela revient à faire du rangement à la Marie Kondo dans votre cerveau – « la magie de la réflexion » ! – et vous rappelle que les pensées ne sont que des pensées : elles sont inconsistantes et impermanentes.

– **La visualisation.** Elle peut reposer sur une technique appelée « l'exposition en imagination », qui revient un peu à regarder une rediffusion de votre expérience traumatisante. Dans cet exercice, choisissez une situation éprouvante qui vous tourmente, comme par exemple un feed-back négatif d'un supérieur ou d'un collègue. Amenez cet incident à votre esprit et visualisez-le en détail, en y incluant l'environnement physique, les odeurs, le langage utilisé par l'autre personne... Identifiez ensuite les émotions (la colère, la peur, l'impression de danger) et les pensées qui accompagnent cette situation sans que vous les ayez invitées. Vous pouvez continuer ce processus d'exposition en imagination jusqu'à ce que votre niveau de détresse ait diminué de moitié. Il y a aussi une version de la thérapie par exposition qui consiste à passer du temps là où nous avons ressenti cette détresse, et à y rester jusqu'à ce que nous soyons apaisés. Par exemple, retournez sur le lieu où s'est déroulé l'incident. Remémorez-vous votre comportement. Nous attaquer à ce qui nous terrifie le plus, qu'il s'agisse de prendre la parole en réunion ou d'écrire un rapport, aide notre cerveau à gérer les pensées et les émotions difficiles qui reviennent sans cesse en un cercle infernal. Cela diminue aussi la tendance à l'évitement et à la répression des émotions négatives, dans la mesure où l'intensité de la douleur est amoindrie – elle ne nous submerge plus au point que nous ne puissions pas nous en occuper.

– **La liste anxiogène.** Une autre forme de thérapie par l'exposition consiste à dresser la liste de ce que vous avez l'habitude d'éviter. Je l'appelle « la liste anxiogène ». Une personne atteinte d'anxiété sociale, par exemple, pourrait noter en haut de sa liste « demander un rendez-vous », et en bas, « demander le chemin à quelqu'un ». Pour chaque article, notez le degré d'angoisse que vous associez à l'action. Utilisez une échelle allant de 0 à 10, la valeur la plus élevée traduisant le plus grand inconfort. (« Envoyer un e-mail » peut être noté 0, mais « parler en public », 10.) Essayez d'énumérer plusieurs actions pour chaque niveau d'angoisse. L'idée est de travailler sur cette liste en partant du niveau de stress le plus bas pour évoluer petit à petit vers le plus élevé. Vous pouvez expérimenter chaque situation plusieurs fois, pendant quelques jours, jusqu'à ce que la détresse ressentie diminue à peu près de moitié, avant de passer à la situation suivante.

– **La pratique de la gratitude.** Cette pratique est devenue incroyablement populaire ces dernières années, grâce à son impact positif sur la santé et le bien-être. La gratitude est d'autant plus pertinente si nous la considérons comme un rappel quotidien pour réfléchir (et non ruminer), et plus spécifiquement se pencher sur ce qui a été positif, comme la bienveillance de nos voisins, par exemple, et tout ce qui, de près ou de loin, nous apporte de la satisfaction. Cela suppose aussi de fêter nos victoires : mon amie et mentor Jadah Sellner m'a encouragée à me lancer un défi pendant trente jours, en fêtant quotidiennement mes victoires et tout ce qui s'est bien passé au travail. Ceci dans le but de neutraliser ma tendance à me focaliser toujours sur ce qui pourrait être amélioré, sur ce qui va de travers. Non pas que ce ne soit pas une bonne chose, mais les jugements doivent être équilibrés – et il y a beaucoup à dire sur l'importance d'avoir une approche focalisée sur les points forts plutôt qu'une approche pathologique du travail et de la vie.

– **L'enquête guidée.** Il existe différentes formes de réflexion dans le bouddhisme tibétain. Dans la formation monastique du courant Madyamaka, on trouve par exemple des méditations guidées. Les moines et nonnes doivent d'abord se pencher sur des concepts particuliers, tels que l'impermanence, la souffrance, la valeur de la vie et la loi du karma (ou de cause à effet). Ensuite, dans un souci de purification, ils travaillent sur des actions regrettables du passé en se remémorant ces épisodes et en faisant le vœu de ne pas les répéter. Il semble qu'une des caractéristiques du bouddhisme tibétain soit la clarté avec laquelle il expose le but et la méthode de ces formes de réflexion.

– **Passer du temps dans la nature.** Les recherches montrent qu'être dans la nature permet de réduire la tendance à ruminer[xcv]. Étant donné que plus de 50 % des gens vivent aujourd'hui en zone urbaine, se rendre à la campagne devient un véritable problème. D'ici 2050, ce chiffre aura grimpé à 70 %. Passer ne serait-ce qu'un petit peu de temps en plein air nous aide à réfléchir, surtout si, comme c'est le cas pour beaucoup d'entre nous, nous travaillons toute la semaine dans un bureau.

Nul besoin de bouleverser toute votre vie pour introduire des opportunités et des méthodes de réflexion. Les chercheurs en changement comportemental ne cessent de se rendre compte que ce sont les petits changements progressifs (lorsqu'ils sont amenés de façon répétée) qui l'emportent. Si l'on rapporte ces découvertes à notre vie personnelle, il s'agit donc de nous fixer de petits objectifs que nous pouvons réaliser au quotidien.

La réflexion n'est pas un chemin parsemé de changements spectaculaires et de découvertes grandioses. C'est une pratique qui comprend des pauses, des remises en question et des ajustements en direction de notre but. Ces changements intentionnels et progressifs modifient petit à petit notre façon de penser le travail. À la fin de la journée, après une réunion ou un échange de mails (ou toute autre action exercée avec intention), nous devrions faire une pause pour revenir sur ce qui s'est passé et réajuster notre intention, sans nous perdre dans les jugements et la rumination. En analysant nos expériences, nous pouvons apprendre d'elles et être plus conscients de nos réactions. Si nous le faisons régulièrement, nous pourrons cesser de perdre du temps et de l'énergie à combattre des pensées qui ne servent ni notre but ni notre travail.

8

Comment le courage nous rend plus résilients

« Le courage, c'est être mort de peur – mais se mettre en selle malgré tout. »

John Wayne

Juste avant le lancement d'une navette spatiale, une ingénieure qui travaillait pour la Nasa se rendit compte qu'elle avait mal calculé le poids du chargement, mettant ainsi les astronautes en péril. L'ingénieure savait que, si elle rapportait ce problème, le lancement de la navette serait reporté, ce qui coûterait environ 1 million de dollars à la Nasa. Elle craignait aussi qu'une telle erreur signe la fin de sa carrière. Il était possible que tout se passe bien, et que son erreur ne soit jamais découverte. Mais le risque était trop élevé – elle savait qu'elle devait informer un de ses superviseurs de son erreur[XCVI].

Malheureusement, nous avons tous entendu parler d'un autre lancement de navette où les erreurs ont entraîné une tragédie. Dans le cas *Challenger*, plusieurs employés de la Nasa avaient tenté de stopper son lancement. L'ingénieur Bob Ebeling et quatre de ses collègues avaient alerté leurs superviseurs sur des problèmes potentiels, mais des personnes plus haut placées ont écarté leurs préoccupations et ont persisté à vouloir lancer la navette spatiale à la date prévue. Il y a trente ans, dans une interview anonyme pour la radio publique nationale – il craignait à l'époque de se dévoiler –, Ebeling a évoqué « une réunion houleuse » et « des heures d'argumentation et de réexamen des données ». Ces dernières montraient que les joints du propulseur d'appoint à poudre étaient défaillants à des températures trop basses ; or, il s'agirait « du lancement de navette spatiale le plus froid qui ait jamais eu lieu ». Le jour du lancement, les joints ont été détruits, et la navette *Challenger* s'est désintégrée une minute seulement après son décollage. Les sept personnes qui se trouvaient à bord ont été tuées.

Ebeling a pris sa retraite peu de temps après la tragédie, et, de son propre aveu, il ne s'est jamais vraiment remis de cet accident. Trente ans plus tard, il a évoqué dans une nouvelle interview pour la radio le chagrin, la culpabilité et la dépression qui l'accablaient depuis des années. « Il y avait plus qu'assez [de responsables de la Nasa et de cadres de l'entreprise Thiokol, qui avait produit les joints] pour que quelqu'un puisse dire : "Accordons-nous un jour ou deux." Mais personne ne l'a fait. »

Tout comme il a fallu un courage phénoménal à l'ingénieure de la première navette pour prendre la parole et admettre son erreur de calcul, s'exprimer à deux doigts du lancement d'une navette spatiale possédant une couverture médiatique et des enjeux aussi considérables a exigé beaucoup de témérité de la part de Ebeling et ses collègues. Mais les deux histoires n'ont pas du tout connu la même fin, et nous prouvent ainsi que, à moins d'être accompagné d'une action décisive, le courage se résume presque à de bonnes intentions. Alors, que faire pour que notre courage, quand nous l'exprimons, ait un impact ?

Les éléments du courage

Aristote a dit : « Le courage est la première des vertus humaines parce qu'elle rend toutes les autres possibles. » Les vertus sont des idéaux que nous essayons d'appliquer dans notre vie. Mais, même avec les meilleures intentions, nous pouvons avoir du mal à intégrer nos valeurs dans nos actions. Pourquoi cela ?

Martin Seligman, chercheur en psychologie, professeur à la University of Pennsylvania et fondateur du mouvement de la psychologie positive, a révolutionné et quantifié les études sur le courage. De pair avec le Dr Christopher Peterson, un expert dans le domaine de l'espoir et de l'optimisme, Seligman a mené des études auprès de plusieurs cultures et a examiné une grande diversité de textes religieux et philosophiques pour classer et mesurer ce qu'ils appellent tous deux « les forces de caractère et les valeurs en action ». Le courage, considéré comme une valeur dans presque toutes les cultures, est défini par Seligman comme « la volonté d'atteindre des objectifs malgré une opposition interne ou externe[XCVII] ».

Bien que le courage soit depuis longtemps estimé dans les traditions de sagesse et en philosophie, les recherches sur sa nature exacte et les moyens de le cultiver commencent seulement à voir le jour. Mais un point sur lequel tout le monde semble s'accorder est l'existence de trois éléments essentiels : un but moral (d'après les croyances morales « universelles ») ; une action intentionnelle ; et des risques et obstacles perçus qui menacent à la fois la mise en œuvre de l'action et la réalisation de l'objectif. Vous devez identifier un but, passer à l'action, et accepter le sentiment de peur comme faisant partie du processus.

Par définition, il ne peut donc y avoir de courage sans peur. Ce qui est intéressant, c'est que nous ne pouvons développer notre courage que quand nous devons nous dépasser et sortir de notre zone de confort. Nous ne pouvons pas devenir plus courageux en reculant devant ce qui nous terrifie. Ainsi, si nous avons peur de prendre la parole devant un groupe, le seul moyen de nous en sortir est d'intervenir en réunion. Si nous avons peur de donner des feed-back, nous devons nous y entraîner, ni plus ni moins.

Le courage est composé de deux éléments clés. Le premier consiste à faire face aux barrières et aux difficultés extérieures dans le but d'agir avec intégrité. Mona Hanna-Attisha, pédiatre à Flint, dans le Michigan, a été la première personne à établir un lien entre les problèmes de santé de ses jeunes patients et le taux élevé de plomb dans l'eau de la ville[XCVIII]. Elle a elle-même analysé l'eau et a communiqué ses données lors d'une conférence de presse, entourée de ses collègues du milieu médical. Elle fut harcelée par ces derniers, critiquée par les pouvoirs publics, et traquée par les médias. Même si elle en est tombée malade et a dû faire face à une terrible anxiété, elle avait pour priorité la santé et la sécurité de ses patients, et c'est pourquoi elle a continué à se battre malgré les dangers. Grâce à son courage, le problème a été abordé et des actions sont en cours pour y remédier ainsi que pour condamner ceux qui ont essayé d'étouffer le scandale. Le Dr Hanna-Attisha est à présent en première ligne pour aider à soigner plus de 8 000 enfants qui souffrent des conséquences d'un empoisonnement au plomb.

Le deuxième élément du courage consiste à relever des défis intérieurs. Les actes de courage nous forcent souvent à reconnaître notre faillibilité et à accepter de poursuivre le travail parfois douloureux de la découverte de soi. En ce sens, même de petits actes, comme accomplir des pratiques contemplatives telles que la méditation et la réflexion, demandent du courage. Quand je raconte que j'ai participé à des retraites silencieuses de plusieurs semaines, les gens sont souvent choqués ou incrédules. Ils imaginent à quel point cela doit être terrifiant, ou ennuyeux, de passer ses journées et ses semaines avec son esprit pour seule compagnie. (Même si, pour être honnête, il y a un aspect communautaire à ces retraites en groupe. Avoir de la compagnie lorsque nous nous confrontons à nos peurs représente un soutien inestimable. Cela me rappelle une citation d'Anne Lamott : « Mon esprit est comme un quartier malfamé ; j'essaye de ne pas m'y rendre seule. »)

Avec la pratique, toutefois, nous apprenons à tolérer la sensation de peur ainsi que les objets de cette peur. Une fois que la crainte nous est devenue familière, nous pouvons supporter sa manifestation physiologique. (Ce poids au niveau de la poitrine signifie que nous sommes terrifiés, pas que nous sommes en train de mourir.) Si nous avons *trop* peur de la peur, nous ne pourrons pas passer à l'étape suivante, qui consiste à apprendre progressivement à tolérer l'objet qui génère notre peur. En tant qu'êtres humains, nous pouvons développer une telle aversion pour cet objet que nous préférons faire de gigantesques détours pour l'éviter. Cet évitement de la peur devient alors une autre forme de souffrance. Faire face à la crainte peut simplement consister à se tourner vers elle plutôt qu'à la fuir. Cela implique de se dépasser, pour sortir de sa zone de confort. Si vous êtes angoissé à l'idée de parler en public, vous n'avez pas besoin de donner une conférence devant cinq cents personnes. Vous pourriez commencer par poser l'intention de prendre plus souvent la parole au cours des réunions quotidiennes. Une fois que vous

vous sentirez plus à l'aise, vous pourrez mettre un peu plus votre courage à l'épreuve, en donnant peut-être une présentation à un petit groupe de collègues qui vous sont proches – et continuer ainsi. Avoir du courage ne se limite pas à surmonter ce qui nous fait peur, mais implique aussi d'apprendre à collaborer avec la peur elle-même.

Plus nous nous entraînerons à être courageux et à agir malgré la crainte, plus nous nous améliorerons. Au contraire, plus nous éviterons d'agir de façon téméraire en restant dans notre zone de confort, plus nous aurons de mal à nous dépasser. Aristote a dit que nous nous donnions du courage en accomplissant des actes courageux. De récentes recherches en psychologie indiquent également que le courage est une habitude développée par des actes répétés de bravoure. Cela peut prendre la forme d'une conversation délicate avec notre chef ou un collègue, d'efforts accomplis vers un objectif intimidant, d'un changement d'emploi, ou même d'un défi personnel, comme nous entraîner pour une course ou apprendre à faire du ski.

À vous d'agir
Inventorier les peurs

Parfois, nous nous habituons tellement à nos peurs (et à les éviter) que nous ne réalisons pas à quel point elles nous limitent dans notre quotidien. Prenez un moment pour examiner vos peurs au travail et dans quelle mesure elles peuvent avoir des conséquences sur vous et sur votre entourage :

- Y a-t-il un collègue que vous évitez ?
- Y a-t-il un projet que vous voudriez réaliser, mais pour

lequel vous n'avez pas encore osé demander la permission à votre supérieur ?

- Détournez-vous toujours le regard pour ne pas être appelé quand on cherche un leader ou un facilitateur pour une réunion ?

À présent, demandez-vous quels petits pas vous pourriez faire en direction de ces peurs :

- Pourriez-vous inviter le collègue en question à boire un café ?
- Écririez-vous le brouillon d'une proposition pour votre patron, afin de mettre vos pensées sur le papier ?
- Vous entraîneriez-vous à faciliter une réunion quand il n'y a dans la salle que quelques collègues en qui vous avez confiance ?

Christopher Keller, psychologue clinicien à la Seattle Pacific University, a réalisé une étude en 2016 sur les liens entre le courage, le bien-être psychologique et le bien-être physique – et est arrivé à des découvertes surprenantes[XCIX]. Si des recherches antérieures avaient établi un lien entre le courage et une meilleure santé mentale, jusqu'à l'étude de Keller, nous en savions peu sur l'impact du courage sur la santé physique.

Keller a identifié quatre types de courage : professionnel (faire face à des conflits ou des difficultés au travail, prendre des risques pour sa carrière), religieux ou patriotique (prendre position pour ses idéaux et ses croyances), social ou moral (agir et se mettre socialement, financièrement ou physiquement en danger pour une cause morale), et indépendant (agir de façon altruiste à ses dépens).

Keller a découvert qu'agir avec courage présageait non seulement un bien-être psychologique, mais aussi un bien-être physique, avec une meilleure régulation du système neuroendocrinien (qui relie les hormones et le système nerveux), un système immunitaire renforcé, des risques de maladies cardio-vasculaires diminués, un meilleur sommeil et de meilleures fonctions cognitives[C]. Agir courageusement a aussi été associé à une diminution de la douleur. En d'autres termes, avoir du courage est un bon indicateur de bien-être psychologique et physique. Quand nous faisons face aux défis du quotidien, nous sommes en meilleure forme. Si nous manquons de courage (nous nous cachons, préférons ne pas agir ou ne pas prendre la parole), notre vie devient plus insignifiante et nous souffrons des conséquences douloureuses de la répression émotionnelle.

La bonne nouvelle, c'est que les études montrent que nous sommes nombreux à être courageux au travail, surtout face aux défis externes, comme lorsque nous sommes témoins d'un harcèlement sexuel ou moral. Toutefois, si 30 % des employés ont observé des actes illégaux dans leur milieu professionnel, et 80 % ont été témoins ou victimes d'un comportement abusif de la part de leur chef ou de leurs collègues, seul un tout petit pourcentage ose prendre position.

Qu'est-ce qui fait qu'un employé aura plus tendance à agir avec courage ou en sera plus capable que son collègue ? Certains chercheurs évoquent le tempérament de l'individu. D'autres insistent sur le rôle de l'environnement, du contexte et de la culture professionnels. Le psychologue Philip Zimbardo, qui a mené la célèbre expérience de Stanford, explique qu'il n'a pas encore pu mettre le doigt sur les facteurs qui poussent quelqu'un à se comporter en héros[CI]. Les théories sur lesquelles il se penche vont de l'existence d'un « gène du héros » à une grande compassion. « La compassion pourrait générer de l'héroïsme, mais le lien de corrélation reste encore à établir », dit-il. Un autre élément clé issu de ses recherches est que : « Les héros sont plus efficaces non pas seuls mais au sein d'un réseau. C'est en formant un réseau que les gens acquièrent les ressources leur permettant de manifester leurs élans héroïques. »

Un exemple de courage décuplé, ou peut-être activé, par le travail d'équipe est celui de Cynthia Cooper, ancienne vice-présidente du comité d'audit pour le géant de la télécommunication WorldCom. Travaillant de nuit avec une équipe de collègues, Cooper a enquêté et dévoilé un des pires scandales de manipulation fiscale de l'histoire, à hauteur de 3,8 milliards de dollars. En 2002, le magazine *Time* l'a nommée « personnalité de l'année » pour le courage dont elle a fait preuve en dénonçant la fraude, mais sa bravoure ne s'est pas arrêtée là : Cooper est restée chez WorldCom deux années supplémentaires, malgré son impopularité évidente au sein de l'entreprise.

Des environnements professionnels sains permettent aux employés de s'élever contre des idées ou des normes répandues. Certaines recherches ont établi un lien de corrélation entre un environnement de travail sain et la productivité des équipes. Les équipes où règne la liberté d'expression rapportent plus – jusqu'à un certain point. Il y a un taux idéal de critiques et de feed-back. Quand ils sont trop nombreux, cela a tendance à énerver tout le monde et à rendre le travail moins efficace. Il est impossible d'accomplir quoi que ce soit dans un environnement *trop* « ouvert » ou trop critique. Mais une certaine contestation stimule les employés et encourage les actes de bravoure.

En vérité, le courage a un impact non seulement sur les salariés, mais aussi sur les résultats de l'entreprise. Une étude a montré que, lorsque les employés ne se sentent pas à l'aise pour s'exprimer, ils sont moins satisfaits au travail[CII]. L'absentéisme augmente également, ainsi que les comportements non productifs, tandis que le sentiment d'appartenance à l'équipe diminue, toutes ces conséquences entraînant une baisse des performances et une hausse du turnover. Dans une autre étude, réalisée à la Cornell University, seuls 51 % des employés des entreprises du classement Fortune 100 ont affirmé se sentir suffisamment en confiance pour prendre la parole dans leur milieu professionnel ; et, de ce fait, les entreprises pour lesquelles ils travaillent perdent en tout 31,5 milliards de dollars par an[CIII]. D'après le cabinet de formation en management VitalSmarts, chaque fois qu'un employé se tait face à une difficulté rencontrée au travail, cela coûte 7 500 dollars à l'employeur[CIV]. Il tire cette leçon de son analyse : « Cette étude confirme ce que nous constatons depuis trente ans : parmi les obstacles les plus coûteux pour les entreprises figurent les problèmes critiques non résolus. » Voici des données qui devraient convaincre tout le monde de l'importance de créer un environnement professionnel sain.

Les environnements qui offrent une sécurité psychologique permettent aux équipes et aux organisations d'être plus productives. Une étude publiée dans le *Journal of Applied Psychology* montre que, même dans les cas où ceux qui ont pris la parole pour remettre en question le statu quo avaient tort, « ils ont amené le reste du groupe à mieux réfléchir, à créer plus de solutions et à résoudre les problèmes avec plus de créativité[CV] ». Le sentiment de sécurité au sein du groupe est un autre élément clé permettant de faire émerger des actes de courage au sein des milieux professionnels. Quand nous nous sentons soutenus, nous pouvons nous appuyer sur la solidarité du groupe si nos idées sont remises en question. « S'il y a une confiance mutuelle au sein d'un groupe, ses membres pourront plus facilement entendre les critiques et auront moins tendance à interpréter de travers les comportements conflictuels en croyant qu'ils traduisent des intentions cachées ou des attaques personnelles… [À l'inverse,] quand la confiance mutuelle est absente d'un groupe, les membres de celui-ci ont tendance à interpréter négativement les comportements ambigus des autres en supposant qu'ils expriment un conflit interpersonnel. » Même si notre environnement professionnel n'est pas organisé autour du travail en équipe, avoir le soutien de nos collègues peut nous permettre d'agir avec courage lorsque c'est nécessaire.

En 2014, après les scandales de WorldCom, d'Enron et d'autres grandes entreprises, trois professeurs d'école de commerce ont interrogé 94 chefs d'entreprise et officiers, la plupart de sexe masculin, qui travaillaient pour des organisations comme la Nasa, la NFL, les quatre divisions des forces armées, General Electric, et quelques start-up et hôpitaux, dans le but d'identifier ce qui pousse certaines personnes à s'élever contre l'autorité. Ils ont découvert qu'« affronter directement son supérieur paraît extrêmement risqué aux yeux des participants ». À travers les données récoltées, ils ont pu constater que « les conséquences négatives d'un acte courageux qui ont été rapportées venaient principalement d'événements considérés comme des confrontations à l'autorité (60 % des incidents de confrontation à l'autorité rapportés ont fait du tort à leur auteur, comparés à 26 % seulement des autres formes d'incidents) ».

Nous avons de bonnes raisons d'avoir peur de nous exprimer quand notre culture n'encourage pas ou ne soutient pas les idées à contre-courant. Ethan Burris, qui enseigne le management à la University of Texas, à Austin, mène des recherches sur les risques et les récompenses liés à cette prise de parole. Il a conduit trois expérimentations et une étude de terrain pour examiner comment les gens considéraient les opinions contestataires de leurs employés[CVI]. Il a ainsi découvert que « les employés qui s'expriment et remettent en question le statu quo sont considérés comme moins compétents, moins dévoués à l'entreprise et plus menaçants que ceux qui approuvent la situation ».

Amy Edmondson, professeure à la Harvard Business School, et James Detert, professeur à Penn State, ont exploré les difficultés rencontrées par les employés qui expriment leur désaccord aux figures d'autorité de l'entreprise, ainsi que ce qu'il est possible de mettre en œuvre pour favoriser les actes de courage[CVII]. Edmondson et Detert ont focalisé leurs recherches sur l'étude du comportement des personnes travaillant dans de grandes multinationales, mais les leçons tirées de leurs études peuvent aussi s'appliquer à de plus petites entreprises.

Ils ont identifié deux types de facteurs qui amènent les salariés à se sentir suffisamment en sécurité pour s'exprimer : des facteurs individuels et des facteurs contextuels. Les différences individuelles incluent des compétences en communication et un certain niveau d'extraversion ou d'introversion. Les facteurs contextuels se rapportent à la culture de l'entreprise, qui encourage ou décourage les contributions.

Pour reprendre Jack Kornfield dans *Périls et promesses de la vie spirituelle*, don Juan a dit un jour : « Seul un guerrier [spirituel] peut supporter le chemin de la connaissance. Un guerrier ne peut pas se plaindre ou regretter quoi que ce soit. Sa vie est un défi sans fin, et les défis ne peuvent être bons ou mauvais. Les défis sont simplement des défis. La différence entre un homme ordinaire et un guerrier est qu'un guerrier considère tout comme un défi, alors qu'un homme ordinaire considère tout comme une bénédiction ou une malédiction. »

La réflexion nous aide à faire appel à notre guerrier intérieur. Elle nous permet de voir l'écart existant entre nos intentions et nos actes. Et y faire face requiert du courage. Comme l'a dit un de mes élèves, il faut du courage pour atténuer « les tensions entre un cœur naturellement ouvert et l'esprit naturellement méfiant ». C'est un acte de bravoure que de s'arrêter pour regarder, en toute honnêteté, ce que nous sommes en train de faire et les souffrances que nous traversons. J'entends par là reconnaître ce que nous n'aimons pas, les sentiments qui nous mettent mal à l'aise, et les peurs relatives à ce que nous sommes, à ce que nous sommes capables de faire et à l'image que nous renvoyons aux autres.

Le courage nous évite aussi d'être abattu par ce que nous voyons, et d'avorter notre mission pour revenir à des habitudes confortables mais qui ne nous aident pas à aller de l'avant. Grâce au courage, nous pouvons transformer nos comportements et notre attitude, nous pouvons agir différemment, et essayer à nouveau malgré les échecs.

Chaque fois que nous élaborons un nouveau plan d'action, nous nous préparons à rencontrer des défis – qu'il s'agisse de faire preuve de compassion pour un collègue particulièrement agaçant ou de batailler avec les formalités administratives pour monter notre entreprise. Avoir un but nous donne du courage, quand nous pratiquons la pleine conscience et la compassion. Comme l'a expliqué Julie Aigner-Clark, fondatrice de Baby Einstein Company, dans une interview pour *Forbes* en 2014 : « La peur et le doute sont toujours les plus gros obstacles à la création d'entreprise. Mon idée est-elle suffisamment bonne ? Cela intéressera-t-il quelqu'un ? Mais j'avais vraiment foi dans ce que je mettais en place[CVIII]. »

Plus nous pouvons anticiper les revers, plus nous serons capables de les surmonter. Mais il nous arrivera parfois de retomber dans nos vieilles habitudes. Nous nous déchaînerons sur ce collègue énervant dont nous avons pourtant besoin sur un grand projet, ou nous éviterons de nous pencher sur les papiers administratifs qui nous donnent la migraine.

Même les objectifs quotidiens peuvent constituer des défis. Au-dessus de mon bureau, un post-it vert pomme me rappelle : « Reste concentrée et ne regarde pas tes mails ! » Mais, certains jours, je ne suis pas son conseil. J'ai aussi un plan A pour profiter d'une bonne matinée sans événement inattendu, et un plan B plus bref si je suis confrontée à une urgence. Mais là encore, au lieu de commencer la journée comme je l'aurais souhaité, je me retrouve parfois plongée dans mes mails, jusqu'à ce que je me rende compte qu'il ne reste plus assez de temps pour travailler sur ce qui compte vraiment. Et je suis certaine de ne pas être la seule dans ce cas. Mais nous avons le choix : nous pouvons essayer de comprendre ce qui nous a amenés à perdre notre temps dans des activités dont nous ne sommes pas fiers, assumer la responsabilité de nos actes et de notre état d'esprit – ou ne rien faire. C'est difficile. C'est inconfortable. Cela demande du courage.

Pour en arriver là, nous devons réfléchir à ce que révèle notre comportement. Cela exige de ne pas rejeter la faute sur les autres si quelque chose ne s'est pas déroulé comme nous l'avions prévu et d'assumer nos responsabilités – de « ramener à soi tous les blâmes », pour reprendre le slogan du *lojong*.

À vous d'agir
Rester sur la bonne voie

Exprimer notre but, puis nous assurer que nous faisons notre possible pour progresser dans sa direction, est essentiel pour atteindre notre objectif de vie. Il faut du courage pour assumer la responsabilité de nos erreurs et changer de comportement.

Faites l'exercice suivant pour vous aider à garder le cap :

- Qu'est-il écrit sur ce post-it collé au-dessus de votre bureau ? Quels objectifs ou aspirations vous aident à vous relier à votre but supérieur, ou à maîtriser votre anxiété ? S'il se trouve que vous n'avez pas collé de message sur votre lieu de travail, envisagez d'en écrire un et de l'afficher à un endroit visible.
- Prenez le temps de vous pencher sur ce qui vous empêche le plus souvent d'atteindre vos objectifs du jour ou de la semaine.
- À présent, considérez l'écart entre ce que vous voulez accomplir et ce qui vous éloigne de vos objectifs.
- La prochaine fois que vous aurez envie d'entreprendre quelque chose qui vous éloigne de vos objectifs, comme passer une heure sur vos mails au lieu de travailler sur une proposition qui vous est chère, entraînez-vous à rediriger votre attention.

Que nécessite cette forme de courage ? Rappelez-vous nos trois éléments du courage : un but moral, une action intentionnelle, et la conscience de risques, menaces ou obstacles. Il faut donc observer que nous avons peur, et ne pas nous contenter de fuir. Il faut reconnaître que nos pensées ne sont que des pensées, et que nous n'avons pas à nous laisser dominer par la peur. Avoir du courage signifie être conscient de la peur mais y faire face, et poursuivre malgré tout ses objectifs. Comme je l'explique à ma fille de six ans quand elle a peur, être courageux ne veut pas dire que nous n'avons pas peur. Cela veut dire que nous ne laissons pas nos peurs nous arrêter. Mais nous devons pour cela cesser de croire en nos pensées. Et nous fier à autre chose, comme notre but, qui nous poussera à agir.

Notre but relie les moments, les heures et les journées de travail à un tout plus grand que la somme de ses parties. Lorsque nous sommes portés par la conviction que nous faisons partie d'un grand tout qui a un sens, nous sommes plus enclins à prendre des risques, à avoir des conversations délicates, et à accepter nos responsabilités au lieu d'accuser les autres. Nous avons davantage tendance à accomplir des tâches difficiles lorsque nous nous rappelons que notre travail compte.

Le courage demande de l'entraînement

Une des leçons que l'on peut tirer des recherches en psychologie est que l'exposition répétée aux situations anxiogènes nous donne du courage. Que ce soit dans la vraie vie ou mentalement, nous entraîner à faire face à nos peurs peut nous préparer à agir courageusement. Cela semble une tâche herculéenne, mais il est essentiel de s'exercer.

Il y a des millions de façons de s'exercer à être plus courageux. Et le courage peut revêtir de nombreuses significations différentes. Il ne s'agit pas seulement du courage de pénétrer dans un bâtiment en feu. Ce peut être aussi le courage de regarder une situation à travers les yeux d'autrui. Il peut aussi se traduire par la mise au placard de nos mécanismes de défense : nous exposer aux critiques, sortir de notre zone de confort. Il y a de nombreux moyens de devenir plus courageux. Confrontez-vous à vos démons intérieurs, soyez plus vulnérable, soyez honnête et persévérez, en fournissant des efforts continus. Le courage doit se pratiquer en permanence, c'est ainsi que nous donnerons du sens à notre existence.

Le courage moral managérial

Le courage moral est la capacité à entreprendre une action juste face à l'opposition, au découragement, à l'adversité ; c'est la capacité à défendre les principes auxquels nous croyons et qui nous sont chers. À l'université du Québec, Michelle Harbour et Veronika Kisfalvi étudient ce qu'elles nomment « le courage moral managérial[CIX] ». Elles divisent le courage managérial en deux catégories : le courage d'agir et le courage d'être. Leurs découvertes révèlent que les managers donnent une dimension morale au courage. En d'autres termes, ils considèrent la prise de décision comme une réaction éthique à des situations risquées ou difficiles. Outre la confiance en soi et un fort ego, les managers ont besoin de « soutien, de stratégies de régulation, et de pouvoir déléguer certaines responsabilités [...] afin de maintenir leur courage moral managérial dans les moments difficiles et émotionnellement intenses ». Leurs études montrent également que le courage est une vertu très estimée, et considérée comme cruciale pour les leaders et les managers d'aujourd'hui.

Un des moyens de se donner du courage consiste à le considérer comme une compétence qui peut être développée. Kathleen Reardon, professeure de management à la Marshall School of Business de la University of Southern California, a écrit un article dans la *Harvard Business Review* sur le lien entre le courage et les compétences en matière de prise de décision, ainsi que les moyens de le développer. Elle a commencé par établir une distinction entre les professions dangereuses comme officier de police ou pompier (qui risquent leur vie au travail) et le monde des affaires. Après avoir interviewé plus de 200 cadres supérieurs et cadres intermédiaires, elle a découvert que le courage managérial impliquait un calcul des prises de risques et de décision, qui s'améliorait avec le temps et l'expérience.

Reardon a mis au point un « calcul du courage », identifiant une méthode en six étapes qui inclut de déterminer les objectifs et de vérifier s'ils sont réalistes, de définir des objectifs secondaires si les premiers ne sont pas atteints, et d'évaluer leur importance : s'agit-il vraiment de priorités ? Si un objectif n'est pas d'une grande priorité, le jeu n'en vaut peut-être pas la chandelle. Ou, pour reprendre ses termes : « Est-ce que la situation exige une action immédiate et à vue, ou une réponse plus nuancée et moins risquée ? Le courage ne consiste pas à dilapider son capital social sur des questions peu prioritaires. » Son article explique également comment faire basculer la balance du pouvoir en sa faveur en créant un réseau fort, en pesant les risques et les bénéfices, en choisissant le moment approprié pour agir au lieu de se précipiter, et en mettant au point des plans d'urgence pour pouvoir persévérer si tout ne se passe pas comme prévu.

Si vous vous penchez sur son calcul du courage, vous pourrez voir l'importance de la pleine conscience (par opposition à l'action précipitée) dans la prise de décision. Quand vous devez prendre une décision, commencez par vous demander : « Ce que je souhaite accomplir est-il réalisable ? » Puis : « Est-ce important ? » Enfin : « Est-ce que je peux mener à bien cette tâche discrètement ou nécessite-t-elle une confrontation publique ? » En vous posant ces questions, observez vos ressentis. Éprouvez-vous une certaine instabilité émotionnelle ? Dans quelles parties du corps l'observez-vous ? La pleine conscience peut vous aider à reconnaître votre état mental, émotionnel et physique. Cela ne veut pas dire que vous n'agirez jamais sous le coup de l'émotion, mais la conscience de vos ressentis vous permettra en règle générale d'éviter une décision précipitée, comme de démissionner suite à un incident qui ne remettait finalement pas vos aspirations en question.

Il est important de se rappeler que le courage n'est pas qu'une qualité individuelle ; il est renforcé ou affaibli par le contexte social et l'environnement professionnel – l'aspect social du contexte professionnel est très important. Quand les gens sont témoins d'actes courageux, qu'ils en parlent, qu'ils en entendent parler, ils sont motivés pour faire eux-mêmes preuve de courage.

Certaines recherches sur le courage en entreprise ont montré que le phénomène de « contagion émotionnelle » (la notion selon laquelle une émotion circule dans un groupe : si une personne ressent une émotion, le reste du groupe sera également traversé par cette émotion) jouait aussi un rôle dans le contexte professionnel. « Une fois que le courage a été soutenu et instillé chez quelques individus, explique Ralph Kilmann, de la University of Pittsburgh, il peut facilement devenir une vertu du groupe, grâce à la dynamique sociale de l'organisation. [Il en est ainsi parce que] le courage est socialement contagieux : il se répand par le sentiment d'élévation morale des membres du groupe qui en sont témoins, par les échanges sociaux et par les anecdotes de l'entreprise. »

Un des moyens d'inciter au courage dans le milieu professionnel consiste à ce que les dirigeants donnent l'exemple. Les leaders suffisamment courageux pour être honnêtes et transparents inspirent les employés à faire de même. C'est une qualité caractéristique des personnages les plus emblématiques et les plus respectés de ce monde – les Martin Luther King et les Aung San Suu Kyi –, mais le milieu professionnel offre aussi des exemples de leaders courageux. Ainsi, les directeurs de Dropbox qui, en revenant d'une retraite, se sont exprimés sur leurs faiblesses et ont demandé à être rappelés à l'ordre s'ils répétaient leurs erreurs, au nom de leur développement personnel, de la confiance entre collègues et de l'exemple qu'ils seraient à même de donner.

En tant que leaders, la transparence nous demande d'être ouverts aux feed-back. Même s'il est très tentant de nous cacher derrière notre fonction. La volonté de parler de nos erreurs (de nous confesser, en quelque sorte) est l'amorce d'un processus de prise de responsabilités et de changement. Nous ouvrir aux perceptions des autres sur nous-mêmes, même si cela nous effraie ou nous est désagréable, demande beaucoup de courage. C'est ce que nous observons, en dehors du contexte professionnel, dans les « programmes en douze étapes », les « sanghas » ou groupes spirituels/de développement personnel, les thérapies de groupe, ou encore les cercles Lean In. Ce sont tous des exemples du pouvoir de la prise de responsabilités et des feed-back. Pour qu'une entreprise prospère, elle doit offrir à ses employés un soutien systémique.

À vous d'agir
Le but et la motivation

Comment motivez-vous les personnes qui vous entourent ? Vos discours sur les résultats financiers de l'entreprise, les rapports trimestriels ou les objectifs d'équipe abordent-ils également les objectifs personnels de ceux avec qui vous travaillez ? Y a-t-il des particularités de votre service ou de la mission de votre entreprise sur lesquelles vous pouvez vous focaliser ? Profitez de cette occasion pour mieux comprendre le sens que revêt le travail pour vos collaborateurs, en apprenant :

- ce qui les stimule dans tel ou tel projet ;
- les compétences ou connaissances qu'ils pourraient acquérir par leur travail ;

- dans quelle mesure leur emploi leur permet d'avoir une vie meilleure, et d'offrir une vie meilleure à leur famille.

Plus vous prendrez en compte les motivations de vos collaborateurs, plus ils s'impliqueront dans leur travail et généreront de meilleurs résultats.

100 % RESPONSABLE

Diana Chapman, coach de dirigeants dynamique et coauteure de *The Fifteen Commitments of Conscious Leadership*, enseigne ce qu'elle appelle « la responsabilité à 100 % », un des engagements, à ses yeux, des leaders conscients. Elle a notamment rendu cette idée populaire au sein de la Young Presidents' Organization.

Dans la YPO, lorsque quelqu'un est en retard à une réunion, il peut tout à fait être rappelé à l'ordre devant tout le monde, afin d'être mis face à ses responsabilités. Il s'agit de rappeler que, même s'il y avait beaucoup d'embouteillages, il aurait pu faire des choix différents pour pouvoir arriver à l'heure. La logique qui sous-tend cette pensée est que le retard n'est pas quelque chose *qui vous arrive*, mais une façon de vous organiser et le résultat de vos choix.

De tels défis permettent aux gens d'assumer leur rôle face à un problème et de reconnaître l'influence de leurs actes sur une situation. Visualisez la responsabilité comme un gâteau : prendre notre part (« ramener à nous tous les blâmes ») peut corriger notre tendance à croire que nous sommes à la merci de forces extérieures, au travail comme dans la vie privée, notamment des erreurs et des inaptitudes d'autrui. Comme l'explique Chapman, prendre ses responsabilités à 100 % ne signifie pas tout contrôler de façon obsessionnelle, ou ne pas prendre en considération les limites de notre contrôle. Cela signifie que nous avons toujours le choix, et que nous pouvons toujours améliorer la situation, en commençant par poser sur elle un regard différent. Dans cette pratique, nous pouvons nous entraîner avec les « histoires contraires », en endossant par exemple la responsabilité que nous aurions rejetée sur autrui, et en réfléchissant à ce que nous aurions pu faire différemment ou, plus important encore, à la façon dont nous pouvons rectifier la situation. Nous avons toujours le pouvoir d'influencer (ce qui est différent de contrôler) notre destinée. Nous ne pouvons pas tous être P-DG – et la plupart d'entre nous n'en ont aucune envie ! –, mais nous pouvons tous être influents. Chacun d'entre nous occupe une place importante, au sein de sa famille ou de sa communauté.

Il faut du courage pour prendre ses responsabilités. Être responsable, éviter d'accuser les autres, et nous concentrer sur ce qui est en notre pouvoir – voilà qui est bien plus difficile qu'on pourrait le croire. La figure d'analyse transactionnelle connue sous le nom de triangle dramatique, ou triangle de Karpman (que j'utilise dans mes cours et qui est aussi employée, entre autres, à la YPO), révèle notre tendance à nous positionner en victime, en persécuteur ou en héros et à attribuer des rôles complémentaires aux autres. Ce schéma fut développé par Stephen Karpman pour illustrer le lien entre responsabilité et pouvoir, et leur rapport aux limites de chacun. Lors d'une interaction, nous pouvons tomber dans le rôle du persécuteur, du sauveur (ou héros) ou de la victime. Le but est de mettre au jour notre part de responsabilité dans l'attribution de ces rôles et de cesser de subir passivement la situation.

Nous devons nous approprier notre locus de contrôle. Nous devons prendre nos responsabilités face à notre esprit, notre attitude, nos relations, nos actions. D'après les recherches sur l'efficacité et le locus de contrôle (interne ou externe), nous pouvons faire preuve de courage (c'est-à-dire prendre en main ce que nous pouvons modifier dans notre vie) et être influents, que nous soyons P-DG ou à l'échelon le plus bas de l'entreprise. Nous ne pouvons peut-être pas contrôler les événements qui dépendent d'une causalité externe si nous n'exerçons pas de pouvoir manifeste, mais nous sommes en mesure de contrôler ce qui dépend d'une cause interne, et d'influencer les autres. Malgré tout, il faut du courage, ainsi que de la volonté, pour évaluer notre rôle et le pouvoir que nous détenons, et nous concentrer sur eux plutôt que d'accuser les autres. Nous avons le pouvoir de modifier notre état d'esprit, à l'instar d'un agent d'entretien qui choisit de reconnaître l'importance de son rôle au sein de l'équipe soignante.

En ayant de la compassion envers nos collaborateurs, en les considérant comme nos coéquipiers plutôt que comme des menaces potentielles, nous pouvons nous atteler à la tâche avec la force que nous confère le soutien du groupe – et nous rendre compte que nous avons plus de ressources pour défendre ce qui est juste, parce que nous ne les gaspillons pas dans des querelles stériles. Au lieu de nous distraire de notre besogne en jouant des coudes, encourageons-nous mutuellement à nous serrer les coudes.

J'aime beaucoup le modèle de Karpman, parce qu'il permet de distinguer ce qui relève de notre subjectivité et de déterminer si nous gardons le pouvoir entre nos mains ou si nous le remettons à d'autres. Il peut aussi nous aider à ouvrir les yeux sur notre tendance à rejeter la faute sur les autres.

Le danger, toutefois, est d'utiliser cet outil pour faire des reproches. À l'évidence, nous ne disposons pas tous de la même marge de manœuvre sur notre emploi du temps. Si nous recourons à ce modèle, ce devrait être dans le but de nous confronter à nos faiblesses, et non pour critiquer les autres. Et il est important de garder à l'esprit que la méthode de la YPO est suivie par des personnes qui ont effectivement le privilège de mener leur vie professionnelle avec plus de liberté que la plupart d'entre nous.

Dans le slogan du *lojong* « Ramène à toi tous les blâmes », « toi » se rapporte à l'attachement à l'ego. Nous ne devons blâmer ni les autres ni la situation en elle-même, mais notre propre vision étroite de nous-mêmes, qui est engendrée par une vue dualiste de soi et des autres. Pour être plus claire, notre vision est la plupart du temps si limitée que nous avons tendance à accuser les autres quand quelque chose va de travers. Pour modifier cette habitude, entraînons-nous à diriger tous les reproches vers notre attachement à l'ego. Cela ne veut pas dire être durs avec nous-mêmes. Cela signifie prendre nos responsabilités, et voir que nous pouvons avancer dans la vie autrement qu'en étant sur la défensive et en ouvrant le parapluie. Chaque fois que nous nous surprenons à faire des reproches à quelqu'un, nous pouvons nous arrêter un instant et assumer la responsabilité de la situation.

Pour vous entraîner, chaque fois que vous vous surprenez en train de vous apprêter à faire un reproche, quel qu'il soit, arrêtez-vous et changez de perspective, en vous entraînant à vous porter responsable mentalement. Quelles sont vos impressions ? Faites cet exercice avec curiosité, sans jugement.

Demandez-vous :

Est-ce que j'assume pleinement les responsabilités de mon bien-être physique, émotionnel, mental et spirituel, et de mon développement personnel ?

Est-ce que je soutiens les autres en assumant pleinement mes responsabilités afin d'assurer leur bien-être et leur développement personnel ?

Ou :

Est-ce que je me reproche ou reproche aux autres les malheurs du monde ?

Est-ce que je choisis de jouer la victime, le sauveur ou le persécuteur et quelle part de responsabilité choisis-je d'assumer ?

Une fois que nous discernons nettement le rôle que nous endossons dans une situation donnée, il nous appartient de prendre cela en considération pour évoluer. Tout commence par le courage de remettre nos suppositions en question et d'accepter notre vulnérabilité.

À vous d'agir
Assumer ses responsabilités

Le cabinet de conseil VitalSmarts, axé sur les performances, a mené des recherches approfondies concernant l'influence du courage et du sentiment de responsabilité sur les performances des entreprises. À partir de ces données, des recommandations clés ont été rédigées, que les chefs d'entreprise peuvent partager avec leurs employés pour les inciter à agir avec courage :

1. Changez votre façon de penser. Au lieu de réfléchir aux risques que vous prenez en faisant preuve d'honnêteté, examinez ce qui pourrait se produire si vous décidiez de passer sous silence vos préoccupations.

2. Désamorcez vos émotions. Beaucoup de conversations importantes tournent mal parce que les émotions prennent le dessus et occultent les idées communiquées. Essayez d'entamer le dialogue en partant du principe que votre interlocuteur est un être humain rationnel et raisonnable. Cela vous aidera non seulement à vous concentrer sur ses paroles, mais aussi à donner l'image d'une personne coopérante et agréable.

3. Aidez les autres à se sentir en sécurité. Quand des sujets sensibles sont abordés, la plupart des personnes ont tendance à adopter une attitude défensive. Pour qu'elles se sentent en sécurité, commencez la conversation en les assurant de vos intentions positives et de votre respect envers elles. Lorsque vos collaborateurs se sentent respectés et sont assurés de vos bonnes intentions, ils sont plus enclins à baisser leur garde et à écouter.

4. Encouragez les interventions. Une fois que vous avez créé un environnement sûr, assurez-vous que l'autre personne comprend qu'elle a le droit de ne pas être d'accord avec vous. Les personnes capables de mener correctement d'importantes réunions ne se contentent pas de convaincre les autres ; elles apprennent aussi de leurs opinions.

9

Pour des entreprises conscientes

« Quand vous êtes entourés de gens qui partagent un engagement passionné pour un but commun, tout est possible. »

HOWARD SCHULTZ, P-DG de Starbucks

C'est une chose de se concentrer sur son but à titre individuel. En tant qu'employés (et êtres humains), nous avons la liberté de choisir comment relever les défis rencontrés dans le milieu professionnel. Nous pouvons choisir d'être plus compatissants, de cultiver le courage, de prendre en compte la sagesse de nos émotions. Et nous savons que, au sein de l'entreprise, notre état d'esprit et nos actes font boule de neige – quand nous choisissons d'agir en pleine conscience, nous incitons nécessairement notre entourage à faire de même.

Ainsi, Chade-Meng Tan, un des premiers ingénieurs de Google, est aujourd'hui le porte-parole d'une culture de la pleine conscience, au sein de l'entreprise comme dans la sphère privée. Après avoir étudié et appliqué la pleine conscience à titre personnel, Tan a invité l'entreprise à s'intéresser aux principes de cette pratique. La direction a apprécié son intervention, et une formation de réduction du stress basée sur la pleine conscience à destination des ingénieurs a vu le jour.

Cette formation facultative a commencé en 2007 avec un petit groupe, mais Tan a réussi à recruter suffisamment de membres de Google pour la faire connaître, et plusieurs centaines de personnes s'y inscrivent à présent chaque année. Depuis, Tan a travaillé avec des milliers de collaborateurs – un petit pourcentage du nombre d'employés que compte l'entreprise, certes, mais qui n'en est pas moins remarquable. C'est un bon exemple non seulement de l'impact et de l'efficacité du coaching entre pairs, mais aussi de la façon dont nos passions et notre but peuvent influencer toute une culture d'entreprise. L'histoire de Tan illustre comment y arriver sans les ressources que nous offre un poste haut placé.

Voilà donc une méthode pour commencer à assainir l'environnement professionnel toxique : partir pour ainsi dire de la base. Mais, outre les efforts fournis par les employés, des approches initiées par les leaders peuvent aussi s'avérer très efficaces. Et ces deux stratégies peuvent être soutenues par des actions déployées sous la forme de programmes et de formations, et entraîner des changements culturels concrets et mesurables.

Il convient alors de se demander comment mettre en pratique la pleine conscience au niveau d'une organisation. Comment les entreprises peuvent-elles devenir plus conscientes ?

J'ai discuté de cette question avec Jonathan Levin, le doyen de la Stanford Business School. Comment reconnaître une entreprise qui a réussi à développer le savoir-être ? Et d'ailleurs quels sont les critères à partir desquels nous pourrions l'évaluer ? En d'autres termes, comment savoir ce qui caractérise une entreprise consciente ?

J'ai mentionné quelques qualités fondamentales que j'enseigne, telles que la conscience de soi, la focalisation, le fait d'établir des priorités, la transparence et la sincérité compatissante, avant de lui demander des exemples d'entreprises qui, d'après lui, incarnaient ces vertus.

Il m'a parlé d'organisations ayant développé leur propre culture d'entreprise, dans laquelle le leadership s'emploie à ancrer des valeurs ou des qualités comme la pleine conscience dans leurs méthodes de travail. L'une d'elles, Bridgewater, le plus important fonds d'investissement au monde, gère 150 milliards de dollars d'actifs.

Quand la pleine conscience est initiée par des leaders

Cela faisait quelque temps que j'avais remarqué Bridgewater. J'avais même fait visionner à mes élèves une vidéo dans laquelle son P-DG, Ray Dalio, explique le rôle joué par la méditation dans sa réussite personnelle mais aussi dans le fonctionnement de son entreprise.

Dalio y raconte qu'il commence sa journée au bureau en se détournant de sa baie vitrée pour méditer pendant vingt minutes. Ses employés sont encouragés à faire de même. Il a aussi contribué à créer une culture d'entreprise dans laquelle les principes fondamentaux de transparence et de sincérité radicales sont encouragés aux niveaux personnel, interpersonnel et organisationnel.

Les employés sont donc incités non seulement à se montrer sincères mais aussi à exiger une sincérité réciproque de la part de leurs collègues. La transparence radicale décrite par Dalio est

« une loyauté saine [qui] nous pousse à nous améliorer en parlant ouvertement des erreurs et des faiblesses ». Il explique le bénéfice qu'en tire son entreprise : « Plus les gens parlent ouvertement de leurs difficultés, plus les autres peuvent les aider. Dans un environnement où les erreurs et les difficultés sont abordées en toute franchise, le fait de reconnaître ses faiblesses et de chercher à les surmonter est valorisé. Par contre, quand les erreurs et les faiblesses sont cachées, les attitudes malsaines sont légitimées. » En d'autres termes, les meilleures décisions ne peuvent pas être prises lorsque les gens ont peur de s'exprimer ouvertement et dissimulent des informations.

Dans sa récente conférence TED, Dalio soutient que la transparence radicale est un élément clé de la réussite d'une entreprise efficace. Une entreprise ne peut prendre de bonnes décisions que si elle a accès à une multiplicité de points de vue différents. C'est une idée séduisante, mais qui ne se met pas facilement en pratique. Comme le décrit Dalio, elle peut être « émotionnellement difficile » à appliquer, et demande de l'entraînement. Il souligne que le meilleur moyen d'améliorer cette capacité consiste à « s'observer pendant les conversations », à développer sa conscience de soi, à prêter attention à ses habitudes de communication, à voir les bienfaits qu'apporte une plus grande sincérité, et à garder en tête que, si ces nouveaux comportements peuvent paraître peu naturels au début, les bénéfices que l'on en tire à titre personnel et au niveau de l'entreprise compenseront largement les difficultés.

Le doyen Levin cite également Christopher Forman, P-DG de l'entreprise immobilière Decurion Corporation, comme exemple de dirigeant qui s'efforce de créer une culture d'entreprise consciente. Ancien élève de la Stanford Graduate School of Business, Forman a un style de leadership unique. Par exemple, quand ses employés ont un problème à résoudre, le protocole veut que toutes les personnes impliquées dans la situation s'assoient en cercle pour en parler ouvertement.

Bien sûr, le cercle de parole n'est pas forcément adapté à tous, mais Forman a fait en sorte qu'il fonctionne. Et cela a entraîné une évolution des capacités de leadership, un développement émotionnel et une dynamique interpersonnelle plus productive au sein de l'entreprise. En employant tout un ensemble d'outils permettant de rendre la communication directe respectueuse et productive, Forman a développé une culture d'entreprise qui attire les employés appréciant cette forme de transparence et cette approche collaborative de la résolution des problèmes.

Il convient également de relever que Bridgewater et Decurion sont des exemples de réussite au sens le plus conventionnel, toutes deux au sommet de leur branche respective. Ce qui suggère que leurs valeurs fondamentales de souplesse, de créativité et de résilience face aux situations délicates contribuent à la réussite de l'entreprise (ou tout au moins qu'elles ne sont pas incompatibles). En encourageant leurs employés à se confronter à leurs erreurs et à les aborder avec bienveillance et vulnérabilité, elles leur permettent de grandir en tant qu'êtres humains et de faire prospérer leur entreprise.

On peut clairement voir un mouvement se dessiner au sein des meilleurs programmes de MBA, pour y inclure des formations au savoir-être : outre mes cours, on peut trouver des exemples de formations sur l'intelligence émotionnelle et la pleine conscience à Harvard, Yale, Columbia et dans bien d'autres universités. Il y a aussi tout un mouvement d'apprentissage du savoir-être dans les meilleures entreprises, au sein de la formation continue des dirigeants et des employés.

La réussite de l'intégration de ces qualités dans le milieu

professionnel aura une signification différente d'une entreprise à l'autre. Tout le monde ne veut pas voir ses échecs et ses erreurs inscrits dans un registre des problèmes à la vue de tous, ou laisser ses employés exprimer leurs émotions négatives via une application sur leur iPad – et c'est très bien comme ça. En fonction du secteur, de la culture et des objectifs de l'entreprise, les indicateurs seront différents. Une entreprise de soins, par exemple, peut mesurer l'impact de la pleine conscience et de la compassion en suivant l'augmentation de la satisfaction des patients et la baisse des erreurs médicales, tandis qu'un fonds d'investissement privé se focalisera sans doute sur la prise de décision et la hausse du profit.

Quand la direction d'une entreprise décrète qu'une compétence ou un ensemble de compétences est crucial pour sa mission ou sa culture, elle le transmet souvent à ses employés par des formations obligatoires. Pour autant que je le sache, il n'en existe aucune incluant l'entraînement à la pleine conscience. Or, étant donné toutes les preuves de l'impact positif de la pleine conscience sur l'épanouissement des employés, la diminution du turnover et l'augmentation du chiffre d'affaires, j'en viens à me demander s'il ne s'agit pas d'une opportunité inexploitée.

Une autre façon d'intégrer la pleine conscience par une approche descendante consiste à prendre en compte certains de ses principes dans le processus de recrutement. Ainsi, le géant mondial de la technologie LinkedIn considère la compassion comme une valeur essentielle de l'entreprise, et donc comme un critère d'embauche. Lors des entretiens, les candidats doivent expliquer comment ils réagiraient face à des choix délicats entre le bien-être humain et le chiffre d'affaires.

Recourir à des méthodes d'embauche qui donnent la priorité aux qualités telles que la compassion permet d'attirer plus de personnes susceptibles d'être en adéquation avec une culture d'entreprise qui joint le geste à la parole sur ces valeurs clés. Mais une fois embauchés, comment les employés peuvent-ils continuer à défendre ces valeurs ? Les meilleurs dirigeants d'entreprise offrent à leurs employés des opportunités de les mettre en pratique s'ils le souhaitent. Par exemple, Mark Benioff, le P-DG de Salesforce, a voulu faire de la pleine conscience une valeur essentielle de son entreprise. Les bureaux de Salesforce côtoient des salles de méditation ouvertes à ceux qui le souhaitent. Il organise aussi des conférences avec des orateurs comme Thich Nhat Hanh, mais auxquelles la participation est facultative. De telles pratiques sont non seulement respectueuses des choix et valeurs individuels, mais aussi plus susceptibles d'être fructueuses que des activités « obligatoires ».

Lorsque j'ai été invitée chez Google pour réfléchir aux meilleurs moyens d'inclure les pratiques de pleine conscience dans cet environnement professionnel, nous avons cherché à intégrer ces pratiques aux rituels et systèmes déjà en place, de l'installation de la cantine aux politiques de recrutement des ressources humaines. Nous nous sommes demandé : comment susciter un intérêt pour la pratique de la compassion, qui ferait ensuite boule de neige ? Nous voulions nous assurer que nos efforts de sensibilisation seraient pertinents pour la plupart des employés qui ne s'inscriraient sans doute jamais à un cours de méditation – ou pour ceux qui iraient peut-être, mais qui finiraient par trouver cela inadapté à leur style de vie.

La société d'assurance santé Aetna constitue un autre exemple d'entreprise qui intègre les valeurs de l'équipe de direction jusqu'au bas de l'échelle. Son P-DG, Mark Bertolini, a créé la fonction de directeur de pleine conscience (en anglais CMO, ou « *Chief Mindfulness Officer* »), et a nommé un collègue de confiance pour s'occuper des programmes de pleine conscience de l'entreprise. Non seulement la création de ce poste peu orthodoxe permet aux employés de savoir vers qui se tourner s'ils sont intéressés par les compétences et pratiques liées à la pleine conscience, mais elle envoie aussi un message fort sur les valeurs de l'entreprise.

Toutefois, même quand ce message vient de la direction, il peut y avoir des obstacles. Certains employés peuvent ne pas se sentir très à l'aise avec les valeurs exprimées par leurs supérieurs. Les entreprises peuvent aussi avoir du mal à trouver un équilibre entre les espaces, pratiques ou rituels obligatoires et ceux qui sont facultatifs. Et, bien sûr, nous devrons toujours faire face à ce grand défi qui consiste à pratiquer la pleine conscience au quotidien, en permanence, même sous le stress et la pression. Méditer et se réunir une fois par mois n'est pas suffisant. Car la pleine conscience ne peut être réduite à une formation (qu'elle soit ou non obligatoire).

Stratégies initiées par les leaders pour intégrer la pleine conscience dans le milieu professionnel

- Reconnaître le besoin de pleine conscience à tous les échelons et dans tous les départements.
- Réfléchir au moyen de l'intégrer dans les espaces de travail partagés.
- Identifier les écueils des réunions et les résoudre.
- S'atteler à créer un environnement sain et sécurisant pour tous les employés.
- Rendre les pratiques de pleine conscience aussi incontournables que les formations RH.
- Incorporer les principes de pleine conscience dans le règlement et la culture de l'entreprise.

- Prendre en compte des critères comme la compassion ou l'amabilité lors de l'embauche.
- Identifier les faiblesses de l'équipe et en parler.

La mauvaise nouvelle, c'est que notre vécu, nos responsabilités et nos préférences personnelles continueront de nous donner du fil à retordre. Nous ne pouvons pas nous couper de nos valeurs ni de notre éthique, de notre milieu social et de nos émotions au moment où nous passons la porte du bureau. Aucune frontière magique ne sépare « le travail » de « la vie ». Tout se retrouve sur un seul et même chemin. Tout s'assemble sur l'image de la boîte de notre puzzle.

La bonne nouvelle, c'est que, si notre humanité nous fait souffrir au travail, elle nous permet également de mieux travailler, et même de nous épanouir professionnellement. Car notre histoire, nos valeurs et nos objectifs – les sources mêmes de nos conflits et de nos douleurs – sont aussi d'incroyables ressources de compassion, de collaboration et de sagesse. Mais, pour que ces qualités aient une influence positive et productive sur notre travail et sur les entreprises pour lesquelles nous œuvrons, nous ne devons plus nous contenter de tolérer ou d'ignorer poliment les différences.

La façon dont nous choisissons de vivre et de travailler est essentielle. En tant qu'individus et en tant que salariés d'une entreprise, nous devons défendre les valeurs humaines, nous rappeler que nous sommes avant tout des êtres humains, et que nous ne pouvons nier la réalité de notre corps et de nos émotions, même au travail. En tant qu'employés, nous devons prendre en main notre santé mentale. Nous ne devons pas attendre que notre employeur ou le directeur des ressources humaines s'en occupe. Nous sommes capables de beaucoup plus de contrôle sur notre situation que nous ne l'imaginons souvent. Et cette influence s'accompagne de responsabilités. Nous avons tous des comptes à rendre, que nous soyons directeurs, cadres ou simples employés. Nous avons tous le pouvoir de décider du respect avec lequel les autres sont traités. Vous pouvez vous battre pour l'intégrité et la compassion, même face à de petits obstacles. Et vous le ferez en encourageant une culture d'entreprise consciente.

Si nous agissons ainsi, non seulement notre entreprise en bénéficiera, mais nous nous porterons mieux également. Nous serons plus performants. Notre vie privée s'en trouvera améliorée. Nous considérerons nos journées de travail comme des pièces de ce grand puzzle, de ce But avec un B majuscule.

Nous ne serons pas parfaits, mais nous serons sur le chemin, en évolution. Nous travaillerons avec intention, nous travaillerons pour donner du sens, et pour enrichir notre vie[CX].

NOTES

[I] Kate DAVIDSON, « Employers Find "Soft Skills" Like Critical Thinking in Short Supply », *Wall Street Journal*, 30 août 2016

[II] Guy BERGER, « Soft Skills Are Increasingly Crucial to Getting Your Dream Job », LinkedIn, 2016, https://www.linkedin.com/pulse/soft-skills-increasingly-crucial-getting-your-dream-guy-berger-ph-d-.

Chapitre 1 : Soigner l'environnement professionnel toxique

[III] Pawel WARGOCKI, David P. WYON, Yong K. BAIK, Geo CLAUSEN et P. OLE FANGER, « Perceived Air Quality, Sick Building Syndrome (SBS) Symptoms and Productivity in an Office with Two Different Pollution Loads », *Indoor Air 9*, n° 3 (1999), pp. 165-179

[IV] Ahmed MAZRŒI, Amit KAUSHIK et Esam ELSARRAG, « Impact of Indoor Environmental Quality on Occupant Well-Being and Comfort : A Review of the Literature », *International Journal of Sustainable Built Environment 5*, n° 1 (2016) 1-11

[V] Joseph G. ALLEN, Piers MACNAUGHTON, Usha SATISH, Suresh SANTANAM, Jose VALLARINO et John D. SPENGLER, « Associations of Cognitive Function Scores with Carbon Dioxide, Ventilation, and Volatile Organic Compound Exposures in Office Workers : A Controlled Exposure Study of Green and Conventional Office Environments », *Environmental Health Perspectives*, 2016 (en ligne), n° 6

[VI] Wendy STUBBS et Chris COCKLIN, « An Ecological Modernist Interpretation of Sustainability : The Case of Interface Inc. », *Business Strategy and the Environment 17*, n° 8 (2008), p. 512

VII Ray ANDERSON, « The Business Logic of Sustainability », conférence TED, février 2009, https://www.ted.com/talks/ray-anderson-on-the-business-logic-of-sustainability?language=fr

VIII Paul HAWKEN, *The Ecology of Commerce : A Declaration of Sustainability*, Collins Business, 1993

IX National Public Radio, Robert Wood Johnson Foundation et Harvard T. H. Chan School of Public Health, « The Workplace and Health », mai 2016, http://www.npr.org/documents/2016/jul/Workplace-Health-Poll.pdf.

X Rebecca RAY, Milla SANES et John SCHMITT, *No-Vacation Nation Revisited*, Center for Economic and Policy Research, mai 2003, http //cepr.net/documents/publications/no-vacation-update-2013-05.pdf.

XI Mika KIVIMÄKI, Markus JOKELA, Solja T. NYBERG, Archana SINGH-MANOUX, Eleonor I. FRANSSON, Lars ALFREDSSON, Jakob B. BJORNER et al., « Long Working Hours and Risk of Coronary Heart Disease and Stroke : A Systematic Review and Meta-Analysis of Published and Unpublished Data for 603,838 Individuals », *The Lancet* 386, n° 10005, 2015, 1739-46

XII American Psychological Association, *Stress in America Survey*, 2007, http://www.apa.org/news/press/releases/stress/index.aspx

XIII Peter J. FROST, « Why Compassion Counts ! », *Journal of Management Inquiry* 20, n° 4, 1999, pp. 395-401

XIV Jeffrey PFEFFER, « Why the Assholes Are Winning : Money Trumps All », *Journal of Management Studies* 53, n° 4, 2016

XV *Ibid.*

XVI Rakesh KHURANA et Nitin NOHRIA, « It's Time to Make

Management a True Profession », *Harvard Business Review* 86, n° 10, 2008, 70-77

[XVII] Robert S. RUBIN et Erich C. DIERDORFF, « How Relevant Is the MBA ? Assessing the Alignment of Required Curricula and Required Managerial Competencies », *Academy of Management Learning and Education* 8, n° 2, 2009, 208-24

[XVIII] Mark MURPHY, *Hiring for Attitude*, McGraw-Hill, 2012

[XIX] « What's Your Major ? 4 Decades of College Degrees, in 1 Graph », *Planet Money*, 2014, http://www.npr.org/sections/money/2014/05/09/310114739/whats-your-major-four-decades-of-college-degrees-in-1-graph

[XX] Yoni APPELBAUM, « Why America's Business Majors Are in Desperate Need of a Liberal-Arts Education », *The Atlantic*, 28 juin 2016, https://www.theatlantic.com/business/archive/2016/06/why-americas-business-majors-are-in-desperate-need-of-a-liberal-arts-education/489209/

[XXI] Kate DAVIDSON, *Employers Find 'Soft Skills' Like Critical Thinking in Short Supply*

[XXII] Guy BERGER, *Soft Skills Are Increasingly Crucial to Getting Your Dream Job*, LinkedIn, 2016, https://www.linkedin.com/pulse/soft-skills-increasingly-crucial-getting-your-dream-guy-berger-ph-d-

[XXIII] Dan SCHAWBEL, « Arianna Huffington : Why Entrepreneurs Should Embrace the Third Metric », *Forbes*, 25 mars 2014.

Chapitre 2 : Au cœur de la tourmente professionnelle

[XXIV] Jon KABAT-ZINN, *Au cœur de la tourmente, la pleine conscience : MBSR, la réduction du stress basée sur la mindfulness,* Bruxelles, De Bœck, coll. « Carrefour des Psychothérapies », 2009.

[XXV] Elizabeth H. Blackburn, « Telomeres and Telomerase : The Means to the End (Nobel lecture) », *Angewandte Chemie International Edition* 49, n° 41 (2010) : 7405-21.

[XXVI] Elissa S. Epel, Elizabeth H. Blackburn, Jue Lin, Firdaus S. Dhabhar, Nancy E. Adler, Jason D. Morrow et Richard M. Cawthon, « Accelerated Telomere Shortening in Response to Life Stress », *Proceedings of the National Academy of Sciences of the United States of America* 101, n° 49 (2004) : 17312-15

[XXVII] *Ibid.*

[XXVIII] « Le ratier », épisode de *Larry et son nombril*

[XXIX] John Lahr, « Petrified : The Horrors of Stagefright », *The New Yorker*, 28 août 2006, 38-42

[XXX] Anita Singh, « Addicts Symphony : Drink and Drugs 'Widespread in Classical World', Says Cellist », *The Telegraph*, 19 août 2014, http://www.telegraph.co.uk /culture/tvandradio/11041804/ Addicts-Symphony-drink-and-drugs-widespread-in-classical-world-says-cellist.html

[XXXI] Anselm Doll, Britta K. Hölzel, Satja Mulej Bratec, Christine C. Boucard, Xiyao Xie, Afra M. Wohlschläger, Christian Sorg, « Mindful Attention to Breath Regulates Emotions via Increased Amygdala-Prefrontal Cortex Connectivity », *NeuroImage* 134, 1er juillet 2016, 305-13 ; https://doi.org/10.1016/j. neuroimage.2016.03.041

[XXXII] Elke Vlemincx, Ilse Van Diest, Omer Van den Bergh, « A Sigh of Relief or a Sigh to Relieve : The Psychological and Physiological Relief Effect of Deep Breaths », *Physiology and Behavior* 165, 15 octobre 2016, 127-35 ; https://doi.org/10.1016/j. physbeh .2016.07.004

[XXXIII] https://www.researchgate.net/publication/263746643_The_Brain_Gut_Axis_in_Health_and_Disease.

[XXXIV] http://ei.yale.edu/story/student-age-6-elementary-school/.

[XXXV] *Ibid.*

[XXXVI] Ronald Abadian HEIFETZ, Alexander GRASHOW et Martin LINSKY, *The Practice of Adaptive Leadership : Tools and Tactics for Changing Your Organization and the World*, Harvard Business Press, 2009

[XXXVII] Mahzarin R. BANAJI, Max H. BAZERMAN, Dolly CHUGH, « How Unethical Are You ? », *Harvard Business Review*, décembre 2003. https://hbr.org/2003/12/how-unethical-are-you ?

[XXXVIII] Amy WRZESNIEWSKI et Jane E. DUTTON, « Crafting a Job : Revisioning Employees as Active Crafters of Their Work », *Academy of Management Review* 26, n° 2, 2001, pp. 179-201

Chapitre 3 : Toucher au But (avec un B majuscule)

[XXXIX] Amy WRZESNIEWSKI et Jane E. DUTTON, « Crafting a Job : Revisioning Employees as Active Crafters of Their Work », *Academy of Management Review* 26, n° 2, 2001, pp. 179-201

[XL] Barbara L. FREDRICKSON, Karen M. GREWEN, Kimberly A. COFFEY, Sara B. ALGOE, Ann M. FIRESTINE, Jesusa M. G. AREVALO, Jeffrey MA et Steve W. COLE, « A Functional Genomic Perspective on Human Well-Being », *Proceedings of the National Academy of Sciences* 110, n° 33, 2013, 13684-89

[XLI] *Ibid.*

[XLII] Samuel COHEN, Chirag BAVISHI, Alan ROZANSKI, « Purpose in Life and Its Relationship to All-Cause Mortality and Cardiovascular Events », *Psychosomatic Medicine* 78, n° 2, février-mars 2016 : 1, doi :10.1097/PSY.0000000000000274.

XLIII Alia J. CRUM et Ellen J. LANGER, « Mind-Set Matters Exercise and the Placebo Effect », *Psychological Science* 18, n° 2, 2007, pp. 165-71.

XLIV Anthony L. BURROW, Maclen STANLEY, Rachel SUMNER, et Patrick L. HILL, « Purpose in Life as a Resource for Increasing Comfort with Ethnic Diversity », *Personality and Social Psychology Bulletin* 40, n° 11, 2014, pp. 1507-16.

XLV Anthony L. BURROW et Patrick L. HILL, « Derailed by Diversity ? Purpose Buffers the Relationship Between Ethnic Composition on Trains and Passenger Negative Mood », *Personality and Social Psychology Bulletin* 39, n° 12, 2013, doi :10.1177/0146167213499377

XLVI Abraham Harold MASLOW, « A Theory of Human Motivation », *Psychological Review* 50, n° 4, 1943, p. 370

XLVII Kendall Cotton BRONK, *Kendall Cotton Bronk on Talking to Youth about Purpose*, YouTube, 4 avril 2017, https://www.youtube.com/watch?v=bo80mPL4DDs

XLVIII Pema CHÖDRÖN, *Start Where You Are : A Guide to Compassionate Living*, Shambhala, 2004

XLIX Mihaly CSIKSZENTMIHALYI, *Flow : The Psychology of Optimal Experience*, Harper Perennial Modern Classics, 2009

Chapitre 4 : Cultiver la compassion

L Christine L. PORATH et Christine M. PEARSON, « The Cost of Bad Behavior », *Organizational Dynamics* 39, n° 1, 2010, pp. 64-71

[LI] Christine L. Porath, Trevor Foulk et Amir Erez, « How Incivility Hijacks Performance : It Robs Cognitive Resources, Increases Dysfunctional Behavior, and Infects Team Dynamics and Functioning », *Organizational Dynamics*, janvier 2015, https://www.researchgate.net/publication/285770782-How-Incivility-Hijacks-Performance-It-Robs-Cognitive-Resources-Increases-Dysfunctional-Behavior-and-Infects-Team-Dynamics-and-Functioning

[LII] Career Builder, « One-in-Four Workers Have Felt Bullied in the Workplace, CareerBuilder Study Finds », *CareerBuilder*, 20 avril 2011, http://www.careerbuilder.com/share/aboutus/pressreleasesdetail.aspx?id=pr632&sd=4%2F20%2F2011&ed=4 %2F20 %2F2099

[LIII] *American Psychological Association*, « Don't Let Workplace Stress Ruin Your Labor Day Holiday », APA.org, http://www.apa.org/helpcenter/labor-day.aspx.

[LIV] J. S. House, K. R. Landis et D. Umberson, « Social Relationships and Health », *Science, American Association for the Advancement of Science*, 29 juillet 1988.

[LV] Charles Darwin, *La Descendance de l'homme et la sélection naturelle*, FB Éditions, 2015.

[LVI] Brian G. Knutson, Elliott Wimmer, Camelia M. Kuhnen et Piotr Winkielman, « Nucleus Accumbens Activation Mediates the Influence of Reward Cues on Financial Risk Taking », *NeuroReport* 19, n° 5, 2008, pp. 509-13

[LVII] LinkedIn Compassion (https://www.linkedin.com/pulse/20121015034012-22330283-managing-compassionately/)

[LVIII] *Women in the Workplace 2016*, McKinsey and Company

Organization, http://www.mckinsey.com/business-functions/organization/our-insights/women-in-the-workplace-2016

LIX *Ibid.*

LX John M. Darley et C. Daniel Batson, « From Jerusalem to Jericho : A Study of Situational and Dispositional Variables in Helping Behavior », *Journal of Personality and Social Psychology* 27, n° 1, 1973, 100

LXI Tracy L. Spinrad et Cynthia A. Stifter, « Toddlers' Empathy-Related Responding to Distress : Predictions from Negative Emotionality and Maternal Behavior in Infancy », *Infancy* 10, n° 2, 2006, pp. 97-121, http://hhd.psu.edu/ebp/documents/spin radstifter2006.pdf

Chapitre 5 : Prendre soin de nous

LXII J. R. Joeng et S. L. Turner, « Mediators Between Self-Criticism and Depression : Fear of Compassion, Self-Compassion, and Importance to Others », *Journal of Counseling Psychology*, publication en ligne, http://self-compassion.org/wp-content / uploads/2015/08/Joeng-SC-Fear-of-SC.pdf

LXIII Claire E. Adams et Mark R. Leary, « Promoting Self-Compassionate Attitudes Toward Eating Among Restrictive and Guilty Eaters », *Journal of Social and Clinical Psychology* 26, n° 10, 2007, pp. 1120-44

LXIV Kristin Neff, « Self-Compassion : An Alternative Conceptualization of a Healthy Attitude Toward Oneself », *Self and Identity* 2, n° 2, 2003, pp. 85-101

LXV https://www.wsj.com/articles/the-key-to-getting-workers-to-stop-wasting-time-online-1457921545

[LXVI] Ying Wong et Jeanne Tsai, « Cultural Models of Shame and Guilt », *The Self-Conscious Emotions : Theory and Research*, ed. Jessica L. Tracy, Richard W. Robins et June Price Tangney, Guilford Press, 2007, pp. 209-23

[LXVII] CDC Foundation, *Worker Illness and Injury Costs [sic] U.S. Employers $225.8 Billion Annually*, CDCFoundation.org, 28 janvier 2015, https://www.cdcfoundation.org/pr/2015/worker-illness-and-injury-costs-us-employers-225-billion-annually

[LXVIII]Jean M. Twenge et Joshua D. Foster, « Birth Cohort Increases in Narcissistic Personality Traits Among American College Students, 1982-2009 », *Social Psychological and Personality Science* 1, nhttps:1, 2010, pp. 99-106

Chapitre 6 : La sagesse des émotions

[LXIX] Viktor E. Frankl, *Man's Search for Meaning*, Simon & Schuster, 1997

[LXX]Susan Candiotti, *Cursing, Beer and a Popped Chute as Flight Attendant Quits*, CNN, 10 août 2010, http://www.cnn.com/2010/TRAVEL/08/09/new.york.escape.chute.opened/

[LXXI]James J. Gross et Oliver P. John, « Individual Differences in Two Emotion Regulation Processes : Implications for Affect, Relationships, and Well-Being », *Journal of Personality and Social Psychology* 85, n° 2, 2003, p. 348

[LXXII] Anne Kreamer, *It's Always Personal : Emotion in the New Workplace*, Random House, 2011

[LXXIII] Antoine Gara, « Billionaire Bill Gross Settles 'Cabal' Lawsuit with Bond Giant Pimco After 2014 Ouster », *Forbes*, 27 mars 2017, https://www.forbes.com/sites/antoinegara/2017/03/27/

billionaire-bill-gross-settles-cabal-lawsuit-with-bond-giant-pimco-after-2014-ouster/#2bbb31f71015

[LXXIV] David F. Larcker et Brian Tayan, « Scoundrels in the C-Suite : How Should the Board Respond When a CEO's Bad Behavior Makes the News ? » *Stanford Closer Look Series*, 10 mai 2016, https://www.gsb.stanford.edu/sites/gsb/files/publication-pdf/cgri-closer-look-57-scoundrels-csuite.pdf

[LXXV] Daniel Kahneman, *Système 1 / Système 2 : les deux vitesses de la pensée*, Flamarion, coll. « Essais », 2012

[LXXVI] Jonathan Haidt, « The Emotional Dog and Its Rational Tail : A Social Intuitionist Approach to Moral Judgment », *Psychological Review* 108, n° 4, 2001, p. 814

[LXXVII] Benjamin P. Chapman, Kevin Fiscella, Ichiro Kawachi, Paul Duberstein et Peter Muennig, « Emotion Suppression and Mortality Risk over a 12-year Follow-up », *Journal of Psychosomatic Research* 75, n° 4, 2013, pp. 381-85

[LXXVIII] Susannah Fox et Maeve Duggan, *Tracking for Health*, Pew Research Center : Internet, Science & Tech, 27 janvier 2013, http://www.pewInternet.org/2013/01/28/tracking-for-health/

[LXXIX] David Foster Wallace, discours de remise des diplômes (à Kenyon College, Gambier, OH, 21 mai 2005), https://web.ics.purdue.edu/~drkelly/DFWKenyonAddress2005.pdf

[LXXX] Sheldon Cohen, « Social Relationships and Health », *American Psychologist* 59, n° 8, novembre 2004, pp. 676-84

Chapitre 7 : Échouez mieux

[LXXXI] Todd Bishop, « Bill Gates and Paul Allen Had a Business Before Microsoft, and This Engineer Was Their Partner »,

GeekWire, 27 mars 2017, https://www.geekwire.com/2017/bill-gates-paul-allen-business-microsoft-engineer-partner/

LXXXII Giada Di Stefano, Francesca Gino, Gary P. Pisano et Bradley R. Staats, « Making Experience Count : The Role of Reflection in Individual Learning », *Harvard Business School Working Paper* 14-093, 2016, http://www.hbs.edu/faculty/Publication%20Files/14-093-defe8327-eeb6-40c3-aafe-26194181cfd2.pdf

LXXXIII C. Copley et B. Hirschler, « For Roche CEO, Celebrating Failure Is Key to Success », *Reuters*, 17 septembre 2014, http://www.reuters.com/article/roche-ceo-failure-idUS-L6N0RI18H20140917.

LXXXIV dalai-lama et H. Cutler, *L'Art du bonheur au travail.*

LXXXV Carol S., *Changer d'état d'esprit : Une nouvelle psychologie de la réussite*, Mardaga, 2010

LXXXVI Susan J. Ashford et D. Scott DeRue, « Developing as a Leader : The Power of Mindful Engagement », *Organizational Dynamics* 41, n° 2, 2012, pp. 146-54

LXXXVII Umair Haque, « The Generation M Manifesto », *Harvard Business Review*, 15 juin 2015, https://hbr.org/2009/07/today-in-capitalism-20-1

LXXXVIII Fredrickson, Grewen, Coffey, Algoe, Firestine, Arevalo, Ma et Cole, *A Functional Genomic Perspective on Human Well-Being*, 13684-89.

LXXXIX Yasuhiro Yamakawa, Mike W. Peng et David L. Deeds, « What Drives New Ventures to Internationalize from Emerging to Developed Economies ? », *Entrepreneurship Theory and Practice* 32, n° 1, 2008, pp. 59-82

XC http://ir.library.louisville.edu/etd/2304/?utm-source=ir.library.

louisville.edu %2Fetd %2F2304&utm-medium=PDF&utm-campaign=PDFCoverPages

[XCI] http://www.pnas.org/content/112/28/8567.short

[XCII] Andrew P. Hill et Thomas Curran, « Multidimensional Perfectionism and Burnout : A Meta-Analysis », *Personality and Social Psychology Review* 20, n° 3, 2016, pp. 269-88

[XCIII] Jack Zenger et Joseph Folkman, « Your Employees Want the Negative Feedback You Hate to Give », *Harvard Business Review*, 11 avril 2017.

[XCIV] John Mordechai Gottman, *What Predicts Divorce ? The Relationship Between Marital Processes and Marital Outcomes*, Lawrence Erlbaum Associates, 1994

[XCV] Kelly Lambert, Molly Hyer, Massimo Bardi, Amanda Rzucidlo, Samantha Scott, Brennan Terhune-Cotter, Ashley Hazelgrove, Ilton Silva et Craig Kinsley, « Natural-Enriched Environments Lead to Enhanced Environmental Engagement and Altered Neurobiological Resilience », *Neuroscience* 330, 2016, pp. 386-94

Chapitre 8 : Comment le courage nous rend plus résilients

[XCVI] Howard Berkes, *30 Years After Explosion, Challenger Engineer Still Blames Himself*, NPR.org, 28 janvier 2016, http://www.npr.org/sections/thetwo-way/2016/01/28 /464744781/30-years-after-disaster-challenger-engineer-still-blames-himself

[XCVII] Christopher Peterson et Martin E. P. Seligman, *Character Strengths and Virtues : A Handbook and Classification*, Oxford University Press, 2004

[XCVIII] Abby Goodnough, Monica Davey et Mitch Smith,

« When the Water Turned Brown », *New York Times*, 23 janvier 2016, https://www.nytimes.com/2016/01/24/us/when-the-water-turned-brown.html ?-r=0

[XCIX] Christopher J. KELLER, *Courage, Psychological Well-Being, and Somatic Symptoms*, PhD dissertation, Seattle Pacific University, 2016, http://digitalcommons.spu.edu/cgi/viewcontent.cgi ?article=1016&context=cpy-etd

[C] *Ibid.*

[CI] Philip ZIMBARDO, « What Makes a Hero ? », *Greater Good Magazine*, 18 janvier 2011, http://greatergood.berkeley.edu/article/item/what-makes-a-hero

[CII] "34 % of Employees Do Not Speak Up Because of Fear of Retribution, *DecisionWise*, 15 juillet 2015, https://www.decision-wise.com/decisionwise-benchmark-study/

[CIII] Charlan Jeanne NEMETH et Joel WACHTLER, « Creative Problem Solving as a Result of Majority Vs Minority Influence », *European Journal of Social Psychology* 13, n° 1, 1983, pp. 45-55

[CIV] http://www.businessnewsdaily.com/9612-silent-employees-cost-companies.html

[CV] Pauline SCHILPZAND, David R. HEKMAN et Terence R. MITCHELL, « An Inductively Generated Typology and Process Model of Workplace Courage », *Organization Science* 26, n° 1, 2014, pp. 52-77

[CVI] Ethan R. BURRIS, « The Risks and Rewards of Speaking Up : Managerial Responses to Employee Voice », *Academy of Management Journal* 55, n° 4, 2012, pp. 851-75

[CVII] Jennifer J. KISH-GEPHART, James R. DETERT, Linda KLEBE TREVIÑO et Amy C. EDMONDSON, « Silenced by Fear :

The Nature, Sources, and Consequences of Fear at Work », *Research in Organizational Behavior* 29, 2009, pp. 163-93

[CVIII] Kathleen K. Reardon, « Courage as a Skill », *Harvard Business Review*, 31 juillet 2014, https://hbr.org/2007/01/courage-as-a-skill

[CIX] Michelle Harbour et Veronika Kisfalvi, « In the Eye of the Beholder : An Exploration of Managerial Courage », *Journal of Business Ethics* 119, n° 4, 2014, pp. 493-515

Chapitre 9 : Pour des entreprises conscientes

[CX] Jeffrey Pfeffer, « Why Deception Is Probably the Single Most Important Leadership Skill », *Fortune*, 2 juin 2016, http://fortune.com/2016/06/02/lying-leadership-skills-expectations-communication

REMERCIEMENTS

Un grand merci à tous ceux qui ont contribué à faire de mon projet de livre une réalité.

En particulier à mon père, Andrew B. Weiss, qui m'a appris que notre façon de travailler, surtout avec les autres, a toute son importance. Tu me manques chaque jour. Tu es toujours dans mon cœur et dans mes pensées. Et tu y seras toujours. À David, mon mari depuis près de dix ans, qui connaît la sagesse d'un bon fou rire. À mes enfants et premiers enseignants, Beatrice, Caleb et Isaac. Vous avez tous les trois changé à jamais ma perception de la vie, de la pratique méditative, du travail – et à peu près de tout le reste.

À tous les autres membres de ma famille formidable, y compris ma mère, Madge Weiss, qui a toujours affirmé que l'éducation était une priorité ; mon frère, Adam Weiss, et ma sœur, Jennifer Weiss – deux magnifiques personnifications du travail comme chemin de développement personnel. Vous avez tous deux été des interlocuteurs essentiels tout au long de ce parcours. À Lydia Callaghan (comment t'y prends-tu pour toujours poser la question parfaite ?) et Jay Blecker (pourquoi ne suis-je jamais là quand tu fais tes fameuses danses ?) et tous mes neveux et nièces – Madaleine, Faye, Lila, Colette et Ryan : les mots ne peuvent exprimer la gratitude que je ressens de vous avoir pour famille.

Pat Christen, merci d'être le mentor et l'amie que tout le monde rêverait d'avoir. Ce livre n'aurait jamais existé sans toi.

Merci à Harper Wave (en particulier à Julie Will) et à mon agent littéraire, Stephanie Tade, qui ont adopté ma petite idée et m'ont aidée à la réaliser. Ma profonde reconnaissance à Harriette Halepis et Ashley Abele ; vous êtes une équipe de rêve.

À Kelly McGonigal, Thupten Jinpa, Jana Haritatos et Steve Cole, pour votre inspiration, votre soutien pour l'interprétation des recherches et votre incroyable générosité, vous qui êtes toujours prêts à partager votre sagesse.

Au Compassion Institute et à toutes les personnes incroyables que j'ai la chance d'avoir comme amis et collègues, particulièrement KC Branscomb, Kirk Hanson, Margaret Cullen, Erika Rosenberg et Monica Hanson.

Au Centre de recherche et d'enseignement sur la compassion et l'altruisme (CCARE), et particulièrement au Dr Jim Doty, à Monica Worline et à Emma Seppala, qui font tellement pour soutenir la compassion dans le monde de la recherche et au-delà.

Et cette liste de remerciements ne serait pas complète sans une profonde révérence à la Stanford Graduate School of Business. Merci de m'avoir acceptée, de m'avoir intégrée dans vos rangs, et de m'avoir permis de rencontrer des personnes aussi brillantes que Jon Levin, Sarah Soule, Yossi Feinberg, Sarah Stone ou Leslie Chin, parmi tant et tant d'autres.

Enfin, à mes élèves : vous m'avez enseigné bien plus que vous ne le croyez par votre intelligence, votre bienveillance, votre âme et votre sincérité formidables.

Avec reconnaissance et gratitude.

Composé et édité par HarperCollins France.

Achevé d'imprimer en janvier 2019.

CPI
FIRMIN-DIDOT

à Mesnil-sur-l'Estrée (Eure)

Dépôt légal : février 2019.

Pour limiter l'empreinte environnementale de ses livres, HarperCollins France s'engage à n'utiliser que du papier fabriqué à partir de bois provenant de forêts gérées durablement et de manière responsable.

Imprimé en France